効果的な支援のための基礎と技法

はじめての プレイセラピー

大野木嗣子 著

誠信書房

目次

序　章　プレイセラピーの魅力的な世界　3

………………　第 I 部　プレイセラピーの基本　………………

第1章　遊びのもつ治癒的な力　11
　Ｉ　遊びとは　12
　II　遊びの段階　18
　III　遊びの種類　22
　IV　遊びのもつ治療的な力　24
　Ｖ　子どもと大人が一緒に遊ぶ　24
　＊アクティビティ　27

第2章　発達，愛着，脳と遊び　28
　Ｉ　子どもの発達の見方　28
　II　愛着（アタッチメント）の役割　29
　III　脳の機能　30
　IV　脳と遊び　33
　Ｖ　脳と愛着　35
　VI　トラウマと脳　36
　＊アクティビティ　38

第3章　プレイセラピーとは何か　41
　Ｉ　プレイセラピーと遊び　41
　II　プレイセラピーと脳　44
　III　プレイセラピーで活用する遊びのもつ力　46
　IV　各プレイセラピー理論が共有する基本原則　49
　Ｖ　プレイセラピーの効果研究　52
　＊アクティビティ　54

第4章　プレイセラピーの歴史的展開　56
　Ｉ　子どもに施す心理療法の始まり　56
　II　さまざまなプレイセラピーの発展　57

i

Ⅲ　1970年代から現在の世界のプレイセラピー　61
Ⅳ　日本のプレイセラピー　63
❈ アクティビティ　64

第5章　プレイセラピーの理論　65

Ⅰ　プレイセラピー理論を学ぶ　65
Ⅱ　いくつかのプレイセラピー理論の概略　66
Ⅲ　処方的・統合的プレイセラピー　77
Ⅳ　プレイセラピー次元モデル　80
Ⅴ　その他の理論　82
❈ アクティビティ　82

………… 第Ⅱ部　プレイセラピーの技法とすすめ方 …………

第6章　子どもとのセラピーにおける基本　87

Ⅰ　プレイセラピーをうまく行うために　87
Ⅱ　子どもと関わりあう時の基本姿勢　88
Ⅲ　プレイセラピーの応答における三つの基本技法　90

第7章　トラッキング：行動の言語化 ——プレイセラピーの応答における基本技法①　91

Ⅰ　トラッキングの基本　91
Ⅱ　トラッキングの具体例　95
❈ アクティビティ　96

第8章　内容の伝え返し——プレイセラピーの応答における基本技法②　98

Ⅰ　内容の伝え返しの基本　98
Ⅱ　伝え返しの具体例　104
❈ アクティビティ　106

第9章　感情の反射——プレイセラピーの応答における基本技法③　108

Ⅰ　感情の反射の基本　108
Ⅱ　感情の反射の方法　109
Ⅲ　何を反射するか　111
Ⅳ　感情の反射で使う技術　118
Ⅴ　感情の反射の具体例　119
❈ アクティビティ　123

第10章　制限設定　*126*

I　制限の定義　*126*
II　制限設定の歴史　*127*
III　制限設定をすべき7つの理由　*128*
IV　どのような制限を設定するか　*130*
V　制限のカテゴリー　*135*
VI　いつ制限を提示するか　*135*
VII　制限の伝え方　*136*
VIII　制限設定の具体的な手順　*138*
IX　制限設定の難しさ　*142*
❋アクティビティ　*143*

第11章　責任を子どもに返す　*151*

I　子どもに責任を返すことがなぜ必要か？　*151*
II　責任の種類：行動に伴う責任と意思決定に伴う責任　*153*
III　責任を返す方法　*153*
IV　子どもに責任を返さない状況　*156*
V　子どもに責任を返す具体例　*157*
❋アクティビティ　*160*

第12章　子どもからの質問を扱う　*163*

I　子どもからの質問の種類　*163*
II　質問への応答の仕方　*166*
III　質問を扱う具体例　*168*
❋アクティビティ　*170*

第13章　技法の統合　*172*

I　技法の統合の体験実験　*172*
II　使う技法を選択する　*173*
❋アクティビティ　*179*

第14章　アセスメントと初回面接　*184*

I　アセスメントとは　*184*
II　治療同盟の確立　*187*
III　初回面接ですべきこと　*188*
IV　初回面接の具体的な流れ　*190*
V　初回面接での基本的な態度と技法　*195*

✳ アクティビティ　197

········ 第Ⅲ部　プレイセラピー実践に必要なことがら ········

第15章　親への対応　201

Ⅰ　親との作業がなぜ大切か　201
Ⅱ　親をアセスメントする　203
Ⅲ　親の気持ち　204
Ⅳ　親との作業の進め方　206
✳ アクティビティ　215

第16章　プレイセラピー部屋・おもちゃ・構造　217

Ⅰ　プレイセラピー部屋の条件　217
Ⅱ　プレイセラピーのおもちゃとその選び方　219
Ⅲ　プレイセラピーの構造　225
✳ アクティビティ　231

第17章　プレイセラピスト，逆転移，文化，セルフケアと　スーパービジョン　233

Ⅰ　プレイセラピストにとって必要な資質　233
Ⅱ　逆転移を含む自分の気持ちを適切に扱う　236
Ⅲ　文化を認識する　240
Ⅳ　セルフケアとスーパービジョン　241
Ⅴ　プレイセラピストとしての誇り　243
✳ アクティビティ　243

第18章　終　　結　247

Ⅰ　なぜ終結のプロセスを実施することが大切なのか　247
Ⅱ　終結の準備　249
Ⅲ　終結の手続き　252
Ⅳ　プレイセラピストにとっての終結　254
✳ アクティビティ　255

文献一覧　259
あとがき　265

はじめてのプレイセラピー

──効果的な支援のための基礎と技法──

序 章

プレイセラピーの魅力的な世界

　さあ，これから皆さんをプレイセラピーの世界へご招待しましょう！　皆さんは今まさに，プレイセラピーとはどのようなもので，いつ，どこで，誰が，なぜ，どのように行うのかという，重要な基礎を学ぶ旅の始まりにいるのです。本書を手に取られた方の中には，プレイセラピーの初心者も経験者もいらっしゃるでしょうから，ごく簡単に，プレイセラピーの世界へ歩みを進める上で道標となるものを提示することにしましょう。

　まず，本書の詳細に触れる前に，なぜ私がこのような本が必要だと考えるに至ったか，お話ししたいと思います。

　この本のタイトルに興味をひかれ，序章を読んでみようと思われた方のほとんどは，遊びが，人間のもっている本質のありとあらゆる面を高めるものであり，人の生涯を通しての発達において中心的な役割を担っているということをご存知でしょう。特に子どもにとっては，遊びは自発的，普遍的で，自然な楽しい体験であるばかりか，生きていくために必要不可欠な要素でもあるのです。遊びは子どもにとって，自分自身を表現するためになくてはならない有効な手段であり，一人一人の子どもの発達の度合いや内的世界を映し出します。

　時に大人の目には遊びは単純すぎるように写りますが，実は，遊びは人間の行動の中で最も複雑なものの一つなのです。なぜなら遊びは，子どもの成長におけるあらゆる領域，つまり情緒的，社会的，認知的，感覚的，神経学的，身体的，運動神経的次元を含むさまざまな能力に関して，その発達を促し，影響を及ぼすからです。遊びには，子どもの発達と能力を直接促し高める効果があり，しかもその効果は子どもが遊んでいる間中ずっと継続するものなのです。この遊びの重要性や影響力は，年齢や性別，国籍，宗教などに関わらず，すべての子どもにとって大きなものです。

3

こうした事実にもかかわらず，ここ数十年間，世界のあちこちで，学業成績や良い会社への就職といった子どもの将来の生活ばかりが優先され，遊びは子どもの生活において価値のないものであるかのように脇に追いやられ，自発的な遊びが奨励されることも，そのための時間も，ほとんどなくなってしまうような現象がみられています。しかし，本来遊びは大切に取り扱われるべきものであり，子どもの幸せと健全な発達における中核をなしているのです。もしも，子どもが遊ぶことができなかったり遊ぶことを拒むとしたら，それは子どもの発達が何らかの危険にさらされているという警告のサインであり，改善するために直ちに行動を起こすことが重要です。

　子どもに対する心理療法として用いられるプレイセラピーの中では，子どもが自分を表現することができ，訓練された臨床家が子どもの自然な言語である遊びを通して子どもと関わることができるように，おもちゃや，創作活動のための材料，ボードゲーム，その他の遊び道具が用いられます。子どもが幼ければ幼いほど，自分の深層にある気持ちや考えを言葉や抽象的思考に置き換えることが難しくなるので，言語を用いた心理療法は最適な治療法とは言えません。同時に大人と違うからこそ，次のようなことも言えます。つまり，子どもは言葉の代わりに遊びを使って「会話する」ことができるので，遊びを自然なコミュニケーションの手段として使うこの能力があればこそ，遊びが子どもへの治療的介入としてふさわしい方法になりうるのです。プレイセラピスト（以後「PTh」）は遊びを通じて，子どもと信頼関係を築き，子どもが良いものも悪いものも含めた，ありとあらゆる気持ちや考えを表現することができるような安全空間を提供することが可能です。遊びを通して，その子どもが意識的および無意識的なレベルで何を伝えようとしているのかを理解することや，洞察を用いてその子ども自身が変化し自己受容に至ることを促進すること，治療外でのその子どもの対人関係能力を向上させるべく援助することなどが可能です。このような効果をもつ遊びは，治療の必要に迫られた事情がある子どもや，情緒面あるいは健康面の問題を抱えている子どもへのアセスメントや治療において，最も効果的な手段として用いることができるのです。

　子どもの自然発生的な遊びの機会が減少しているのに伴い，適切な訓練を受けた熟練の PTh と臨床家に対する需要は爆発的に増加しています。これは特に日本においては顕著です。日本でこの分野の専門家が直面している主な難し

さの一つは，国内で受けることができるプレイセラピーの訓練プログラムが非常に限られていることです。残念なことに，プレイセラピーの訓練に関する日本の現状は非常に厳しく，多くの PTh はどのようにプレイセラピーを進めたらよいかという指導を受けられずにいます。大学院を修了したばかりの初任者は，訓練もスーパービジョンも受けないまま臨床場面において子どもと関わる環境に身を置くこととなり，さらには研修を受ける機会もほとんどないのです。

『プレイ・セラピィ』（山崎，1995）にあるように，これまで長い間，日本におけるプレイセラピーは，大人の臨床家が子どもを「治療する」ために何をしているのか，ということにはおかまいなく，あたかも大人と子どもがプレイセラピー部屋に入りさえすれば簡単に成立するかのような，誤った捉え方をされてきました。子どもが「良くなった」時には（実はそれは遊びがもっている自然な癒しの効果によるものなのですが），しばしばプレイセラピーによる肯定的な効果であると勘違いされます。ですが実際には，ただ子どもと「遊んでいる」だけであって，「（治療としての）セラピー」が積極的に提供されているわけではないのです。逆の場合も同様で，子どもの症状が軽減されない場合には，臨床家が適切なプレイセラピーの進行を先導することを怠っているかもしれないという事実は見落とされ，機械的に，それはその子どもや親の抵抗や深刻な病理のせいであるとみなされます。これらの問題はスーパービジョンと訓練の不足に由来するものであり，この二つは，臨床家がある特定の治療方法に十分精通するためには欠かすことのできないものです。臨床家が十分に訓練を受けず，スーパービジョンもなしに自己流の「プレイセラピー」で治療を行えば，悲惨な結果を招いてしまう恐れもあります。

プレイセラピーは万国共通に心理療法として効果がある（Schaefer et al., 2005）にもかかわらず，日本ではプレイセラピーの訓練が不足していることに加え，プレイセラピーに関する本はその多くが英語で書かれており，残念なことに日本語の本はほとんどない状態です。プレイセラピーに関する基本的な知識と共に，事例を用いた明確な実践方法について日本語で書かれているテキストが必要です。それは，日本のクライエントと臨床家の文化および集団特性に適合していると同時に，世界の熟練した PTh による学術的研究と臨床的専門知識に裏打ちされているべきだと私は考えています。遊びを理解し，遊びを使

用してアセスメントし，遊びで介入するためには，洗練された知識と技術が必要となります。実用性の高いプレイセラピーの本は，理論，調査研究，そして子どもとの治療における遊びの活用法を説明するための事例の断片から成り立っていることが重要なのです。

　本書は，上記のような観点から書かれた，プレイセラピーの概念と技術に関する実用的な入門書で，世界の学問的知識，訓練，学術研究，何十年にわたる臨床体験とプレイセラピーの教育に基づいて書かれています。読者の皆さんの基盤となる一般的な概念と，それに基づいたプレイセラピーの確かな基礎が習得できるように，理論と実際の適用と手法とが対応するように書かれてるため，遊びを基本とした子どもの治療を行う上で非常に役に立つガイドとなります。このガイドは，子どもの遊びに関する多様で複雑な要素について，皆さんの認識をさらに豊かなものにすることでしょう。また，プレイセラピーは，乳幼児から老人まで，家族やグループにも利用できるものですが，この入門書では，最も利用頻度が高くプレイセラピーの典型例となる4歳から12歳までの子どもへの個人療法に焦点をあてています。本書で説明している遊びを学ぶ方法や脳の発達，遊びの力やプレイセラピー理論やプレイセラピー次元モデルなどについては，可能な限り，その提案者，第一人者に内容確認をいただきました。また，本書に出てくるすべての例（子ども，親，他のPThに関するもの）は，実際のケースを元にし，個人が特定されないよう，エッセンスのみを伝える形にしています。

　本書の概略は次のようになります。

　第Ⅰ部（第1章～5章）は，プレイセラピーにおいて重要な基本的概念の説明です。具体的には，遊びと遊びの治癒的な力，発達と脳研究について，定義，歴史，そしてプレイセラピーに関するさまざまな理論について書かれています。この部の最後では，私自身が行っている「処方的プレイセラピー」という形式を詳しく紹介しています。第Ⅱ部（第6章～14章）では，基本的なプレイセラピーにおける技法について説明しています。具体的には，基本姿勢，トラッキング，内容の伝え返し，感情反射，制限設定，質問，責任をとる，初回面接とアセスメント，などです。第Ⅲ部（第15章～18章）では，プレイセラピーを有効に作用させるために重要な必須要素について述べられています。その内容は，親の積極的な参加，プレイセラピー部屋のセッティングおよびおもちゃの

選び方，面接の構造化の仕方，PTh 自身の要素，つまり逆転移や自分の文化的背景に自覚的であること，スーパービジョン，そして最後に終結についてです。

　本書17章で説明がありますように，専門家としての PTh は，本書に記述されている概念や情報を勉強し，理解し，具体的なプレイセラピー理論の知識を深めるほか，初歩のプレイセラピー技術およびさらなる上級の技術を練習する必要があります。そして訓練された熟練の PTh のスーパービジョンを受けながら子どもへのプレイセラピーを行うという経験を積み，さらに臨床家としての専門性を磨くために，自分自身の問題についても取り組み続けることが重要となります。とはいえ，先に述べたように，現実的には日本でプライセラピーの訓練とスーパービジョンを受けることは，したくてもなかなかできないのが現状です。その厳しい現実を踏まえて，私が本書で意図していることは，訓練に対する認識不足を補うことです。本書で勉強するとともに，日本プレイセラピー協会が開催しているプレイセラピーのワークショップなどを技術訓練の場，スーパーバイザーやほかの PTh との出会いの場としていただけると，本書で得た知識を体験的な学びと結びつけることができるでしょう。

　最後に，この本は基礎的な入門書であり，子どもに関わる幅広い範囲の仕事に従事している人々を対象としていることを明確にしておきましょう。PTh と児童心理臨床家，子どもを対象とするすべての臨床家，プレイセラピーや子どものカウンセリングを勉強している大学院生，心理学やソーシャルワークの専門家，スクールカウンセラー，児童精神科医，そしてプレイセラピー以外のありとあらゆる治療法（芸術，ドラマ，音楽，運動，作業，療育，など）を用いて子どもと関わっているセラピストなど，多くの方が本書の読者となりうるのです。本書は，専門家としてプレイセラピーを提供する（あるいは子どもを援助する）方々のための専門書ですから，皆さんがこの本を完全に理解するための必要条件としては，カウンセリングや心理学，ソーシャルワーク，その他の関連領域の基礎的な背景に加えて，子どもに関する知識や子どもの発達に関する基本的理解が必要です。

　では，魅力がいっぱいのプレイセラピーへの旅へ，いってらっしゃい！

序　章　プレイセラピーの魅力的な世界　7

プレイセラピーの基本

第1章

遊びのもつ治癒的な力

「ねぇママ，知ってる？ あのお部屋ね，棚がかくれてて，おもちゃがいーっぱい入ってるの！ それでね，子どもだけがそのおもちゃで遊んでいいんだって。あ，でも大野木先生はいいの。私と一緒に遊ぶんだから。先生はね，ママとパパも私と一緒に遊ぶ時は，使っていいって言ってたよ。ねぇ，またあそこに行くんでしょう？ ママ，昨日そう言ったよねっ」。5歳のケイは顔を輝かせて初めてのプレイセラピーの直後に言いました。

プレイセラピーを旅するスタート地点へ，ようこそ！ まずはじめにアクティビティをしましょう。

紙と絵を描くものをご準備下さい。プレイセラピーの旅の絵を描きます。どのようにこの絵を描くかはご自身でお決め下さい。ただし，次の3点は必ず描きこんで下さい。

- 旅の出発と終点。
- 旅の間，助けになる／役立つもの（物，人，場所，気持ち，思い出，その他何でも）三つ。
- 旅の妨げになるもの（上記同様）三つ。

絵を描き終えたら，他の人とその絵に関して話し合って下さい。相手の方もこの同じ旅に出ようとしている方，もしくはすでに経験された方であれば，なおよいです。

第Ⅰ部は，皆さんの認知的・知的機能をときほぐすところから旅を始めましょう。まずプレイセラピーに関する基本的かつ必要不可欠な情報について，

触れたいと思います。この旅の順路には理由がありますので，ぜひ順番通りに進んでいただきたいと思います。

「プレイセラピー」という用語について考えてみると，「プレイ（＝遊び）」と「セラピー」という二つの重要な部分に分けられます。まず，「プレイ」の方から旅を進めていきましょう。

Ⅰ 遊びとは

遊びとは，ありとあらゆることから自由であるという特徴をもった，幼い子どもの活動のことを指すもので，（その子の）個人的な規則（これは意思により変更が可能）にのみ制約を受けているもの。自由奔放な空想に影響され，その活動そのもの以外に，外的な目的などは一切ない。
(Bettelheim, 1987)

米国国立遊戯研究所の創設者 Stuart Brown は，遊びとは「自発的にそのためにされたこと何でも。目的がないように見え，楽しさや嬉しさが伴い，達成の次のレベルに導くもの」（White, 2012）とし，米国の Alliance for Childhood（幼少時のための連盟）は，遊びは「子どもが自由に選び，指揮し，内在的な動機により起きるもの」（Miller & Almon, 2009）としています。

ほとんどの方が同意することとして，大人にとっての遊びとは，気分を高揚させ，人生観を明るくしてくれるような楽しい活動であり，ストレスや退屈を和らげたり，良好な人間関係を築くきっかけとなるものでしょう。一方，遊びは「愛することと働くこと」と同じくらい，人間が健康で幸せであるためには重要なものだという認識は薄いかもしれません。遊びは，コミュニケーション，学習，成熟性・生産性といった能力を助長し，創造的な思考や探求心を刺激し，感情を統制すると共に自我を強化します。さらに，遊びは人が生き抜くために必要な技術や役割を練習する機会を与えてくれ，他のどのようなものよりも，学び，発達する力を育んでくれるものと言えるのです。

1…子どもにとっての遊びとは

国連の「子どもの権利宣言」（1989，第31条）とユネスコの国際児童憲章は，どちらも遊ぶことは食物，住居，健康管理，教育などと同じくらい重要な権利

12　第Ⅰ部　プレイセラピーの基本

であると謳っています。米国小児科アカデミー（Ginsburg, 2007）は，遊びは子どもの健康的な発達のなくてはならない要素であるとし，米国の幼児教育国立協会（NAEYC, 2009）は，遊びを発達的に適切な教育実践の中心的要素と断言しています。遊びは子どもが年齢相応に発達していくために必要不可欠なものであり，子どもが経験したトラウマに対処しなければならない時には大きな助けとなると「明言」されているのです（Whitebread et al., 2012）。遊びは，どのような文化においても観察されており，すべての文化における極めて重要な要素なのです。

　遊びは自然で楽しい子どもの生活には欠かせないものです。子どもの遊びの土台となる部分と遊びの治療的な効果は，万国共通です。遊びは普遍的であるとはいえ，遊びの独特のあり方というのは，文化間で，時に同じ文化の中でも異なり，遊びに向ける関心の度合いは，主に幼児期の本質に関する文化的な信念や，養育者（本書では，養育者と親の役割は同じと考え，特に区別しません）が子どもと接する際に拠り所としていた目標などによって決まります。子どもがどのように遊ぶか，また遊びの文化的な重要性と役割には文化によって違いがみられますが，遊びの特徴とその機能に違いはありません。

　このような事実にもかかわらず，多くの大人が，幼少期の遊びは "ただ遊んでいるだけ" だと間違って認識しています。最近の調査研究で，親が自分の子どもにしてほしいアクティビティとしては優先順位が非常に低いと出ました（Gallup, 2017）。別の調査では，何十年にもわたる研究で，遊びは子どもの身体的，社交的，認知的，言語的発達に重要であることが明らかにされていながら，近年の生活では遊びがあらゆる方向からその座を脅かされていることが報告されています（Trawick-Smith, 2014）。

　子どもは，小さな大人ではないのです。幼ければ幼いほど，世界に対する見通しはより具体的で，言語ではなく遊びがより自然なコミュニケーション手段となるのです。子どもの言語はまだ発達途上で，大人のように気持ちや考えを言葉で表現することができません。そのかわりに，自分を表現するために遊びを用いるのです。子どもにとって，遊びは自然な表現方法です。遊びの形態などは，育った文化や社会の影響を受けてそれぞれに異なりますが，遊びはすべての子どもに自然にみられることなのです。

　ほとんどの子どもは，どのように遊ぶか教えてもらったり，遊ぶように励ま

してもらう必要もありません。遊びは自発的に楽しく行われ，自由な意志による，目標は気にしないものです。と同時に，とても真剣に行いたくさんの気持ちを注いでいます。遊びを，世界の探求，環境へ順応，体験の統合の手段として用いており，それによって自分の生活を制御することができ，より安全だと感じられるのです。

　子どもは，遊びの内容を「ただフリをしている」と体験しているので，肯定的であれ否定的であれ，さまざまな考えや気持ちを遊びの中では安全に表現できます。情緒的に重要な体験は遊びを通して，対処できないような現実を対処可能な状態に象徴的に変化させて意味付けをし，自発的な探求に従事することによって対処の仕方を学びます。

　遊びの時間は，特別なものです。楽しいというだけではなく，発達に関して決定的に重要な意味をもっています。自分の周りの世界について学んでいくための，子どもなりの方法です。子どもは，遊びを通して新しい技術を試し，想像力や創造性を膨らませ，他の人との関係を学びます。幼い子どもにとっては，どのような活動も愉快な遊びになりうるもので，たとえそれが台車を前後に転がす・靴下を分類するようなことでも良いのです。どのような種類の遊びであっても，新しい技術を学び練習する豊かな機会となります。

　子どもは遊びを，コミュニケーションをとるために使います。子どもにとって，気持ちや要求，願望，考えなどをすべて言葉にして伝えることは難しいのです。言語でのコミュニケーションに対して警戒している子どもでさえも，遊びを通じて心の奥の考えや気持ちを表現します。遊びは子どもが自己表現をするための象徴的な言葉なのです。遊びは，子どもが表現・模索する，願望・要求・体験・感情・自己知覚などの伝達手段となります。子どもにとって，おもちゃは単語，遊びは言語というわけです。遊びは言葉以外を使うもので，言葉だけによる言語体系とは違った伝達手段を構成しています。言語的コミュニケーションにみられるような意味に関する特定のルールがないので，限りなく繊細な表現も可能になるのです。遊びを通じて自分を表現する過程で，自分の気持ちを意識に上らせ，その気持ちをコントロールしたり，手放したりします。子どもの考えや気持ち，願望を，発達的な能力の範囲に合ったやり方で伝達することを可能にします。

　遊びによるコミュニケーションには，意識・無意識レベルがあり，意識レベ

14　第Ⅰ部　プレイセラピーの基本

ルで気づいてはいるけれども，言葉では表現できないような考えや気持ちを演じてみせる機会を得，無意識レベルにある願望や葛藤を表現し，その過程で自分では気づいていない考えや気持ちが明らかにされていきます（母親に遺棄され，父親も同じように自分を棄てるのではないかという恐怖感に気づいていない子どもが，遊びの中で，小さいクマがいつも年上のクマに一人ぼっちで置いていかれる話を繰り広げる，など）。

　遊びは子どもにとって，安全なものです。考える・話す・自分らしくいる勇気をもつための最初で，かつ一番重要な機会を与えるものです。自分の気持ちは，他人から仕返しをされ拒絶されることなく安全に表現することができるのだということを学ぶ，最も重要な方法のうちの一つです。自発的で安全なものですから，非常に強い気持ちを表現し，不安や葛藤に対処することを学ぶことができます。恐怖や怒り，喪失など，内に秘めたままにしておくと手に負えなくなるような感情を，気兼ねせずに表現します。はじめに自分の置かれている状況をそのまま再現して遊びだし，次により居心地が良くなるにつれて，その状況に対する無意識の両価的感情を表現し始めます。もし言語化すると感情的に圧倒されてしまうようなことでも，遊びにおいては，現実の脅威などないかのように気持ちや考えを安全に表現することができます。

　遊びは，子どもの体験を促進します。時に人は，ある出来事を理解する前に体験せざるをえませんが，遊びはそれを理解することを容易にしてくれます。内的世界に具体的な形を与えて表現ができるようにし，情緒的に重要な体験には意味のある表現が与えられます。遊びは具体的な体験と抽象的思考との間の溝を埋めてくれるものです。子どもが遊ぶにつれ，緊要な認知的，情緒的，社会的，身体的なスキルが刺激されて伸び，適切な脳発達にもつながります（Shonkoff & Phillips, 2000）。

2… 遊びは子どもに何をもたらすのか

　遊んでいる大人は別の現実にいったん入る。遊ぶ子どもは熟練の新しい段階に進む。
（Erikson, 1963）

　ここまで述べてきたように，遊びが子どもにもたらしてくれるものというのは，たくさんあります。表 1-1 に，そのうちのほんのいくつかをあげました

表 1-1　遊びが子どもにもたらすもの

健康な脳の発達	正常な発達の促進と異常な行動の軽減
精神への刺激	抽象的な思考能力の強化
言語発達	創造性を豊かにする
問題解決能力の発達	さまざまな感情のバランス
情緒の発達	他者と関わる手段
自信を高める	シェアリングなどの社会的能力や役割の練習
社会性の発達と適応	粗大・微細運動機能の発達
対処能力（コーピングスキル）	視覚と手の協調の促進
筋肉の強化	消費したエネルギーの回復
余分なエネルギーの放出	意欲などが最適なレベルに覚醒
ストレスの軽減	特定の技術を練習して熟練する
さまざまな技術を練習する機会	体験の整理
自己統制感覚の習得	トラウマ解消の根本的な治療的要素
人生の課題や曖昧さのリハーサル	

が，素晴らしい遊びの効能はいくらでもあります。さらにブレインストーミングしてみて下さい。

　米国プレイセラピー協会の創設者であり，世界的なプレイセラピーの第一人者 Charles Schaefer（1993）が定義した遊びの 7 つの特徴に，私が信じるあと二つの特徴を加えたものが以下の通りです。遊びとは，①睡眠と同じくらい重要で，②万国共通の子どもの行動であり，③自然・真剣・楽しく・創造的・たくさんのさまざまな種類の感情が伴い，④自発的で強要される必要がなく，⑤いつでもどこでも起こりうる，⑥内発的で外的な報酬とは無縁な，⑦夢中になる，⑧“あたかも〜のように”という非現実的な性質を有する，⑨実験的な遊びとは異なるもの，です。遊びはプロセスそのものが重要なのであって，結果はあまり重要ではありません。

　このように，遊びは児童期の発達には必要不可欠なものです。もしも，子どもが環境的・情緒的な問題のために遊ぶことができないと，その子どもの発達は，情緒的・心理学的・社会的・認知的・神経学的・身体的・言語的などのうち一つあるいはそれ以上の分野において，遅れる，あるいは歪んでしまう，発育不全の状態になる可能性が高くなります。

16　第 I 部　プレイセラピーの基本

遊びは，ユニークで比類のない子どもとして，またはグループの特徴的なメンバーとして子どもが存在し，コミュニケートし，生活するという課題に取り組むための源泉と戦略であった。

（Moustakas, 1997)

3… 現実社会で遊びは役に立つのか

　学歴主義の現実社会において生き延びることに関してはどうなの？　と皆さんはお思いでしょうか。子どもは遊んでいる時，たくさんの違った事柄を，一番良い，最も効果的なやり方で学び，どのように学ぶかということも学んでいるのです。このように持続的な学習を通して，子どもは行く手に何が待ちかまえていようと，発達年齢に即したできるだけ望ましいやり方で立ち向かうことができるよう，準備しているのです。協力，コミュニケーション力，内容の理解，思考能力，創造性や失敗してもやり直す自信はすべて子どもの将来の成功に必要なものであり，これらは教室内で教えることは難しいが，遊びを通して簡単に学ぶことができます (Hirsch-Pasek & Golinkoff, 2008, 2009, Hirsch-Pasek et al., 2003)。すべての学習は早期の学習の上に成り立っているので，基礎がしっかりしているということはその学習をさらに進めていくにあたって，とても重要なことです。何歳になっても新しいことができるものですが，若いほど学ぶことはたやすいというのも，また事実です。先立つ学習や人生経験を必要とするようなより洗練された技術は，基礎的な能力がしっかりと確立された後からでも学ぶことができます。遊んでいる時，子どもは楽しいので，遊びの中で学んだことは，自律的に持続するプロセスとなり，学んだ内容は強く確実なものとしてさらに強化されます。

　遊びは子どもの学ぶための心構えや態度，問題解決スキルを向上し，社会的感情学習と認知的な発達は遊びを通して一番身につくことが，研究で示されています (Coolahan et al., 2000; Fantuzzo et al., 2004a, 2004b; Pellegrini et al., 2004)。別の研究では，子どもが非構造化された遊びを主導することによって問題解決スキル，他者と協力することやその他さまざまな能力の学習がうまくいくため，レジリエンスや創造力の重要な触媒と認められました (Elkind, 2007; Ginsburg, 2007)。遊びに必要なスキルはより高い成績とつながっており，小学3年時での遊びを通してみられる友達との社会的スキルは，中学2年時の学校の成績の予測が一番できるものとの研究結果が出ています (Caprara et al.,

2000)。別の研究では，学校の休み時間に遊ぶことが，社会的スキルだけではなく学力に貢献することが認められ，国別比較ではより多くの休み時間がある国の方がより高い学業成績とつながった，と出ています（Pellis et al., 2010）。さらに，遊びは自制心と注意力の向上，および多動の減少に働くため，ADHD の子どもの症状軽減に役立ち，学業向上が認められた研究もあります（Six & Panksepp, 2012）。他の研究では，小学校 3 年生が学校での休み時間前後では，遊んだ後の方が授業に集中できると出ています（Pellegrini & Davis, 1993）。

　内発的な動機や好奇心は人を探索行動へと駆り立て，学びを促進します（Gruber et al., 2014）。遊びは，探検と発見を通じて好奇心を満たしてくれます。発見することは喜びですから，繰り返し，練習するようになります。練習することにより何事にも熟練していき，探究心をかき立てるような喜びと自信につながります。遊ぶことの喜びは学習を加速し，促進します。情緒的・社会的・身体的・認知的にも学習が進められ，楽しい遊び行動が繰り返されていくのです。ぐるぐると前向きな好循環に入ってしまうというわけです！　学業成績が子どもにとって最も重要な課題であると主張する大人に対して，その目標を達成するためには子どもを遊ばせてあげなくてはなりませんよ，と自信をもって勧められるのです。

Ⅱ 遊びの段階

　ご存知のように，遊びは千差万別です。さまざまな種類の遊びが行われる時には，それぞれさまざまの形式が存在するだけでなく，さまざまな遊びの技術の発達が存在しています。子どもの遊びを丸ごと理解するのが，役に立つプレイセラピーを提供するために望ましいことです。

1 … Piaget による遊びの認知的発達段階

　ここで，子ども時代を振り返って，自分が好んで使っていたおもちゃや熱中していた遊びを思い出してみて下さい。何歳の頃を想像したのかによって，異なる遊びやゲームを思い浮かべたことでしょう。それは，発達の段階によって，子どもは違った遊び方をするからです。遊びの定義にたくさんの基準があり，明確に定義することが難しいのは，子どもの心身の成熟に伴って遊びの形

態が変わるからです。皆さんは Jean Piaget の遊びの認知的発達理論について学んだことがあると思います。Piaget は子どもの認知的発達において，遊びは欠くことのできないものであると述べ，子どもの成熟に即した，遊びの認知的発達を4段階に定義しました。ここでは各段階で，たいていの子どもが好んで行うさまざまな種類の遊び行動に簡単に触れます。

▶ **感覚運動期（誕生～2歳）**：自分の身体と感覚をおもちゃにして遊ぶ。ガラガラを繰り返し鳴らす遊びのように，目的もなく対象と関わり，自分の行為と対象をコントロールできることに楽しみを覚える。生後18カ月くらいから，ブロックを積み重ねるなど，物と物とを一緒にする遊びを始める。これらの遊びを通してコントロールや熟練することを体験し，さらなる遊びの土台となるものが構成される。

▶ **前操作期（2～7歳）**：象徴的に空想を用いて遊ぶことができ，現実を自分の欲求に適合させ，"あたかも～のように"というシナリオに基づいて振る舞う（人形を寝かしつける真似，ブロックを歯ブラシに見立てる，ぬいぐるみに餌をあげる）。対象恒常性を獲得するにつれて，かくれんぼのような遊びができるようになる。ごっこ遊びや協同遊びは，就学前の子どもの遊びの大部分を占め，言語の使用が増し，美術や工作の素材も活動の中で用いられる。新しい遊びを作り出し，ルールは遊ぶたびに毎回変えられる。後の認知的発達において重要となる順応性，柔軟性，拡散的思考などの発達を促進する。

▶ **具体的操作期（7～11歳）**：将棋やチームスポーツなど，ルールのあるゲームで遊べる。ルールを理解し，他人の視点を推測することができ，注意深くコントロールされた行動，働きかけと反応を維持することができる。より年長の子どもは集団での活動に加わることを好み，年少時のようにたくさんの遊びを思いつくままにするよりも，一つ二つの特定の活動に熱中する。適切な微細・粗大運動技術がより洗練され，ルールや要求されていることが理解でき，スポーツや集団遊びを含めた広い範囲の活動に参加し，より社会的に承認されたやり方で自分を表現することにつながる。

▶ **形式的操作期（11歳以上）**：抽象的な思考をするようになり，仮説的な問題解決方法を身につけ始める。この能力は，考えうるさまざまな状況やシナリオを仮定して問題を「解決」していく場である遊びに反映される。

第1章 遊びのもつ治癒的な力 **19**

これらの遊びの段階的発達は，典型的な発達を遂げる子どもと，障害をもった子ども（例えばダウン症）の双方に共通の傾向です（Venuti, et al, 2008）。年齢が上がるにつれ，組み合わせや象徴などを用いた，より複雑で階層的に統合された遊びが増えるのに対して，単純感覚運動による探索と操作は生後1年の間に減少していきます。このような経過は新しい認知的能力の出現と関係しており，それが，遊びの成熟の度合いが子どもの総合的な認知レベルを示すものと考えられる理由です。

2 … 遊び方を学ぶ──想像遊びをする能力

　7歳のジュンが目の前に並べられた電車セットをじーっと見つめています。彼はそれで何をしたらいいのかわからないようです。しばらく考えてから，ジュンは電車をくるっとひっくり返し，カラカラと車輪を回し始めました。双子の兄モンタは，すかさずその電車を線路に乗せ，数両編成で線路の上を走らせながら，家族と日本中を旅行する物語を繰り広げています。ジュンは自閉性スペクトラム障害と診断されており，一方のモンタは発達上の問題がみられない子です。

　前述のように遊びは子どもの生活になくてはならない一面であり，遊ぶ機会が与えられなければ，発達の遅れが生じる可能性があります。ふさわしい環境と脳の構造が備わった時に初めて，自然な流れとして，遊びに関するPiagetの示す認知的発達が各発達段階で生じます。虐待，ネグレクト，心的外傷，脳疾患などのさまざまな理由により，多くの子どもが年齢相応のレベルで遊ぶことができずにいます。遊ぶ力が欠落したまま放っておかれたとしたら，成長するにつれて人生を渡っていくのに苦難を味わい続けることが懸念されます。臨床家は，その子の今いる発達段階に応じた支援をするために，子どもの遊ぶ力を通してその子の発達を見極める力が必要です。また，必要な子どもには遊び方を教えなければなりません。オーストラリアの小児作業療法士，Karen Stagnitti（2009）は，発達の遅れ・自閉性スペクトラム・言語や他の障害をもつ子どもの想像遊びの力を育てることをねらいとした，実用的なプログラムを開発しました。子どもの現在の遊びの発達段階を評価する手段と，その評価に基づいて遊びの発達を支援する手立てとして，オーストラリアと日本の両国で研究が行わ

れ，日本の子どもへのプログラムの実用化に向けた裏付けとなっています。

　以下は Stagnitti と Cooper（2009）が概説している，さまざまな想像遊びの能力を要約したものです。いかにさまざまな力が Piaget の認知的な遊びの発達段階に対応しているかに注目して下さい。

▶ **テーマ**：遊びの中に内在し，発達レベルや世界への関心の指標である。成長とともに，統合された多くの能力が必要になり，遊びのテーマも発展，展開する。寝たふりなど，自分の身体を使って想像遊びのテーマを展開する1歳半頃から出現。5歳までには「他の惑星に行く」など，テーマは何でもありとなる。

▶ **連続した遊びの展開**：論理的思考や，順を追って考える，考えをまとめ上げる力を育てる。言語理解の程度の指標であり，論理的な順序立った話の理解力の土台となる前言語的な能力である。論理的に順序立った遊びは，始まりと終わりのあるまとまった意味のある遊びになる。ぬいぐるみを抱きしめるなど，一つの遊びの行為をする1歳1カ月〜1歳半頃から出現。5歳までには，同時にいくつかの空想の出来事を続けて演じる遊びができる（花屋を開き，種を買い，花を植え，客に売る）。

▶ **見立てる**：あるものを何か別のものと考え，想像して使う能力。認識・問題解決能力の発達を促す。どれくらい柔軟な考え方をもっているかや，一般概念を形成する能力の指標となる。毛布をベッドにかけるなど，物を本来の役割で扱うようになる1歳2カ月〜1歳半頃から出現。5歳までには，言葉を使って遊びの設定場面や役割の説明など，どのようなものでも自分が使いたいように使えるようになる（椅子を家に，箱を車に見立てる）。

▶ **社会的交流をする（人とのやりとり）**：他者とのコミュニケーション，自信や自尊心にとって重要で，12カ月頃からスプーンで食べさせる，というような大人のする単純な一つのしぐさの真似が出現。5歳までには，遊びの中で協力・交渉しながら，自分が参加できる物語を計画できるようになる。一緒に遊びを展開する中で，言い合いが起こることも（誰が母親役・子ども役か，この家族がどうなっていくか）。

▶ **ごっこ遊び**：役割をとって遊ぶことによって，遊びの中で世界にもっと関心をもち，さらに能力・自信がもてるようになり，より自分自身になって遊び，他者の役割を理解しやすくなる。2歳半頃から始まり，短い時間だけなら

誰かのフリができ，すぐに役割が変わる（パイロットからすぐにダンサーになるなど）。5歳までには，遊びの間同じ役割を続け，それが数日間持ち越されるようになる。

▶ **人形（ぬいぐるみ）遊び**：人形との間で想像力に富んだ遊びをするようになる。1歳9カ月頃から始まる。寝ている人形にご飯を食べさせるなど，理屈に合わないことも。4歳までには，人形に人格をもたせ，「ハイキングに行って，迷子になって，それから見つかったの」などと，何が起きているのか説明し，ある場面を演じることができる。

　遊びを使って子どもを治療する臨床家にとって，子どもの遊ぶ能力を見極め，その子の遊びが発達的に何歳程度なのかを評価できるということが，治療前と治療中に行う典型的な心理学的見立てに加えて，極めて重要です。遊びのレベルの見立てをすることで，その子どもが治療の形態としてのプレイセラピーに入る準備ができているかどうかを見極めます。もしその子の準備が整っていれば，その子の遊びの発達レベルにとって最も効果的なのはどのタイプのプレイセラピーなのかを決めていきます。

Ⅲ 遊びの種類

　「じゃあね，私がお姫様になるから，ジュンちゃんは悪い西の魔女ね」。9歳のミナは，いくつかの椅子をあちこちに動かしてお城を作りながら指図します。ミナの親友ジュン（9歳）は，お気に入りの絵本を静かに読みながら頷いています。

　子どもの遊びはありとあらゆる種類の行動や活動に及んでおり，おおまかに分類すると以下のようになります。これらは独立したものではなく，どのような遊びも一つ以上の項目に当てはまることにご留意下さい。

▶ **身体を使う遊び**：人間が強い身体を発達させ，協調した動き方を身につけたいという欲求からくる。身体の使い方が上手になり，身のこなしが徐々に洗練されていき，身体能力における自信と安全感覚をもたらす。ぐるぐる走り回る，スケートボードをするような遊びには，たくさんのエネルギーを消耗し，

22　第Ⅰ部　プレイセラピーの基本

身体能力を高める動きが含まれている。じゃれあって取っ組み合いをするなどの荒っぽく転げまわるような遊びは，体力や筋肉の協調した動きと持久力を鍛え，同様に抑制力や仲間との絆を育てる。

▶ **言葉を使う遊び**：話し方が身につく。赤ちゃんが音を出して遊び，歩き出す頃には「なんで？」と質問するのは，新しく備わった言語能力で遊んでいる。もう少し大きい子どもは言葉遊びをする。

▶ **探索的・創造的遊び**：この世界についてわかりたい，という遊び心と好奇心とを結びつける。絵を描くことやダンスのように，想像力をたくさん働かせ，自分自身の世界を作り出してそれを自分の思うままに表現する。

▶ **構成的遊び**：微細運動機能を発達させ，周囲の環境の物理的性質や位置関係，空間的関係の理解を促進させる（積み木，粘土遊び）。これによって困難を切り抜けるために築き上げるということを学ぶ。目新しい，複雑，自分で操作できそうなものだと，やる気が増す。

▶ **社会的遊び**：ボードゲームやおままごとをするなど，二人以上で，同じ活動を一緒に・順番にする。社会的に好ましいやりとりをするために，衝動性を抑えること，協力しあうことを学ぶ。人とつき合うために意思疎通をする力の発達は幼児期の最も重要な課題の一つなので，初期の人とのやりとりは，自己概念を形成する上で重要な役割を果たす。子ども自身が自分に社会的能力があると感じ，他の人にもそう見えていると，子どもの自尊心が育つ。

▶ **ファンタジー／ごっこ遊び**：着飾る・人形を使って話を語るなど，役割をとって，自分とは違う役柄を演じる。幅を広げ，鍛え，自分の経験でコントロールできる世界を作り，作り直すことを通して，知性の基礎を築く。何度もロールプレイをすることは物事を新しい視点で見る助けとなり，現実生活で怖い，心配な問題に対処するための違うシナリオを描く助けとなる。物語を理解する力，言語発達や読み書きの力が育つ。空想・フリ遊びは，行動のコントロールや創造的な思考力を伸ばす。

▶ **ゲーム**：ルールに則った集団遊びをするには，参加する人全員がそのルールをわかっていないといけないので，社会的に認められた行動ができるようになる。大なわとびを一緒にする，というような競いあわない遊びも含む。

Ⅳ 遊びのもつ治療的な力

　SchaeferとDrewes（2014）は，遊びのもつ治療的な力の20因子を定義しました。遊びのもつ治療的な力は，クライエントに効果的作用をもたらす，遊びの過程でみられる要素で，ある要素が臨床的な改善をもたらし，よい結果につながり，症状の軽減や望ましい行動が増加した場合には，その要素は治療的とみなされます。この遊びの治療的な力は，子どもにとってどれほど遊びが効果的なものかを示しており，治療に遊びを使う臨床家がこのことを明確に理解していることがとても大事です。

　表1-2は，この遊びのもつ治療的な力を要約したものです。より深く理解するために，このテーマに関するSchaeferらの本（Schaefer & Drewes, 2013）を読むことを強くお勧めします。ここでは個々の治療的な力が別々に説明されていますが，臨床の実践の場では，これらが入り混じっています。

Ⅴ 子どもと大人が一緒に遊ぶ

　4歳のノゾミと10歳の兄テツは，両親と一緒に鬼ごっこをして叫んだり笑ったり，興奮して走り回っていました。ノゾミが「ママとパパ大好き！」と口にすると，それにテツが付け加えます。「これ，超楽しい！　毎週日曜日にしようよ！」。

　遊びの中で，私たち大人の役割とはどのようなものでしょうか？　皆さんは，発達心理学概論から，赤ちゃんは生まれたその時から人とやりとりし，反応して関わる能力をもち，周囲のことに気づき学習していることをご存知ですね。子どもの発達的な軌道は，遊びを通した適切かつ愛情たっぷりな養育者との一貫した関係によって緊要な変化をなしとげることを示す研究報告があります（Hurwitz, 2003; Tsao, 2002）。遊びを通した親子の交流は，親が子どもに完全に注意を向けていることを知らせ，恒久な関係性を育む土台を作ります。

　遊ぶことを通じて，一貫性があって予測可能な，慈しみにあふれた豊かな体験に触れた子どもは，神経生物学的な機能を発達させ，その力によって，その子の健康や幸せ，生産性や創造性の可能性が増していきます。逆に，遊びによ

24　第Ⅰ部　プレイセラピーの基本

表1-2　遊びのもつ治療的な力

1．コミュニケーションの促進
　①自己表現：おもちゃにより象徴的に表現する
　②無意識と意識の橋渡し：無意識の葛藤や願望が象徴的に明らかになる
　③直接的に教える：楽しいと感じると学習がより身につくので，遊びを通じて直接スキ
　　ルを教える
　④間接的に教える：遊びを通じて間接的にスキルを教える
2．健全な情緒を育む
　⑤カタルシス：情緒的な表現や活動によって，かつて抑制・中断された感情を解放し，
　　完結させる
　⑥徐反応（アブリアクション）：同じ遊びを繰り返すことによって，トラウマとなる出来
　　事の再演と除去をし，力とコントロール感覚を得る
　⑦肯定的な感情：楽しい遊びは肯定的な感情を増やし，否定的な感情を減らす。肯定的
　　な感情は気分を上昇させるホルモンとエンドルフィンを解放し，コルチゾールの値を
　　低下させ，免疫系を刺激して否定的な情緒を解毒する
　⑧恐れに関する拮抗条件づけ（逆条件づけ）：相反する内的心理状態は同時に共存するこ
　　とができないため，遊びを使って否定的感情と取り組むことは，そういった嫌な感情
　　を減少させるのに役立つ
　⑨ストレスへの免疫作り：予期不安を減少させるために，ストレスの多いと予想される
　　出来事にまつわる遊びをする
　⑩ストレスマネジメント：ストレスによる身体的・情緒的な影響に対処し，それらを減
　　らすために遊びを使う
3．社会関係を強化する
　⑪治療的関係性：子どもとPThの間に目標が共有され，同調しあう関わりと肯定的な情
　　緒的接触がある
　⑫アタッチメント（愛着）：遊びは共感能力を育て，それによってアタッチメント（愛
　　着）を育み，愛着スタイルがよい安定した形につながる
　⑬社会的な能力：ソーシャルスキルを習得し，それを有効に活用する
　⑭共感：他者の視点から状況を見る能力を発達させる
4．個人の強みを伸ばす
　⑮創造的な問題解決：発想が豊かになり，さまざまなアイディアや連想を生み出す
　⑯レジリエンシー（心の回復力）：人生の妨げとなるような試練に耐え，立ち直る能力が
　　育ち，それが危険な要因を減少させ，保護的な要因を増加させる
　⑰道徳心の発達：遊びでルールを作ることで，他者との協力や他者との合意が育まれる
　⑱心理的な発達の加速：子どもの発達が正常範囲内におさまる，あるいは近づくように
　　発達が促進され，そのプロセスが加速する
　⑲自己調節：認知的な柔軟性とセルフモニタリングおよび反応の抑制によって，行動を
　　方向づけ，意図した目標を達成する
　⑳自己肯定感：自己有用感や自己価値観を育てる

るやりとりが生後3年の間奪われていると，脳が適切に発達しないので，社会的，対人的能力が損なわれてしまいます。将来の精神障害になるリスクが増大するだけでなく，情緒障害，発達遅滞，運動機能や言語機能の障害，アイデンティティ（自我同一性）の発達の困難，衝動コントロールの問題，信頼や親密性の形成と持続の問題も，大幅に増大（深刻化）するのです（Lieberman et al., 2005; Perry & Szalavitz, 2006; Perry, 1998）。

養育者は子どもにとって，初めての，かつ，一番のお気に入りの遊び相手です。子どもは人生のまさに最初から，授乳の時に親の顔をじっと見たり，おむつ交換の時に歌ってくれる親の声に耳を傾けたりと，自分の親と遊んでいるのです。親と遊ぶ中で，自分が愛されていること，一緒にいて楽しい，大事な存在であるということを肌で知っていくのです。こうして育った社会的・感情的な能力によって，その後一生を通じて愛のある協力的な人間関係を築き続けていくために必要な自尊感情や自信を身につけます。養育者が子どもと一緒になって遊ぶと，養育者の肯定的な感情や感性の細やかさが，子どもの遊びの方向性やレベルに対してプラスの方向に作用し，遊びに奥行きと複雑さが増し，より高度な遊びがたくさん出てくるようになります。大人が子どもと遊ぶ時，遊ぶ量よりも質が重要とされ，大人が子どもに対して敏感で子ども中心の反応をすると，子どもの遊びはより精巧で，創造的，持続的となり，多くの社会的遊びと認知活動を示すようになります（Fiese, 1990; Howes & Smith, 1995）。大人が権力をふるったり子どもの今必要としていることに気づかないと，子どもは一緒に遊ぶことに興味が失せたり，遊ぶことをやめたりしてしまいます（Howes & Matheson, 1992）。

一言で言ってしまえば，子どもにとって遊びがそれはそれは大事なのです。PTh が専門的な信頼性を高めるために，証拠もなくこのように言っているわけではありません。遊びがなぜ，これほど重要かに関しては，明確な神経生理学的な根拠があります。発達に関する第2章では脳の構造を学び，子どもが健康に成長していくために，いかに遊びが神経生理学的に必要であるか，そして，大人がその中でいかに重要な役割を担っているかを見ていきましょう。

会話を1年間積み重ねるより，1時間一緒に遊ぶ方が他人をより深く理解できる。
                                         プラトン（428 BC −348 BC）

26　第I部　プレイセラピーの基本

＊アクティビティ

　遊びに関して得た知識を体験とつなげておきましょう。

　「アクティビティ」での，「ペア」「グループ」「他の人」と指示のあるところは「PTh同士」での作業となります。

Ａ．遊びのロールプレイ＊

１．遊ぶ

①そうです，ただ遊びます。どうでしたか？　体験や感想を書き留めましょう。

②自分が子どもになったつもりで遊んでみましょう。自分の子どもの頃を思い浮かべても，自分の子どもや，本やテレビの中の子ども役などを想定してもよいでしょう。その子どもが遊んでいる，というロールプレイをします。どうでしたか？　体験や感想を書き留めましょう。

２．人と一緒に遊ぶ・子どもとして遊ぶ

③あなたは子どもになりきって，他の人に一緒に遊んでもらいます。大人役の人は，子どもと一緒に遊んでいる大人として遊びます。お互い恥ずかしがらず，やってみましょう。体験を話し合いましょう。

④さまざまな状況や環境で遊んでいる子どもを観察します。観察を書き留め，感想を書きましょう。その際，遊びの持つ，どの治療的な力が発揮されているかも確認しましょう。

　できるだけたくさん，①から④を繰り返します。それぞれの体験や感想を他の人と分かち合って下さい。

　次の行き先は「発達，愛着，脳と遊び」です。

＊ロールプレイをすることによって，必然的にあらゆる記憶やそれに伴う感情が引き出されます。特に子どものロールプレイ時は，自身の幼少時のものが蘇ることがあります。もしロールプレイ中に圧倒されそうに感じた場合は，直ちに役から降り，ロールプレイをやめ，自分に起こったことを認知的・情緒的に処理するようにして下さい。必要であれば，スーパービジョンや心理療法でワークスルーして下さい。

第１章　遊びのもつ治癒的な力　27

第2章

発達，愛着，脳と遊び

　さて，これまで述べてきたことはすべて，遊びが素晴らしいということだけでなく，人生に必要なものということを示しています。なぜ遊びがそれほど重要なのかについての，具体的な神経学的根拠もあります。ここでは，子どもの一般的な発達に沿って，脳がどのように発達するのかを学びます。遊びや愛着の，発達との関連やその重要性についても論じるので，なぜプレイセラピーが子どもの発達と関係深いかがわかるでしょう。

Ⅰ　子どもの発達の見方

　発達をしっかり理解することなくして子どもの治療を効果的に行うことはできないので，簡単に発達について概観します。発達には，身体，言語，認知，社会性，感情，知能，性などさまざまな領域があり，発達の速度は子どもによってもまちまち，一人の子どもの中でもそれぞれの領域によって異なります。10歳の時，ある女の子は身長160cmで12歳の言語能力，感情の安定性は8歳である一方で，別の10歳の女の子は身長130cmで7歳の言語能力，感情の安定性は10歳です。15歳になった時，最初の女の子は身長160cm，14歳の言語能力で12歳の感情の安定性となり，もう一人の女の子は165cmで16歳の言語能力，17歳の感情の安定性になっていることもあります。発達は，生理学的要因や社会的体験，変化への意欲によって影響を受けます。どの領域における遅れ（過度の早熟）も，子どもにとっては負担となり，適切に対応されないと大人になってからの困難につながることもあります。大人がその子どもの発達年齢に応じて関わったり支えたりし，その年齢にふさわしい速度で発達できるよう手助けすることが大切です。

治療目標を設定する際には，発達を考慮し，ある症状はある年齢においては正常の反応であり，別の年齢においてはそうではないことを念頭に置いてアセスメントします。2歳の子の夜尿は普通のことですが，12歳の子がしている場合は詳しく調べ，介入する必要があるでしょう。臨床家は，発達段階に応じて，その子どもがどこまでできるかの見通しを立てることが重要です。2歳の脳は癇癪を起こさずにコミュニケーションをとることを学んでいる真っ最中ですが，12歳の脳はすでに癇癪を起こさずに受け答えすることを学んでいるはずです。子どもにとって発達的に適切な段階に沿って子どもとやりとりし，何をどこまで期待すべきか考えなくてはなりません。適切な発達についての理解が深まるよう，PThのRay（2016）がセラピストのために編集した，6～12歳の児童の発達についてのガイド本を参照することをお勧めします。

Ⅱ 愛着（アタッチメント）の役割

> 生後の最も早期に子どもが受ける両親からの愛情のこもったお世話の質は，その子の将来の精神的な健康にとって決定的に重要である。　　（Bowlby, 1952）

人間の活動——感じる・遊ぶ・発達することも含めたほぼすべての活動は，そしてプレイセラピーがどのように効果を発揮するかは，いずれも愛着に基づいています。この極めて重要な概念について簡単に概観しましょう。

人間は対人関係を作り，維持する力を生まれつきもち，それは人の学ぶ能力，愛する能力に影響を与えます。愛着には次のような三つの鍵となる要素があります。すなわち，①愛着とは，特定の人とのゆるぎない永続的な情緒的な関係性のことで，②この関係は，安心感，心地よさや快の状態をもたらすものであり，③愛着対象の喪失，喪失するかもしれないという恐れは強烈な苦痛を引き起こします（Bowlby, 1969）。

愛着には安定型と不安定型という二つの型があります。安定型の子どもは，自分は愛される価値があるものとして，自分に自信をもっている内的ワーキングモデルを発達させ，他者は与えてくれ，支えてくれるもので，この世界は安全に探索できるところだと信じており，かなりのストレスを感じる状況でも，他者は自分に応え，助けてくれるものだと捉えます。不安定型の愛着の子ども

第2章　発達，愛着，脳と遊び　29

は，自分は愛される価値のないものとして，常に不安を感じる内的ワーキングモデルを発達させ，他者には不信感をもち，この世界は怖いところだから出て行くものではないと信じ，他者に対して，矛盾している，手厳しい，激しい，助けてもらえないといった感情を体験しており，ストレスを感じる状況では脅威を感じます。

　生まれてから3年ほどで，感情の調節のほとんどは，親からの合図や物理的な制御に応じるという外的なプロセスによって行われていたものが内在化され，子どもが自己管理できるようになる内的なプロセスに変わっていきます。多くの困難が連続してあったにもかかわらず成功を遂げた子どものライフ・ヒストリーを調べた研究者は，そうした子どもは，少なくとも一人の安定した支持的な大人（親や親戚や学校の先生）との関係を，人生の初期に一貫してもっていたことを見出しました（Werner & Smith, 1992）。

　人生の初期に愛着に問題があった場合，その時期，期間，深刻さの度合いによって，その結果は，軽度な対人関係への苦手感から深刻な社交的・情緒的な問題にまでなりえます。Nelson ら（2007）の研究によると，1980年代にルーマニアの孤児院で不安定な愛着を育むような環境で育った乳幼児を調査したところ，感情的な生気が薄い，ぼんやりしている，好奇心が乏しい，人とのつながりが貧弱，多動，感情を調節する能力に欠けている，癇癪を起こす，集団遊びに参加できない，見知らぬ人にしがみつく，自分を含め人に対して困惑する，といった難しさを抱えていました。乳幼児と養育者の間の初期の相互作用は，後の人生に重大な影響力をもっているのです。

Ⅲ　脳の機能

1… 脳の発達

　脳は私たちが考えたり，行ったりすることすべての源であり，人間のあらゆる発達や変化は脳が神経学的に介在しています。人間の脳の大きさや機能は，人生の最初の25年で発達し，そのうち90％は0歳から3，4歳の間になされます。人間の脳の50％は生後12カ月の間に，25％が次の12カ月，15％が2～4歳までに発達します。脳の残りの10％は以後25歳位まで発達し続け，そのほとん

脳の機能

④ 新皮質
言葉で認識する，抽象的な思考をする

③ 辺縁系
感情を生み出す

② 間脳・中脳
五感で感じられた情報をキャッチし処理する

① 脳幹
呼吸・体温調節・睡眠などをつかさどる

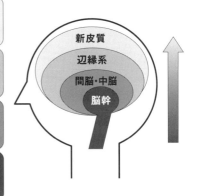

図2-1 脳の神経逐次発達（日本プレイセラピー協会，2013）

どは25歳位までのより早い時期に起こります。つまり，人生の早期である3〜4歳までの間に，大人の脳の90％の大きさにまで成長し，その後の人生の情緒的，行動的，社会的，身体的機能を担う脳の組織と構造の主な部分が整備されるのです（Perry, 2006）。

ここでは，プレイセラピーをより効果的に使用するために知っておくとよい脳の4つの部位（脳幹，間脳・中脳，大脳辺縁系，大脳新皮質）に関する構造と機能の説明を簡単にします。脳幹は身体状態の調節，間脳・中脳は体性感覚組織の処理，大脳辺縁系は社会－情緒的機能，大脳新皮質は高次脳機能である認知機能を担っています（図2-1）。

2…脳発達の三原則

脳発達には三つの原則があります（Gaskill & Perry, 2014）。第一原則は，漸次的（順次的）発達です。脳の発達は，最も自律的な調節機能をもち，かつ最も単純な（脳細胞の数が最も少ない）部位から始まり，順々に，より複雑な機能を担う複雑な（一番多くの細胞とシナプスが集まる）部位へと進んでいきます。脳幹は胎生期から9カ月の間，間脳は6カ月から2歳，大脳辺縁系は1歳から4歳，大脳新皮質は3歳から6歳に発達します。脳は正確な順番で発達するため，脳のある部位・能力が健全に発達するかどうかは，その部位より早期の段

階で発達した部位の健全な発達によって決まります。トラウマや感覚統合の不全などの原因で、脳の感覚組織が早期から正常の範囲内で機能しない場合、他の発達における神経結合の順序や質に悪影響が出る可能性があるということです。

　第二原則は、使用依存的発達と、経験が脳に組み込まれていく過程の神経の可塑性です。脳細胞の間に過剰生産された接続経路（1千億のニューロンと100兆のシナプス！）は、その接続がさらに発達するか消滅するかは、その部位を使う経験と環境に、どの程度さらされているかによります。特定の活動をパターン化して経験すればするほど、それを行う脳の部位が組織化し、機能的に"健全"になります。よい経験いやな経験ともに脳の構造と機能を変化させることができ、それに続いて、認知機能や社会性、情緒的機能にも影響を与えます。乳幼児期や児童期において、一貫性のある、予測可能な、養育的かつ豊かな経験に多く触れた子どもは、健康や幸せを得られる機会、生産性や創造性を発展させる機会を増やす神経生物学的能力を発達させます。逆に、ネグレクトや混沌とした怖い環境は、すべての機能領域における重篤な問題のリスクを増やします。

　第三原則は、機会の窓と呼ばれる時期があることです。脳の使用に伴って順次起こる脳の発達の大部分は、幼少期になされます。適切に発達するためには、脳がその領域を発達させる準備が整った時に、つまりこの機会の窓が開いている限られた間に、適切な刺激にさらされる必要があります。

3… 右脳と左脳，海馬と扁桃体

　脳が右半球と左半球に分かれていることは、脳の構造と機能の一般的な理解としてご存知かと思います。右脳は感覚的、非言語的で、情緒や無意識の記憶を扱い、入ってきた情報を瞬時に処理します。左脳は論理的、言語的、意識的、分析的で、ゆっくり働きます。体験したことはまず感覚刺激として、瞬時に体験情報が脳の右側や脳幹、間脳で処理され、大脳辺縁系で感情とつながり、右脳と左脳をつなげている橋（脳梁）を経由して、新皮質の左半球に送られ、認知的、言語的、意識的に、ゆっくり処理されます。子どもが幼いほど、脳の右側や脳幹、間脳、そして大脳辺縁系の領域が優勢となります。

　大脳辺縁系の一部である海馬（顕在的な記憶を司る箇所）は、意識的な記憶を貯蔵する、事実を思い出す、出来事を記録する、論理的な思考や推理力を働かせるといった機能をもちます。同じく大脳辺縁系の一部である扁桃体（潜在的

32　第Ⅰ部　プレイセラピーの基本

な記憶を司る箇所）は，意識的に知覚できない記憶・感覚・感情の記憶を貯蔵し，海馬とは異なり，外的な出来事がきっかけとなって記憶が引き出されます。人がつらい記憶を極度の苦痛を伴わずに思い出す場合，それは海馬から思い出されています。子どもの海馬は扁桃体よりもゆっくり成長します。乳児期に体験したトラウマに関する刺激に，感情的な反応をすることはあるかもしれませんが，トラウマを記憶として思い出せるということはないかもしれません。感情的な記憶は言語が発達するよりも先に生じているので，乳幼児はそれを説明するには言語能力が足りず，そのような感情的な色合いの強い体験の意味を理解するだけの能力ももち合わせていません。それゆえ，何年もたってから，乏しい理解のまま感情が引き金となって，混沌とした情動が湧き起こり，説明のつかないような行動につながることがあります。子ども時代の感情的なトラウマは，大人になってからの人生にも大きな影響を及ぼすのです。

Ⅳ 脳と遊び

　遊びにおいても神経の漸次的な発達があります（Gaskill & Perry, 2014）（図2-2）。脳の発達と遊びの関連について，第一原則は，遊びは単純なものからより複雑なものへと階層的に発達するというものです。乳児はおしゃぶりで遊び，幼児は運動技法の練習をし，園児にみられるごっこ遊びは社会情緒的発達と認知的発達を促進します。子どもが大きくなるにつれて，遊びもより複雑になります。一人遊びから並行遊び，二人遊びや集団遊びへと，子どもの社会的能力の発達に伴って，順々に発展していきます。社会的な遊びの量が増え，注意の持続時間が長くなり，社会的関わりがより長く続けられるようになります。子どもの神経発達の水準に応じて，遊ぶ機会が適切な順番で得られるようにすることが必要です。

　第二は，遊びも使用依存的発達をし，遊びを繰り返すことで，そこで使われる能力が向上します。遊びの性質によっては，脳の全領域の成長と変化が促進されます。その子どもの発達年齢に合った豊かで複雑な遊びであるほど，繰り返しが多く起こります。

　第三は，いつ，このようなさまざまな遊びを体験するかということの重要性を強調しています。プレイセラピーが有効な右脳は，妊娠後期から3歳まで，

第2章　発達，愛着，脳と遊び　**33**

遊び

④ 新皮質
より高度なゲーム（トランプ・オセロ・人生ゲーム・ウノ等），ユーモア（漫才・ダジャレ等），言葉遊び（会話・早口言葉・回文等）

③ 辺縁系
粘土・絵・砂などで感情を表現する
例：「自分に力をくれるもの」
「安心な場所」

② 間脳・中脳
手のローションぬり・頭のマッサージ・好きな香り遊び・音楽で踊る・色で遊ぼ・お茶／お菓子タイム・いないいないばー

① 脳 幹
イメージ呼吸法・ヨガ・シャボン玉・カチカチとふにゃふにゃ

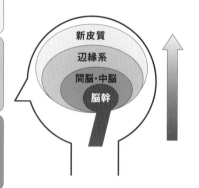

図 2-2　脳の神経逐次発達の遊びの例（日本プレイセラピー協会，2013）

脳の中で優勢です。養育者が一緒に遊ぶ中で情緒的に調律をすること（触り方，揺らし方，ハミング，声のトーンの変化，動きのテンポ，表情など）が乳幼児の右脳の発達にとってプラスの体験となり，健全な遊びの段階のシークエンスに従って子どもの脳が発達するための基礎になるのです。

　遊びが社交的なスキル，衝動の制御や集中力の向上に貢献しており，多くのニューロンにおける神経化学的変化，および樹状突起の変化が認められると研究で証明されているため，遊びの使用が子どものさまざまな問題を減少する効果的な介入だとされています（Six & Panksepp, 2012）。9 カ月間毎日 2 時間，走ったり遊んだりするグループにいた 8 〜 9 歳児110名と，それには参加できなかったウェーティングリストの子ども110名とを比較した研究では，遊んだ子どもの方がより迅速かつ広範囲な脳発達がみられました（Hillman et al., 2014）。また，空想遊びを幼稚園児らにするよう促した結果，高次機能を使用したタスクの成績が 1 歳分の発達の向上がみられた研究結果があり，ビデオゲームの誘惑を抵抗できたり，タスクにより長い間集中できたりと，空想遊びをす

ることによって柔軟な考え方を身につけ，衝動を克服し，行動をうまく制御できる力が身についたことがわかりました（White & Carlson, 2016）。

Ⅴ 脳と愛着

> 発達中の脳の自己組織化は，別の自己，別の脳との関係の文脈で生じる。
> (Schore, 1996)

　新生児の脳は生後すぐから相互作用，人との関係に応答する能力をもっており，周りの環境に気づき，そこから絶えず学び続けています。愛情のある養育者との肯定的で予測可能な交流は子どもの脳を大きく刺激し，整理するとわかっています（Balbernie, 2013）。もし人生の初期の3年間に養育者等との相互作用が拒否された場合，その子の脳は適切に発達しないので，社会性および対人関係における欠落を抱えることになります。先に触れた乳児期にネグレクトされていたルーマニアの孤児は，死滅してしまった脳細胞のために眼窩前頭皮質が未発達で萎縮しており，脳の画像には黒い穴が開いているような映像が映り，情緒的な障害，発達遅滞，運動機能不全，言語能力不全がみられました（Carlson & Earls, 1997）。

　情緒的な関係性を築き，維持することに関する脳の部位は，乳幼児期に発達します。健全かつ幸せで生産的な人の中核的な愛着能力，共感，思いやり，分かち合い，攻撃性の抑制，愛する能力などは，乳幼児期と早期の子ども時代に形成されます。愛着形成の遺伝的な潜在能力もありますが，その能力を開花させるのは，発達早期にその子どもが体験する環境なのです。抱っこ・見つめる・微笑みかける・キスする・歌う・笑うことはすべて脳の特定の神経化学的な活動を引き起こし，愛着に携わる脳内組織の正常な組織化をもたらします。遊びの重要な機能の一つとは，人に対して親和的な脳を発達させるためであり，そのような安定した愛着をもつ脳は，他者と肯定的な方法で交流することを理解しているものです。親子関係の早期の問題は感情規制を担う脳の部分に変化がみられると，親子関係の質によって，脳自体が構造的・機能的に影響されてしまうとされる研究が多くあります（DeBellis & Kuchibhatla, 2006; Strathearn et al., 2009; Newman et al, 2015）。

Ⅵ　トラウマと脳

　子どもはさまざまな理由でプレイセラピーにやってきます。その多くは，何らかのネガティブな体験（虐待・事故・自然災害・テロ・学習障害・発達障害・対人関係の困難・家族の問題・身体的な問題など）の結果として来談します。

　子どもが脅威を感じたりトラウマを経験したりする時，脳は自動的に自己防衛しようと反応し，脅威に対して身体を，戦う・逃げる・固まるという生き延びる反応のために備えます。新皮質や左脳は情報や経験を処理するのにたくさんのエネルギーを使うので，脅威を感じた時，まず最初に情報が送られる右脳や脳幹・間脳が瞬時にエネルギーを使えるようにするために，左脳にある領域の処理機能は一時的に最小限に低下します。同時に脳梁もエネルギーを節約するため，二つの脳半球の間で情報を移行させる過程を一時的に遮断します。トラウマとなる体験は主に感情や感覚を通じて処理されることとなり，ほとんど認知的な処理はなされません。"言葉にならない恐怖"——つまり感情を司る大脳辺縁系が活性化され，言語野（ブローカ野）が不活性化される時には，トラウマとなる体験はより身体的，感覚的に処理され，同時に，その体験のまとまった理解や海馬への移行は妨げられます（Badenoch, 2008）。トラウマ記憶は間脳・脳幹・大脳辺縁系や右脳に貯蔵され，体験の新しいひな型を作り出します。脅威は，脳に過剰警戒態勢を引き起こすストレスホルモン（コルチゾール）を過剰分泌する神経結合を変化させ，神経のパターンを変化させます。

　ひとたびトラウマ的体験がおさまると，脳は「平常」の非保護的モードに戻ります。しかし，トラウマ体験によって作られた新しい神経パターンのひな型とホメオスタシス（生体恒常性）が，子どもの脳が環境にどのように対応するかの基本になります。その体験が新しいものの場合，もしくは以前に経験した脅威と結びついている場合，最初の警告反応が始まります。新たな体験は最初に「脅威」として処理されます。入ってくる感覚情報に対する脳の反応は，その信号が新皮質部分に到達するより前に起こります。

　トラウマ体験をした後の別の体験が安全なひな型と適合する場合，それは快とみなされますが，恐れのひな型と適合する場合にはストレス反応が活性化され，多元的な組織の反応（認知，感情，動き，基礎状態の反応）を引き起こし，す

36　第Ⅰ部　プレイセラピーの基本

べての脳のレベルでさらに恐れの記憶を作り出します。脳幹は自律神経の出力調節，覚醒水準修正，散漫な感覚情報の排除，間脳は動作活動（ビクッとするなど）の調節，大脳辺縁系は情緒的な反応や信号の調節（表情），新皮質は脅威を解釈し，複雑な計画を立てます。脅威に対して異なる脳の部分それぞれにおいて，独立した反応が起きることがあります。津波で生き延びた女の子が，母親がお風呂に入るのを見て突然叫び声をあげて泣き出すのは，彼女の新皮質がこれは入浴だという文脈化や解釈をする前に，脳幹や間脳が水の視覚的聴覚的刺激を処理した結果，大脳辺縁系がパニックと恐怖という反応をしたからです。

　このストレス反応はもともと脳幹や間脳に由来するもので，大脳辺縁系や新皮質の調節や整理を助けています。脳幹や間脳が自らを整え，調節することが十分できていなければ，大脳辺縁系や新皮質の調整不全と混乱を招いてしまい，うまく調節したり整えたりできません。より長期にわたってトラウマを体験した場合，ストレス反応組織がトラウマ以前のストレス反応の水準に回復しない可能性が大きく，本当の脅威にさらされていない時でも不適切なトラウマ反応を示すことになってしまいます。子どもの脳が慢性的なトラウマ反応を示していれば，それに応じて新しい脳のパターンが脳をとりまとめることになり，トラウマ的な脅威がない状況下でも過剰反応し，機能不全となります。

　常態化したストレスやネグレクトは特定の神経回路を過敏にし，不安や恐怖を司る大脳辺縁系を過剰発達させ，その結果，新皮質が未発達となってしまいます。恐怖，暴力，虐待等による万年ストレスは脳を常に生き延びるためのモードにしてしまい，新皮質で行われる社会的スキルの習得や認知能力を発達させることができなくなってしまいます。脳があらゆる部分の発達を促すための神経生物学的プロセスをガイドする神経活動パターンを生み出すためには，感覚的・情緒的な体験パターンを必要とします。対人トラウマを受けている場合では，人付き合いをするための脳のすべてのシステムが攻撃と防衛に対応できるよう，形作られてしまいます。トラウマを受けていたり，予測不能な環境で育っている子どもは，これらの無秩序を反映するような脳の神経システムや機能しか発達させることができません。常に脅威を感じている場合，子どもの自動的な反応は大げさな反応性となり，多動，過敏，過度に警戒，瞬時に不安から恐慌状態になってしまい，合理的思考能力がうまく起動できなくなってしまいます。これを修正するためには，新しい体験を通して脳が誤った関連付け

第2章　発達，愛着，脳と遊び　37

を中断する，もしくはトラウマと関連付けるものの範囲を狭めなくてはなりません。子ども時代のトラウマや不適切な養育は，これまで述べてきた脳の発達上の特徴から，大人になってからトラウマや虐待を受けた場合と比較すると，重大な機能不全を引き起こす計り知れない可能性をもっています。

脳神経心理学から見た児童期のトラウマの研究者 Bruce Perry（2006）の提唱するニューロ・シークエンシャル治療モデル（Neurosequential Model of Therapeutics）では，脳とトラウマと介入（プレイセラピーに特化したものではない）を統合しているので参照して下さい。

＊アクティビティ

本章のさまざまなポイントの理解を助けてくれるアクティビティをいくつかやってみましょう。

Ａ．子ども役となって遊ぶロールプレイ

このアクティビティは何人かで行うと面白く，学びの多いものとなりますが，二人でもできます。自分がやる子ども役の年齢と性別を決め，その年齢と性別の子どもはこのように遊ぶと思うままに遊びます。一緒にロールプレイをしている相手にも子ども役の年齢と性別を決めてもらい，同じく遊んでもらいます。お互いロールプレイしている子どもの年齢・性別は伝えません。その子どもが他の子と関わるかどうかを考え，関わるとしたらどのようにするかを考えて遊びます。しばらく遊んだ後で，各自なりきっていた子どもの年齢と性別をお互い当てます。

各自選んだ，その年齢や性別でロールプレイするのは何が，どれくらいやりやすかった／やりにくかったですか？　他の人のロールプレイを見て年齢や性別を当てるのは，何がどれくらいやりやすかった／やりにくかったですか？　これを３回，違う発達段階にいる子どもを設定してやってみましょう。

Ｂ．脳のいろいろな領域を活性化するアクティビティ

１．脳幹：「カチカチとふにゃふにゃ」（筋肉の刺激による自律神経の調節）

まず，全身や顔中の筋肉に力を入れて固くします。すべての筋肉をこれ以上できないくらいカチカチに固くして下さい。次に，一気に力を緩め，ふにゃふにゃとくずれおち，全身柔らかく，ぐにゃぐにゃになります。これ（カチカ

38　第Ⅰ部　プレイセラピーの基本

チとふにゃふにゃ）を何度か繰り返します。身体は何を感じていますか？　きつく緊張した時と完全にリラックスした時の違いを感じ取れましたか？　何がもっとも心地よかったですか？　それはなぜですか？　あなたにとってなじみのない感覚はありましたか？

2．間脳：「匂い袋」（臭覚の刺激）

いろいろな匂いの元（カレー粉，ラベンダーのアロマオイル，コーヒー豆など）を用意します。材料は内容がわからないよう別の人に用意してもらうとよりうまくいきます。準備ができたら，それぞれが何の匂いか当ててみましょう。匂いを嗅ぎ分けられるかどうか確かめてみましょう。お気に入りはありましたか？　記憶を呼び覚ます匂いはあるでしょうか？　それぞれの匂いでどのような気持ちが呼び起こされましたか？

3．大脳辺縁系：「気持ちのジェスチャー」（感情の活性化）

一人で行う場合は全身が映る鏡の前に立ちます。全身と顔を使って，さまざまな感情をジェスチャーで表現します。他の人もいる場合，各自表現したい感情を，一度に，もしくは一人ずつ順番にジェスチャーで表し，見ている人たちがその感情を当てます。ジェスチャーしている時，他の人の感情を当てる時，どのような気持ちや考えになりましたか？　表した感情に対して，どのような記憶や連想が出てきましたか？　ジェスチャーしやすい，当てやすい感情はありましたか？　ジェスチャーしにくい，当てにくい感情はありましたか？

4．新皮質：「私のように」（指示に注意を向け，意味を理解・整理する力の育成）

少なくとも二人，できれば複数名で行うのが望ましいです。

まず親（リーダー）を決めます。親は，他の人が見て真似できる動きをいくつか考え，その動きを言葉で言います。親が動きの前に「私のように」と言った時だけ，親以外が真似をします。「私のように」と言わずに動きを言葉にした時には，真似してはいけません（親が「私のように右手を上げて」と言ったら右手を上げる。「右手を上げて」だけでは上げない）。親は参加者に上記の指示を伝えたのちにアクティビティを始めます。指示通りにうまくできましたか？　楽しめましたか？　どのような感覚や気持ちになりましたか？　自分の身体の反応（速い・遅い・汗ばむ・涼しげ・ぎこちない・正確など）はどうでしたか？

5．脳の4領域

　下位から上位までの脳の4領域をターゲットにした遊びのアクティビティをそれぞれ三つ考え，やってみましょう。体験の感覚・気持ち・反応・癖・活性化された記憶等を書き留め，一緒にやった人と話し合いしましょう。

C．子ども役となって，大人と一緒に遊ぶロールプレイ

　もう一度子ども役となり，大人役に自分の演じる性別と年齢と呼び名を伝えます。定型発達の，プレイセラピーを必要とする問題はもっていない子どもの役をします。大人役は"単なる大人"で，PThではありません。特定の年齢の子どもとして大人と遊んでみて，どのような気持ちになりましたか？　何を肯定的に感じ，何を否定的に感じましたか？　今度は役割を交代しロールプレイを行います。特定の年齢の子どもと一緒に遊んで，どのように感じましたか？　何を肯定的・否定的に感じましたか？

D．考えてみよう

● 発達・愛着・脳と遊びやプレイセラピー，それぞれに関して自分はどう考え，どのような気持ちをもっていますか？　そのように考え・感じる理由は？　その考えや気持ちに関して，どのように感じますか？

● さまざまな年齢や性別の子どもの，多様な面の発達範囲についてどのくらい知っていますか？　具体的に話してみましょう。自分の知識基盤を広げるために何が必要だと思いますか？

● 平均的な4歳の女の子の遊びがどのようなものか考えて描写しましょう。平均的な10歳の男の子ではどうでしょうか？　運動神経がよく，言語能力が極めて高く，感情調節が未熟な7歳の女の子は？　極めて高いIQをもつ，外見は実年齢より上にみえる，友達がいない5歳の男の子は？

● 安定した愛着スタイルをもつ子どもが大人と遊ぶ時の遊びの例を考えてみましょう。不安定な愛着スタイルをもつ子どもが大人と遊ぶ時の遊びの例を考えてみましょう。その二つを比較して見てみましょう。

　さぁ，今やあなたは，プレイセラピーが子どもの心理的治療法の適切かつ効果的な形態であるというしっかりした強い論拠を手に入れました。次の駅では，プレイセラピーが実際にどのようなものかを見ていきます。お楽しみに！

40　第Ⅰ部　プレイセラピーの基本

第3章

プレイセラピーとは何か

楽しいことであれ嫌なことであれ，子どもの生活で起こるすべての出来事がその子の持っている人形に影響を及ぼすことは間違いないだろう。　Piaget (1962)

Ⅰ　プレイセラピーと遊び

プレイセラピーとは何でしょうか？　ここまで「遊び」および「発達・愛着・脳」をめぐる旅を進めてきたので，この質問に対する答えはおそらく明白でしょう。プレイセラピーはまさに「遊び（play）」と「治療（therapy）」です。つまり，セラピーにおけるコミュニケーション・自己表現の手段として，遊びの活動（おもちゃ・工作材料・ボードゲーム・他の材料も含む）を使う，ということです。本章では，「遊び」と「プレイセラピー」を区別し，プレイセラピーがどのようなものであるか詳しく見ていきます。

1 … プレイセラピーの定義

セラピーは，「治療」や「治癒」を意味するギリシャ語です。心理療法とは，訓練された臨床心理の専門家とクライエントの間で契約された治療を通じて，心理的な問題に取り組むことを指します。子どもへの心理療法の多くの形式は，感情の解放，遊びの使用および言葉を使用しての修正的体験という共通点をもっています。「単に遊ぶこと」とは異なり，プレイセラピーの目標は「単に楽しく過ごすこと」ではありません。常にプレイセラピーが「セラピー」（心理療法）であることを忘れないで下さい。PThは，プレイセラピーを実施する治療者であって，単に遊ぶことが好きな大人では決してないのです！

プレイセラピーの起源は，約100年前までさかのぼります。その時以来，遊

41

びのもつ治療的効果を活用した多くの心理療法が発展してきています。遊びを利用するプレイセラピー理論および技法には多種多様なものがあり，それぞれに違いがあります。一方で，各理論はそれぞれ，遊びが子どもの無意識の経験や願望，考えおよび気持ちを伝えたり表現したりするという中核的な前提によってつながっています。

　米国プレイセラピー協会（APT）はプレイセラピーを次のように定義しています。「クライエントが心理社会的な問題を予防ないし解決するのを支援するために，そして，最適な成長と発達を遂げられるよう支援するために，訓練された PTh が遊びの治癒力を用いて対人関係的なプロセスを確立するために，理論モデルを系統的に用いること」。英国プレイセラピー協会（BAPT）は「プレイセラピーは，子どもがまだちゃんと整理する機会をもっていない，混乱した気持ちや動揺した出来事を理解するための助けになる。子どもは，大人の心理療法で通常されるように問題視していることを説明するのではなく，責められたり，脅迫されたと感じないで，遊びを使って自分のレベルで自分なりのペースでコミュニケーションをする」としています。

　Axline（1950）は「Entering the child's world via play experiences（遊びの体験を通じて子どもの世界に入る）」と題した論文で，プレイセラピーの概念を次のように要約しました。「遊びの体験は，子どもと大人の間に安心できる関係をもたらし，子どもが自分自身を，まさしくありのままに，その瞬間，自分のやり方で，自分のタイミングで，自分の言葉で語る自由と余裕をもてるようにする。それゆえ，遊びの体験は治療となる（p.68）」。

　プレイセラピーでは，子どもが自分自身のことや他者との関係，自分をとりまく世界について学ぶために自然に用いている方法を活用します。トラウマ的体験を理解し，自分のものにして乗り越えるために，子どもは遊びを通して自分の体験を再演，再現します。プレイセラピーでは問題がどのようなものであっても，その問題に取り組む際に遊びを使うことができます。現実や体験からの要請を満たすために，自分がもともともっている構成概念を変化させるのではなく，遊びを通して，体験を自分自身の構成概念に適応させ吸収し，乗り越える感覚を獲得します。言い換えれば，外的状況にあわせて内的な構成を変えるのではなく，内的構成を一定に保つために遊びの中で外的状況を変えるのです。プレイセラピーにおいて，遊びは自我が現実を理解・吸収し，自分のも

42　第Ⅰ部　プレイセラピーの基本

のにしていく営みです。遊びは自主的でそれ自体が展開していく力をもっており，プレイセラピーの中で受け身から能動的になることで，問題の解決に向かうことができるようになります。

プレイセラピーを通じて子どもは適切で効果的なコミュニケーションをとり，気持ちを表現し，問題解決をし，自分の行動を選んでコントロールし，他者と関わる上での適切で有効な手段を体験します。トラウマに関する悪夢を遊びや絵で表現することを含め，こういった恐怖の表現は，実際のトラウマの具体的な表現ではなく，自分の内的な体験の象徴的な表現として出している場合もあります。遊びによって問題との心理的距離ができるので，安全かつ適切に，問題に関する考えや感情の表現ができるのです。

プレイセラピーにおける広義の目標は，もし子どもの成長過程が阻害されていたり，先天的な異常行動や治療を必要とする障害をもつ場合，発達的な道筋に沿って子どもの成長を助けることです。Axline の最も有名なプレイセラピーのディブスの事例で，彼が「セラピーとは何ですか」と尋ねた時，Axline はこう答えています。「自分がしたいような方法で自分のままでいられるような時間であると，言えるでしょう。いつでも遊ぶものを自分が使いたいように使えるような時間。あなたがあなたのままでいられる時間」（Axline, 1964, p.120）。

2… プレイセラピー対遊び

遊びとセラピーを統合する上で，それぞれ連続線上にある遊びの効用を，大きく次の三つのカテゴリーに分類することができます。①自己を高める：通常の遊び，②自己治癒：治療的な遊び，③治療：プレイセラピー（図 3-1 参照）。治療方法として遊びを活用する際には，自分が行うのが単に「遊び」なのでなく「セラピー」であることを思い出さなければなりません。プレイセラピーは，子ども自身が問題に取り組み，解決できるように PTh が手助けするという点で遊びとは異なります。

「プレイセラピー」と「遊び」を比較する場合，次のように区別することができます。プレイセラピーは……

- 心理療法の形式である。
- しっかりした理論モデルに根ざしている。

図3-1 遊び，治癒的な遊び，プレイセラピー比較図（松岡展世［2014］による）

- 心理的な介入としての目標をもつ。
- 「遊び」ではなく「セラピー」が主な目的である。
- アセスメントに基づく計画された治療である。
- 子どもや親とPThとの治療同盟に基づいている。
- 子どもだけではできない。
- 専門的に訓練されたPThが行う。

なお，自然災害などのポストトラウマ状況の直後に用いるのはプレイセラピーではなく，適切な遊びを使った心理的支援法です（Ohnogi, 2010）。これは心理専門家が施す治療としてのプレイセラピーではなく，大人が子どもの遊びに適切な形で寄り添う，「治癒的な遊び」であることに注意して下さい。本書では紙幅のため，治癒的な遊びについては詳しく述べません。トラウマ体験直後の心理支援ための治癒的遊びにご関心がある方は，日本プレイセラピー協会が2011年東日本大震災の被災者向けに作成した『遊びを通した子どもの心の安心サポート——つらい体験後の未就学児（乳幼児）のためのマニュアル第2版』（2014）をご覧下さい。

II プレイセラピーと脳

児童への心理療法は，もともとは，神経科学の知見とは関わりなく開発されたものなので，その結果，トラウマ治療に適するとされる認知行動療法などの技法の多くが，新皮質といった，脳の一部に重点を置いたものとなっていまし

た。現在のプレイセラピーは，神経科学分野における研究と知見に基づいて，脳幹・間脳・大脳辺縁系の外傷を含む，実際に影響を受けている脳領域に適応するようになってきています。プレイセラピーは発達的に適切なもので，関係性に基づいており，安全かつ予測可能で，感情を抱える器として機能します。また，治療関係は神経学的な可塑性を支援する物理的な環境を作り出します。さまざまな問題を抱えた多くの子どもは，右脳の機能が未発達であったり，常に刺激下にある，あるいは刺激過度であったり，トラウマを体験した，あるいは脳に損傷を受けていたりします。言葉によらない情緒的なコミュニケーションを使うことで，プレイセラピーは右脳に焦点をあて，良好な右脳の発達を促します。トラウマの記憶は右脳や脳幹・間脳・大脳辺縁系に格納されます。子どもが幼ければ幼いほど，脳のこの部分が優勢であることを思い出して下さい。遊びは右脳や脳幹・間脳・大脳辺縁系を直接対象としています。

　PTh は，症状の背景にある，問題行動の根幹としての脳に目を向け，脳を回復させることに重点を置きます。脳そのものについて理解が深まるにつれて，影響を受けた脳の特定の領域をターゲットとする際に，最も適している遊びや活動のタイプを区別して使いこなすことができるようになります。治療は，支援が必要とアセスメントされた特定の脳の領域に焦点をあてて行われ，脳の一番下位の目標部位から始められた時に最も効果的となります。治療的な体験の性質，パターン，タイミング，期間が非常に重要です（Ohnogi, 2006）。変化を必要とする脳の特定の部位が活性化されない限り，変化は起きません。認知的な理解，意識および言葉の使用を重視するようなプレイセラピー技法は，左脳や新皮質の問題を扱う場合に有効です。非言語的プロセス，情緒的なプロセスおよび知覚のプロセスを重視するようなプレイセラピー技法は，右脳や脳幹・間脳・大脳辺縁系の問題の治療に有効です。脳の領域と各部位が従事する特定の機能を示す第 2 章の脳の図を思い出してして下さい。治療は，最も単純な脳機能である脳幹から始め，間脳の領域に上がり，大脳辺縁系に進み，最後に大脳新皮質に進みます（Ohnogi, 2017）。

　一人一人の子どもの脳はそれぞれ違う人生経験をしてきており，またそれぞれの特性があるので，脳の機能もそれに応じてさまざまです。子どもの脳の機能を，強みと弱みを含めてアセスメントし，子どもに応じた具体的な治療計画を立てます。治療を現実の問題と直結させるには，どの脳機能の領域において

第 3 章　プレイセラピーとは何か　45

表 3-1　脳の機能に合わせた遊びや介入の例

脳幹：まねっこ，マッサージ，リズムやパターンのある感覚入力，ストレッチ，ヨガ，深呼吸等をプレイフルにしたもの

間脳：リズム，歌，語り聞かせ，馬，イルカや犬との交流，感覚を刺激するような遊びを使用した介入

大脳辺縁系：象徴的な遊び，描画や色塗り，複雑な動き，創造的な芸術活動，創造力・想像性を活性化するような介入

大脳新皮質：ユーモア，団体遊び，探索的な遊び，洞察思考や認知行動療法的な介入

も発達に即したものである必要があります。ねらいとしている神経組織に変化を起こすためには，それに働きかける活動や関係性が繰り返されることが必要で，治療的な体験が一般化されるためには，子どもがプレイセラピーの中で体験する達成感を通じて，それが楽しいと感じることが大切です。

　脳幹から始め，間脳や大脳辺縁系，そして新皮質に向かって作業していくために役立つ，Perry の考えを適用した遊びや介入の例を表 3-1 にまとめました。子どもの特定の発達的な段階や心理的なニーズに対して，的確かつ治療的な活動を合わせることが成功の鍵となります。

　プレイセラピー入門である本書では，主に大脳辺縁系に向けた，子どもが自由に遊ぶ形での介入法を扱うものです。象徴遊びや治療的なメタファーの使用は感情を表に出す手助けをします。PTh の介入は，子どもが感じたさまざまな気持ちを子ども自身が認知的に承認，受け入れ，理解，整理していく支えとなります（Ohnogi & Drewes, 2016）。

　では，プレイセラピーはどのように役立つでしょうか。第 1 章にあった遊びの力について思い出して下さい。

Ⅲ　プレイセラピーで活用する遊びのもつ力

遊びは，適切な規制の下で薬として導入されるべきである。

アリストテレス (350 B.C.)

1…どのような遊びがどのような面に効くのか

PTh は遊びの力を有効に活用するために，遊びが治療上なぜ，どのように働

くかについて理解している必要があります。遊びの治癒力というのは、遊びが
もつ、変化をもたらす特定の作用因子であり、それは治療効果の促進、強化の
ための媒介として働きます。遊びの治癒力についてのしっかりした知識があれ
ば、さまざまな利用可能な理論的立場や実践的技法の中から、最も有効なプレ
イセラピーを判断し、計画することができるようになります。第1章表2で示
した遊びの治療的な力が、プレイセラピーでどのように現れ、利用することが
できるかを臨床例と共にまとめました。

　1）コミュニケーションの促進
　①自己表現：学校でいじめられている子どもが、動物のおもちゃで、からか
　　われることに関する悲しみや怒りを遊びで表現する。
　②無意識と意識の橋渡し：自分を危険から守ってくれなかった親に無意識に
　　腹を立てているレイプされた男の子が、ママとパパの人形が「罰せられ
　　る」遊びをする。
　③直接的に教える：自閉症スペクトラム障害の子どもにパペット人形を使っ
　　て、友達を作る方法を教える。
　④間接的に教える：父親を津波で亡くした子どもに、読書療法として絵本
　　『いつでも会える』（菊池, 1998）を使う。

　2）健全な情緒を育む
　⑤カタルシス：女の子が自分を性的に虐待した叔父を絵に描き、次にその絵
　　をビリビリに裂き、踏みつけ、それを捨てる。
　⑥徐反応（アブリアクション）：航空機墜落で生き残った子どもが、おもちゃ
　　の飛行機を使ってトラウマを再演し、徐々に話の展開が、離陸の前にエン
　　ジンが修理されるという流れに変化していく。
　⑦肯定的な感情：子どもが格闘ごっこ中、はしゃいで笑う。
　⑧恐れに関する拮抗条件づけ（逆条件づけ）：暗いところと一人でいることに
　　恐れをもつ子どもが、暗い部屋の中でかくれんぼをして遊ぶ。
　⑨ストレスへの免疫作り：テストへの不安をもつ子どもが、動物のぬいぐる
　　みでテストを受ける場面の遊びをする。
　⑩ストレスマネジメント：事故で怪我をし、手術を受けた子どもが、お医者
　　さんセットで遊び、受け身の立場から治療をする能動的な立場へ移行す
　　る。

第3章　プレイセラピーとは何か　47

３）社会関係を強化する

⑪治療的関係性：PTh は，子どもが自宅で「一人ぼっち」でいる姿を描いた絵を見て，その子の寂しいという感情を言葉で捉えて反映し，その感情があることを認め，それを通して子どもは理解された気持ちになる。

⑫アタッチメント（愛着）：愛着障害をもった子どもと親が，お互いに帽子をかぶせあいっこする。

⑬社会的な能力：新しい学校に転校することが不安な子どもが，新しい友達ができるという物語本を作る。

⑭共感：門限についていつも親子喧嘩している父と娘が，役割を変えて相手の立場でロールプレイをする。

４）個人の強みを伸ばす

⑮創造的な問題解決：子どもが，放課後に塾ではなくサッカークラブに通わせてもらえるよう，教育熱心な親を「説得する」さまざまな方法を絵に描く。

⑯レジリエンシー（心の回復力）：子どもが誘拐されたトラウマ的な場面を遊び出し，話の展開をひどく恐ろしいものから，最後には事件を未然に防ぐものへと変化させる。

⑰道徳心の発達：自己中心的な子どもが，ボードゲームで負けそうな時でもズルをしないようにしている。

⑱心理的な発達の加速：自閉症スペクトラム障害をもつ子どもが段階的に少しずつ象徴遊びをできるようにしていく。

⑲自己調節：ADHD（注意欠如多動性障害）の女の子が，せっかく積み上げたブロックが崩れた時，癇癪を起こさずにまた取りかかる。

⑳自己肯定感：子どもが，子ども用テントを自分一人で組み立てる。

２…子どもの問題に応じて遊びの治療的な力を見極める

　認知的，社会的，対人的な問題，あるいはその組み合わせなど，子どもがもっている課題に応じて，治療が最も効果的でうまく行くように，プレイセラピーでは子どもによってそれぞれ異なる遊びの力に重点が置かれます。Schaefer と Drewes（2013）はその時々の子どもの問題に応じて，次のように上述の遊びの治療的な力に重点を置き活用することを推奨しています。

▶**認知過程の問題**：認知の歪みや誤解，実行機能の問題に対処する適応的ないし補償的な認知スキルを学習する。社会性に関する障害がある場合にはソーシャルスキルを学ぶ。③④直接的／間接的に教える，⑮創造的な問題解決，⑯レジリエンシー，⑱心理的な発達の加速，⑳自己肯定感の促進に重点的に取り組む。洞察を深める能力に乏しく，認知の歪みや誤帰属，仮説や予想を修正する手助けの必要な場合，①自己表現できるよう取り組むことや，②無意識でしていることを意識化できるように働きかける。

▶**情緒的なプロセスの問題**：トラウマ，情緒的・環境的・身体的な問題のために，自分の気持ちに気づくことや気持ちの表現が不得手で，嫌な気持ちを解放しにくく，気持ちの統合が苦手な場合，⑤カタルシス，⑥徐反応，⑦肯定的な感情，⑨ストレスへの免疫作り，⑩ストレスマネジメント，⑭共感を通して，情動調節に重点的に取り組む。情動調節に焦点をあてることによって，達成感やコントロール感，対処方略や心理的防衛の発達，情緒と感情体験の統合，自分自身の気持ちを認識することにつながる。具体的な恐れや不安をもっている場合，⑧恐れに関する拮抗条件づけを治療に取り入れる。

▶**長期の親との分離，虐待，喪失による対人関係の問題**：肯定的な対人関係を培う方法を学習していく必要がある。過去のネガティブな体験をワークスルーして，それにかわる信頼とつながりの関係性を築いていくために，PTh は治療的関係性を通して，第二の愛着の対象として働く。③直接的に教える，⑪治療的関係性を通して，人との関係のもち方や，⑮創造的な問題解決や⑰道徳心の発達に重点を置く。

Ⅳ 各プレイセラピー理論が共有する基本原則

　プレイセラピーの種類が異なると，内的な変化に関してそれぞれが強調するメカニズムも用いられる技法も異なります（第5章参照）。プレイセラピーのアプローチは指示的／構造的であるか，非指示的／非構造的かで，いずれのアプローチもこの二極間の連続上のどこかに位置しています。非指示的アプローチの極端な例では，セッションの中でいつ，誰と，何を，どのようにするかをいつもすべて子どもが決定するというものです。指示的なアプローチの極端な例

では，いつもそれをすべて PTh が決めます。指示的・非指示的アプローチの間の連続上でアプローチを選ぶ場合，どの程度の責任とコントロールを子どもにもたせ，また PTh がもつかというバランスは，多くの初心者が苦労するところです。また，いくつかのアプローチでは純粋に意識的なレベルに作用しますが，一方で主として無意識のレベルに作用するアプローチもあり，ほとんどのものはその二つの間の連続上にあります。これはすべて，PTh が依拠するプレイセラピー理論によって変わってきます。

1 … 治療の段階

それぞれのプレイセラピー理論によって定義は異なりますが，一般的に共通しているのは，初期段階，中期段階，最終段階といった三つの広い意味での段階です。初期は，アセスメント，子どもと親との治療同盟の確立，達成すべき目標と課題に関して子どもと親と合意することです。中期段階では，呈している問題やそれ以外の問題をワークスルーするために遊びの力を利用します。最終段階は終結です。治療に進展がみられ，親子ともに PTh なしで大丈夫そうな状態となり，PTh と子どもおよび親との間で合意した場合に，この段階となります。

2 … 遊びのテーマ

子どもは自分の情緒的な体験や，認知的な体験を表現するために遊びを使うので，遊びにみられるパターンを同定することによって，PTh の関心は最も顕著に表れているテーマあるいは問題に向けられます。遊びのテーマは，子どもが遊びを通じて表現している内的，感情的な力動です。テーマが遊びに現れることとは，特定の遊びの行動を繰り返すこと，同じ意味をもつ違う遊びをすること，同じ話や出来事を繰り返し言葉にすることです。そうすることによって，情緒的な体験がワークスルーされるのです。プレイセラピーでみられるテーマにはさまざまなものがあります。これらのテーマは，何に苦しみ奮闘しているか，何をワークスルーしているか，効果的な治療のために遊びのどの力に重点を置く必要があるかを示しています。

子どもを対象とした遊びのテーマに関する研究では，Green ら（2009）が次のような臨床的なテーマ——死，愛情をこめた世話の欠如，分離，攻撃性，境

50　第 I 部　プレイセラピーの基本

表3-2　プレイセラピーにおける子どもの遊びに共通するテーマ

①探検，探索：子どもがプレイセラピーになじみ，慣れていくために，おもちゃやプレイセラピー部屋，PTを確認する。

②関係性の構築：他のすべての大人に対してするのと同じ方法で，PTとの関係を形成していく。人間関係に苦労している子どもの場合，その子がPTとどのように関係性を構築するかということにそのことが表れる。

③達成感や自己有能感：新しいスキルやおもちゃ，活動，行動を試みることで，スキルを身につけ，達成感と有能感を育む。

④力やコントロール感：自分が強い存在としていられる遊びをし，コントロールしている状態を遊びで表現することで，人生で体験した無力感やコントロールできない事態に対処する。

⑤安全感と安心感：プレイセラピーの環境が安全で安心できるかどうかを確かめ，自分の世界が安全・安心であることを保証する必要がある，ということを遊びで表現する。

⑥愛情をこめた世話：赤ちゃんの世話や，病気や怪我をした人にお医者さんセットを使うことで，ケアの必要性があることを表現する。

⑦攻撃性や報復：おもちゃやPTへの攻撃性を表現する。

⑧死・喪失・悲嘆：死や喪失，悲嘆を表現する遊びでこれらのテーマに伴う感情をワークスルーする。

⑨性的な遊び：性的虐待を受けた子どもは，遊びの中で性にまつわる事柄に過度な関心を向けたり，被害を受ける役割をとって遊ぶことがある。

界の侵害，混合した状態（矛盾する発達段階を示すことなど。例えば，ウェディングドレスを着て哺乳瓶を吸う），安全性，性的な遊び——を見出しました。

　Benedictら（2010）は，PThがプレイセラピー中に起きていることの何を見て何を経験しているかを同定できる，プレイセラピーのテーマの分類体系（BETPT：Benedict's Expanded Themes in Play Therapy）を作成しました。これにより，遊びの中のテーマを認識し，パターンを念頭に置き，特定の対象児に共通してみられるテーマや活動，関連するパターンやプロセスを同定して，さまざまな対象を分析できるようにしました。表3-2は，Benedictによるプレイセラピーで子どもの遊びに共通するテーマのリストの一部です。

3…誰に行うか：対象

　プレイセラピーは個人，親子，きょうだい，夫婦やカップル，グループおよび家族に行うことができます。最も一般的なものは4歳から11〜12歳までの子どもへの活用ですが，プレイセラピーは，児童期の子どもの他，乳児から幼

児，未就学児，思春期の子ども，大人および高齢者まですべての年代の人がクライエントになりえます。入門編である本書では，実践に役立つよう，4歳から11〜12歳の子どもを治療する臨床家向けに書かれています。もちろん，文化の違いを問わず，プレイセラピーは多くの人の役に立ちます。

4… どこで行うか：場所

プレイセラピーは，開業オフィス，クリニック，病院，学校，居住型の児童保護施設，児童相談所，教育相談所，クライエントの自宅，屋外，災害後の仮設住宅エリアなどさまざまな場所で実施できます。基本的に，子どもとPThが治療的に遊びを使って問題をワークスルーする上で安全だと感じられる場所であれば，どこでも行うことができます。

5… どのように行うか：構造

プレイセラピーの長さはPThやケースによってさまざまですが，たいていは約30〜50分間です。通常毎週1回ですが，クライエントのニーズ，動機づけおよび現実（時間の都合や経済状況など）によって調節することができます。研究では，治療のために紹介された典型的な子どもの問題を解決するためには，平均20セッション実施していることが示唆されています（APT, 発行年不明）。これよりはるかに速く改善することもあれば，重篤な問題や現在進行形の問題を抱え，解決にもっと長い期間を要することもあります。

Ⅴ　プレイセラピーの効果研究

1942年から今日まで，プレイセラピー臨床の有効性，親のプレイセラピーへの参加について，特定の技法の分析など，一連の問題を調査するために，さまざまな研究が行われてきました。以下はそれらの研究結果のほんの一握りです（Ray, 2011; Reddy et al, 2005; Ray & McCullough, 2016）。

2000年から今日までのプレイセラピーに関する効果研究を概観したメタ分析が4つあります。LeBlancとRitchie（2001）は4〜12歳を対象にしたプレイセラピーに関する42の効果研究を概観し，プレイセラピーを受けた群とそうでない群とに統計的な有意差があること，親が治療に関与していた場合は関与しな

かった事例群より大きな有意差があることを見出しました。Brattonら（2005）は，米国で精神保健の専門家によって実施されたプレイセラピーの有効性を調査して，対象児の総人数3,263人（平均年齢7.1歳）に及ぶ93の調査研究のメタ分析を行いました。調査の対象は，行為障害，不安障害や恐怖症，構音障害や言語障害，うつ病，性的虐待やPTSDなど，合計20グループに及ぶクライエント群で，プレイセラピーが広範囲にわたる子どもの障害に対して有効な介入であることが統計的に明らかになりました。親が治療プロセスに関わることにより，より大きな効果がみられ，そこには年齢や性別による効果の違いはみられず，子どもに主に関わる大人としての準専門家（例えば親）は専門家より高い効果を示しました。LinとBratton（2015）は，24の子ども中心プレイセラピーの研究結果を分析し，外在化・内在化された問題行動の減少，親子関係間のストレス減少，および自己効力感の増加に，統計的な有意差があることを見出しました。Rayら（2015）は23の学校内で行われた子ども中心プレイセラピーの研究結果を分析し，外在化・内在化された問題行動の減少，自己効力感の増加，および学業向上に統計的な有意差があることを見出しました。

　Schaefer（2013）は，プレイセラピーの効果研究をレビューした結果，プレイセラピーの効果について，「治療はしないよりもした方がよい，効果の大きさは中程度であるため，統計的に有意なよい変化はあるがそれは治癒ではない，治療効果は治療終了後も少なくとも6カ月は維持される，男女とも同等に有効，学齢期と未就学の子どもに同等に有効，グループプレイセラピーは個別のプレイセラピーと同等に有効，子どもへの心理療法は大人への心理療法と同等に有効，75％に改善がみられる，プレイセラピーへの親の関与は治療効果をさらに高める，短期のプレイセラピー（10～15回のセッション）は，深刻な事例でなければ，長期のプレイセラピーと同等に有効，指示的／非指示的なプレイセラピーの間に有効性の違いはない（さまざまな問題や患者の違いによる有効性の違いは除く），プレイセラピー研究が少なく，十分に厳密に標準化された研究が少なく，人々にもあまり知られていない」と述べました。

　いかがでしょう。もしきちんとプレイセラピーを行えば，効果がありそうだと思いませんか？　心理療法に限らずどのような種類の治療でもそうであるように，さまざまな理由でプレイセラピーを中途でやめてしまう人はいます。プレイセラピーの効果を最大限にするためには，治療のプロセスを最後までたど

ることが望まれます。Schaefer と Gilbert（2013）は，プレイセラピーの中断を
減らすための方法トップ10を次のようにまとめました。

①プレイセラピーに関して親に説明し，親の理解を深める。
②親に治療参加してもらう。
③早めに親や子どもとの作業同盟を育む。
④親や子どもとの治療関係を築く。
⑤定期的に親のコンサルテーション面接を行う。
⑥子どもにとって第一に変化をもたらす主体であるために親を訓練する。
⑦ケースごとに治療を個別的に取り扱う。
⑧短期の治療を利用する。
⑨低所得や中断の危険性の高いクライエントに求められる特別な支援をする
　　（例えば，所得に応じたスライド制の料金設定，クライエントの自宅でのセッ
　　ション，来所のための交通手段の手配など）。
⑩他の専門家と連携する。

＊アクティビティ

A．プレイセラピーを説明する練習

　①他の大人を相手に，プレイセラピーとはどのようなものかを説明する練
　　習をしましょう。その際，プレイセラピーと遊びの違いがわかるように
　　区別して伝えましょう。
　②プレイセラピーが脳にどのように作用するかも説明してみましょう。や
　　りやすかったのはどの部分でしたか？　その理由は？　難しかったのは
　　どの部分でしたか？　その理由は？
　③次の質問に答えてみましょう。「つまり，プレイセラピーはただ単に大人
　　が子どもと遊ぶということですか？」。
　④さまざまな立場の人にプレイセラピーについて説明してみましょう（精
　　神保健の専門家，教師や弁護士といった精神保健領域ではない専門家，
　　保護者，親ではない大人，子どもに関わる仕事をする人，子どもに関わら
　　ない仕事をする人，PThなど）。その際，次の定義を含めること。プレイ
　　セラピー，遊び，セラピー，脳の機能，アタッチメントと発達。

54　第Ⅰ部　プレイセラピーの基本

B．自分にとってのプレイセラピーについて考えてみよう

- 心理的な支援を必要とする子どもを支援する手段として，プレイセラピーについてどう思いますか？
- これまで行われてきたプレイセラピー研究とその結果を知って，どのような気持ちになりましたか？
- 親と作業することが治療効果をあげる，とプレイセラピー研究でも示されていますが，親と作業をすることについて，どのように感じますか？
- 一般の人々にプレイセラピーに関する正確な情報を広めるために，何ができると思いますか？
- プレイセラピーの中断を減らすために，あなたは個人的にどのような対策を立てますか？
- 遊びの治療的な力がプレイセラピーでの子どもの遊びの中でどのようにみられるか，具体例を考えてみましょう。実際の子どもの事例から出してもよいですし，子どもがしそうだと思うことをあげても結構です。

　さあ，これでプレイセラピーがどのようなものであるかわかりましたね！
　では，次のプレイセラピーの歴史——プレイセラピーがどのようにできてきたか——へと進みましょう。

第3章　プレイセラピーとは何か　55

第4章

プレイセラピーの歴史的展開

　ここでは時を越えて，プレイセラピーの歴史の概要を眺める旅路へと進みましょう。子どもの心理療法は比較的短い期間に飛躍的な発展を遂げてきました。さまざまな影響を与えてきた臨床家たちの考えや発想や見解の多くは，現在では常識となっているので，それらがいずれも，提案され実践されるようになった当時には極めて革新的だったということに，皆さんも驚かれることでしょう。

Ⅰ　子どもに施す心理療法の始まり

　子どもの治療は精神保健の分野では比較的新しく，欧米で20世紀初頭に始まりました。プレイセラピーは精神分析的な治療を子どもに適用する試みの中で発展し，想起や回想法といった大人の治療のプロセスは子どもの分析には不十分かつ不適切である，という認識から進展しました。Sigmund Freud（1909）は，単一の恐怖症で苦しむ5歳の少年に遊びを使って治療を行った「少年ハンス Little Hans」という症例報告を初めて発表しました。ハンスを一度診た後，Freud は彼の父親から得たハンスの遊びに関する報告を基に洞察を行い，ハンスの心の奥にある葛藤を解釈し，父親が対応するためのアドバイスを与えました。この時 Freud は，子どもの遊びは無意識の不安や葛藤の反復であり，その克服や除反応の作業という目的のために生かすことができると仮定しました。専門家が子どもの疾患は教育としつけの不足の結果であると信じていたこの時代に，それは情緒的な問題に起因するとした初めての症例記録でもあります。しかし，1900年代初期には，子どもの治療者は Freud のように，子どもの観察結果を集積することで間接的に治療的関わりをもつことを手段としており，

56

1920年代になるまでは，遊びを直接的に子どもの治療に用いることはありませんでした。

Ⅱ さまざまなプレイセラピーの発展

1… 精神分析的プレイセラピー

　専門家の間で子どもへの関心が高まると，神経症的行動が幼年期早期に形成されるのであれば，早期に介入することによって大人になってからの諸問題を予防できると考え，子どもを治療の対象にするようになりました。治療の中で子どもがどのように影響を受け，遊びがどのような役割を果たすのかに関しては，分析家によって意見が異なりました。

　Hermaine Hug=Hellmuth（1921）は，遊びを直接治療に用いた最初の精神分析家で，子どもが自分を表現できるように遊び道具を与え，子どもを分析するための手段として遊びを用いることを強調し，プレイセラピーのプロセスを定式化しました。7歳未満の子どもの家庭に訪問し，指示をしないで自然な遊びを観察し，一緒になって遊びました。プレイセラピーの技法にこそ言及していないものの，著作では遊びを精神内的な葛藤や人格構造を理解するために用いることができると述べています。ウィーン学派の Anna Freud（1922）は，子どもの精神内的生活に近づくための手段として遊びを用い，PTh との肯定的な愛着を促し，しっかりした治療的関係が築かれた時点で，通常の大人向けの治療技法に切り替え，これまでのことを問診し，夢の解釈を行い，自由連想と描画を用いました。ベルリン学派の Melanie Klein（1919）は，Hug=Hellmuth と Freud, A. の，遊び・子ども・治療に関する考え方に異議を唱え，6歳未満の子どもを分析する手段として遊びを使う技法を実践し始め，子どもの遊びは本質的に大人に用いられる自由連想と同じものであり，子どもの無意識に近づけるものだと確信しました。Margaret Lowenfeld（1928）はユング派の原理を強調し，遊びは子どもが情緒的な葛藤をうまく取り扱えるようになる手助けとなり，認知的な思考過程を起動させると主張し，子どもの生きる世界のさまざまな側面を表現するためにミニチュアのおもちゃで子どもが創造した作品を“The World（世界）”と呼び，そこに表現された象徴を理解するために一つ一つ

の作品を観察していきました。クライン派の Donald Winnicott（1958）は対象関係論に基づき，子どもの遊びは内的な精神世界と現実世界との間を比較的不安なく行き来できる移行空間であると考え，治療は指示的，解釈的で，子どもが何で遊ぶかは Winnicott が選び（スクイグルなど），表に表れている行動とその奥に内在する無意識の感情との間のつながりを，言葉にして伝えようとしました。

2…構造化プレイセラピー

1930年代に入った頃から，プレイセラピーの第二の波が高まり，David Levy, Joseph Solomon, Gove Hambidge が，構造化されたプレイセラピーという新しい形のプレイセラピーの実践家として牽引的役割を果たしました。遊び自体が浄化作用をもつという信念から，治療は構造化された目標重視型の子どもとの関わりの実践と，精神力動的な概念化と組み合わせて行われ，PThは，治療の重点を置くところや目標を決定するのに積極的な役割を果たします。

Levy（1938）の解放療法は，特定のトラウマをもつ10歳未満の子どもに適用でき，Freud の反復強迫の理論に基づき，子どもに適切な状況とおもちゃを与えることにより，カタルシス（浄化作用）を通じて問題解決が起こると考え，トラウマに焦点をあてるために特別に選ばれたおもちゃを使用し，遊び方の指示や遊びの解釈はしませんでした。Solomon（1938）のアクティブ・プレイセラピーは衝動的で行動化を起こす子どもの治療に適用され，フロイトの除反応効果の概念に基づき子どもの怒りを解放し，過去のトラウマに関する不安および未来への影響と，現在の生活状況とを切り離し，活動を楽しむという形で象徴的な置き換えが表現できるようにしました。その結果，怒りの衝動が外界の対象に外在化されるので，行動化が軽減されていき，プレイセラピー部屋という安全なところで，より現実的なやり方で問題解決できるよう導かれるのです。PTh は，焦点を絞る，活動を刺激する，許可を与える，情報を得る，解釈・制限をする，といった役割を果たします。Hambidge（1955）の構造化プレイセラピーはレヴィの考えを基盤に，再現は感情の浄化の体験をもたらし，トラウマと結びついた問題の解決を促進するとし，治療関係が確立された後，ストレスの多い経験や関係と似ている特定の状況で子どもを遊ばせました。

58 第Ⅰ部 プレイセラピーの基本

3…関係性プレイセラピー

プレイセラピーの第三の波は，Jessie Taft, Frederick Allen, Clark Moustakas による関係性プレイセラピーで，PTh と子どもとの情緒的な関係のもつ治療的な力に重きを置きました。現在の感情や反応に主に目が向けられ，過去の体験の説明や解釈に労力が費やされることはありませんでした。子どもは自分の行動を建設的に修正できる内的な力をもっているという信念に則って，子どもには，遊ぶか遊ばないかを選ぶ自由や，何をするかを自分で決める自由が与えられました。

Taft（1933）は，PTh と子どもの実際の関係と，今ここで子どもがうまくやっていけているか否かに注目し，治療関係を築く過程とプレイセラピーの中での時間の使い方を重視しました。Allen（1942）は，子どもの自主性と自己実現する力に重きを置いて，子どもと PTh の関係に注目し，日常生活において人との関係性の中でうまくやっていけるようになることが目標なので，PTh は人間味のある存在として子どもとともにいることが大事だと強調しました。Moustakas（1959）は，子どもが内的な相互作用や個体化に向けた成長を探求するための基盤となるような安心できる治療関係を生かし，PTh と子どもは同じように，お互い一人の人間としてそれぞれ成長する過程が必要であると強調し，それゆえ，PTh もまた，自分への気づきと他者への気づきの両方を深めながら，子どもと一緒に成長し続けるのだと主張しました。PTh は，指導や干渉をしなくても子どもが良い方向に進んでいける能力をもっているということに無条件の受容と信頼を寄せ，それを子どもに伝え，誘われれば積極的に遊びに参加します。

4…子ども中心的プレイセラピー

1940年代に，Carl Rogers が，来談者中心療法を考案し，心理療法の新しいモデルを確立しました。クライエントを分類するような診断的な手法を嫌い，純粋性，受容，信頼に基づくセラピストとクライエントの関係に重きを置いたことにより，人格構造や心理的な健康，心理的な困難を背負うことや治療における変容のプロセスについての画期的で独創的な見方が生まれました。それとともにプレイセラピーの第四の波が始まり，Rogers の教え子の Virginia Axline

（1947）が非指示的プレイセラピーを発展させ，無条件に受容され，安心できる関係が与えられれば，子どもは自然と前向きな成長へと向かって伸びていくと述べ，治療的関係の8つの基本原則をまとめ，今日に至るまで学派を超えて用いられるプレイセラピーの基本となっています。

　この非指示的プレイセラピーに基づいて，Bernard Guerney と Loise Guerney（1964）は，非指示的な子ども中心療法の考えを用いて，親が直接子どもに効果的な関わりができるようになる構造化された方法フィリアル・セラピー（親子療法）を考案し，非指示的なプレイセラピーの技術を使って，親子関係を築いたり，子どもの自尊感情を高めるための特別なプレイセッションを，親が自分たちでできるように訓練するプログラムを発展させました。Garry Landreth（1978）は Axline の非指示的プレイセラピーと Haim Ginnot と Moustakas の考えを組み合わせて広げ，児童中心プレイセラピーを発展させました。プレイセラピーにおける関係と状況は，子どもがすでに経験してきたものと異なるものであるべきだとし，子どもにもともと備わっている成長へと向かう内なる力を活性化させるために PTh は鏡であるべきで，何かを決めたり，積極的に子どもと影響を及ぼしあったりする責任を負うべきではないと述べました。

5… 制限設定療法

　Axline が非指示的プレイセラピーを行っていた頃，Ron Bixler と Ginnot はそれぞれ，制限の発展と実施がプレイセラピーにおける変化に必要な第一の手段であると述べ，制限設定療法としました。Bixler（1949）は，「Limits are therapy（制限はセラピーである）」という論文で，適切に制限を設定することにより，子どもは安心感と大人への信頼感を育てていき，不安や報復の恐れをもたずに自分を表現することができると述べました。ビクスラーは，PTh は制限を設定することで，怒りや敵意，破壊的な行動に対して我慢する必要がないため，子どもに肯定的な態度をもち続けることができると考えました。Ginnot（1959）は，制限は，大人からの一貫性のない反応を経験した子どもや，行動化をすることで常に関係を試さずにはいられない気持ちを抱えた子どもとのプレイセラピーの鍵となるとし，さらに制限のあるプレイセラピーにより，子どもが自分自身を，大人によって守られ，支えてもらう存在だとみなすように再構築すると述べました。Ginnot は Bixler の方法をグループプレイセラピーに初

めて用いました。

Ⅲ 1970年代から現在の世界のプレイセラピー

1970年代からは，さまざまな理論に基づいて，多くの独創的かつ創造的なプレイセラピーの様式が生まれています。それらすべてについてここでは網羅できないため，よく知られているものに限り簡単に触れます。

- 1970年代には，心の問題は，個人をとりまく人々との間に織りなす問題であると理解し，家族全体がクライエントの基本であり，それに応じて治療がなされるべきであると考えられるようになり，さまざまなプレイセラピーの技法と家族療法の方法や概念を組み合わせ，家族プレイセラピーが創始された。PTh は教育者，遊びの進行役，手本や指導者として行動し，家族が自分とお互いを捉える見方を変化させ，相互関係を変えられるよう手助けした。
- Dora Kalff（1971）は Lowenfeld の業績を展開し，特別なミニチュアおもちゃを選び，砂の箱に好きなように配置させ語りを展開させる，砂遊び療法を確立した。
- Violet Oaklander（1978）は Fritz Perls のゲシュタルト療法に基づいてゲシュタルトプレイセラピーを展開し，PTh と子どもの関係性，有機体的自己統制，子どもの境界と自己感覚，気づきと経験と抵抗のもつ治療的役割に注目し，指示的・非指示的な技法を組み合わせて用いた。
- Viola Brody（1978）は発達過程を重視し，親子間の愛着を改善する発達的プレイセラピーを創始し，触れあいを体験する必要性を強調し，身体を使ったやりとりによる治療的な慈しみを軸に治療を展開した。
- Ann Jernberg と Phillis Booth（1979）は，ヘッドスタート計画（1960年代半ばから米国で行われている，低所得者層の子どもの健康な発育，発達を支援する国家的事業）の要請に応えてセラプレイを生み出し，乳幼児と親のやりとりに典型的にみられる相互作用を模した治療手法で，傷ついた親子関係の改善を行った。

第4章 プレイセラピーの歴史的展開 61

- 1980年代になると，子どもを集団で見ることが対人関係の問題と個人内の問題，両方をもつ子どもを治療する手段として有効であることがわかり，それぞれ自分の拠って立つ理論的な土台に基づいてグループでの治療を形作り，精神分析的／認知行動的／ユング派のグループ・プレイセラピーなどが多数できた。
- 1982年，SchaeferとO'connorにより米国プレイセラピー協会発足。
- John Allan（1988）はユング派の心理療法家で，箱庭や芸術，遊びを使うことを提案し，自我や自己，集団的無意識を探求し，PThとの間で非指示的な関係を築くことによって，個体化や癒しに向けて子どもが安全に徹底操作できる環境を提供できると考えた。
- 英国プレイセラピー協会の創立者Ann Cattanach（1993）は，演劇療法と非指示的プレイセラピーを統合し，子どもにドラマプレイセラピーを行う手法を築いた。
- Susan Knell（1993）は，Albert Ellis，Aaron Beck，Albert Banduraの流れをくみ，認知行動プレイセラピーを形にし，プレイセラピーのパラダイムの中に認知的，行動的な介入方法を導入し，指示的な，構造化された目標志向的な手法を創り出した。
- Terry Kottman（1993）は，個人心理療法とプレイセラピーの様式を組み合わせたアドラー派プレイセラピーを形成し，段階に応じて非指示的技法と指示的技法を組み合わせ，親がわが子に対しての見方を変えて子育てのさらなる手法を学べるよう親との共同作業を行ったり，教師に生徒と関わる新しい方法を指導して，学校での子どもの情緒的・行動的問題を減らせるようにした。
- Schaefer（1993）は，一人一人のクライエントにとって，最も効果的なプレイセラピー治療の形式が処方されるべきであると考え，子どもの個性や問題，状況に基づいて，さまざまな理論や技法から選択する処方的・統合的プレイセラピーを形成した。
- Helen Benedict（1997）は対象関係論と認知療法を組み合わせ，愛着障害に焦点をあてた子どもの世界と関係に関する内的ワーキングモデルを展開，信頼できる人とそうでない人をどのように見分けるかを教えるテーマプレイセラピーを創始した。

- 米国のプレイセラピー協会共同創立者の Kevin O'conner（2000）は，家族，学校，仲間関係を含む多くのサブシステムという複数の領域を考慮に入れ，構造化された指示的な技法を用いて子どもの発達における弱い部分を修正する，エコシステミック・プレイセラピーを確立した。
- Cattanach（2002）は英国において，トラウマを重複して体験してきた子どもや思春期児童のために，社会構成主理論，ライフストーリーワーク（子どもに自分の生い立ちの物語を語らせる手法），ナラティブプレイセラピー，非指示的プレイセラピーを組み合わせ，治療的な効果をもたらす自分語りに基づき，より直接的に深いレベルで意思疎通しあうために想像力と比喩を用いて，この過程に共感的に寄り添う大人とともに子どもが自分の感情をワークスルーするのを手助けする形式を確立した。
- 2000年代に入ると，さまざまな年齢層に対してプレイセラピーが効果的であると言われるようになり，成人（Schaefer, 2002），青年期（Gallo-Lopez & Schaefer, 2005），乳幼児（0〜3歳）（Schaefer et al, 2008），保育園児（3〜5歳）（Schaefer, 2013），思春期（Drewes & Schaefer, 2016）などに関する文献が出され，プレイセラピーの対象年齢が大幅に広がった。

Ⅳ　日本のプレイセラピー

　日本にも影響力のある臨床家が多く存在してきましたが，日本のプレイセラピーの歴史に関する文献があまりないため，ここでは日本の PTh であればご存知の臨床家と歴史の概略を述べます。（ここでは触れられていない，日本のプレイセラピーの発展に貢献した人々，今も最先端で活躍している人々は数多くいらっしゃいます）。

　臨床心理学は，第二次世界大戦後に日本教育心理学会の創立者である城戸幡太郎によって心理学と教育学にまたがる領域で始められたプレイセラピーの前身とも言える実践とともに始まりました。また第二次世界大戦後，Rogers の来談者中心療法が日本で紹介され，Axline の非指示的療法も輸入されました。大人の治療とプレイセラピーが，公的な教育相談センターや大学のカウンセリングセンターなど教育にまつわる場所で始まりました。

　日本のプレイセラピーの黎明期には，東京教育大学の教育心理学教室で，古

屋健治，高野清純，深谷和子らがわが国のプレイセラピーの第一線で活躍し，古屋と高野は本邦初のプレイセラピーの本『遊戯療法』（1961，現在は絶版）を著しました。数年後，京都大学の心理教育相談室でプレイセラピーを使った臨床治療が行われ，国内の至るところへと広がっていきました。精神分析・ユング派プレイセラピーがわが国に入ってきたのは1960年代で，村瀬嘉代子，山中康裕，東山紘久がその発展を牽引してきました。その後，このはな児童学研究所と日本遊戯療法学会が設立され，1995年に日本遊戯療法学会第1回大会を開催し，弘中正美らなどが活躍しました。日本におけるプレイセラピーの訓練と教育の間隙を埋めるために，2002年に日本プレイセラピー協会が著者らによって設立され，各国同様日本でも PTh の認定制度を創立しようとしている最中です。

> **＊アクティビティ**
>
> ①プレイセラピーの歴史に関してどう思いますか？
> ②本章はプレイセラピーの歴史に触れただけなので，世界と日本のプレイセラピーの歴史に関する知識を深めるよう，さまざまな文献＊を読んで下さい。

　次の行き先は，「プレイセラピーの理論」です！

＊この章でご紹介したプレイセラピストらの文献については，膨大な量になってしまうため，巻末の文献一覧にすべてを掲載はしておりません。

64　第Ⅰ部　プレイセラピーの基本

第5章

プレイセラピーの理論

（ I ） プレイセラピー理論を学ぶ

　この旅の理論の部分へようこそ！　このテーマに興味をかき立てられ，時間をかけて細かいところまで味わいたい人もいれば，あまり心惹かれず，ここはさっと読み流して次に急ぎたい人もいるかもしれません。どのように感じるとしても，どうぞこのまま読み続けて下さい。なぜ本章がプレイセラピーの旅にとって極めて重要なのかを説明します。

　適切で効果的な治療は，理論に基づいていなければなりません。理論は治療における介入の根拠を提供します。それは，家の上部全体を支え，土台となっている基礎構造に似ています。基礎構造がなければ，家の壁と屋根を支えられず，その家を維持していくことは困難／不可能です。同様に，理論という構造的な基礎（人格発達モデル，セラピストの役割，病理学のモデル，治療目標，介入方法，主な前提仮説など）なくしては，効果的で適切な治療および介入を続けるのが難しく，時に不可能です。

　理論はセラピストの専門性においてだけでなく，私生活においても指針となるものなので，その理論に満足し，使い心地よく感じている必要があります。理論がなければ，治療は方向性も計画もなく，混乱し，場当たり的になります。「折衷主義者」は，「私は何を行うべきか，何を行っているかわからないから，何でもやることにしよう」という意味ではありません。拠って立つ理論は継続して学習し，成長することが期待されるので，柔軟に新しい考えや概念を受け入れ，取り入れるべきであり，変更不能なものであってはいけません。新しい治療様式が心理療法の世界へ導入された場合，その基盤となる理論を勉強

65

することによって，その新しいやり方を試みたいと思うかもしれません。

　読者の中には，すでに拠って立つ理論をもっている人，自分に合う理論をま
だ探している人，一つの理論だけを身につけ，満足しようとしまいとその理論
を利用している人，多くの理論について学び自分の考え方に最もしっくりくる
理論を選んだ人もいるでしょう。

　入門書である本書の性格から，簡潔にいくつかのプレイセラピー理論を要約
します。読者の皆さんには，Schaefer の理論に関しての本（2011）などプレイ
セラピー理論に特化して書かれた本を何冊か読み，最も興味のある理論をさら
に勉強することを強くお勧めします。本章を読むだけでは，特定のプレイセラ
ピーを適切に実施できるくらい理論を理解したと言うにはほど遠く，十分でも
ありません。

Ⅱ　いくつかのプレイセラピー理論の概略

　ここでは多くの人に支持されているプレイセラピー理論を 6 つ紹介します。

1 … 精神力動的／精神分析的プレイセラピー

　【概要】Freud, S. の理論に基づき，1927年，Freud, A.（1974）と Klein（1932）
の臨床実践によって創始。非指示的。遊びは，子どもとの関わりを築く手段・
観察の媒体・情報源・解釈的な洞察の情報源や手段として使用される。Freud,
A. は子どもの遊びに対して，子どもとの関係作りの道具として重点を置き，
Klein は遊びを通した自由連想の役割を強調した。

　【対象】トラウマ経験をもつ子ども，不安，うつ病，遺糞症，反抗的行為，自
己嫌悪，怒り，低い自己評価，感情調節障害，恐怖症，抑制，自己愛性・境界
性パーソナリティ障害。適さないのは，強迫性障害，自閉症，ASD（自閉症スペ
クトラム障害），感覚統合障害など，無意識の解釈が効果をもたらさないもの。

　【理論】Freud, S. の心理性的な段階，構造・経済・力動モデル。Freud,
A. は，自我に働きかける重要性を強調し，分析は防衛機制に作用し，拡大した
意識によって自我のコントロールを増加させることであると述べ，分析を受け
る理由は，①エスと自我，超自我の間の葛藤のため十分力を発揮できなくなっ
ている，②不適切な防衛のために効率能力が落ちている，③圧倒されるような

66　第Ⅰ部　プレイセラピーの基本

不安のために機能が低下している，④性的な固着が不適切な発達をもたらしている，⑤攻撃性の抑圧／否認のために生産性が制限されているためとした。心理性的な発達，無意識の葛藤，転移，エディプス・コンプレックス，抵抗，満足を求める生物学的な欲動に焦点をあてる。

【アセスメント】　最初の連絡で，親が子どもないし親自身のための治療を求めているかどうかを見極める。最初の相談面接で，親への広範囲（今抱えている問題とその経緯，改善のための試み，詳しい発達的な生育歴，親自身の幼少期とこれまでの経験，親の恋愛期間の歴史と結婚など）にわたる聞き取りを行う。完全な評価が必要かどうかの決定も最初の相談面接でなされる。面接と臨床的な観察を通して，子どもの欲動，自我，自己肯定感などの力動的アセスメントを行う。

【治療過程】①初めの説明と導入：親子と関わる。治療同盟の形成に取り組みながら，構造などプレイセラピーの紹介。②拒否的な反応：子どもは敵意と抵抗を示し，ときに PTh を拒絶することがある。従わなさや陰性の転移感情を認めて受け入れ，解釈。③ワーキングスルー：陽性転移を使って，子どもが効果のない防衛や対処方略を手放し，次の発達レベルに移行できるように解釈。④終結：愛情喪失が中心的テーマ。転移的な結びつきを解消し，重要な対象（PTh）を喪失する痛みを受け入れられるよう手助けすることが必要不可欠。

【PTh の役割】行動や動機づけの背景にある力動についての印象を分析する。プロセスが進み，関係が深まったら，これらを子どもと共有。転移と逆転移の分析を重視していることから，解釈することはこの形態のプレイセラピーの特徴である。非指示的・指示的技法（直面化，明確化，解釈，教育／ワーキングスルー）を組み合わせ，直面化により問題を明らかにして自我の達成感を高める。PTh が行動や遊びのテーマなどを指摘し，子どもが問題を意識できるようにする。明確化は関連する感情を探索する。解釈は，子どもに自分の防衛や抵抗，転移に気づかせるために使われ，防衛と問題の歴史や意味，起源を説明する。教育／ワーキングスルーは子どもの自我の機能を強化，達成感を高める。治療的なメタファー，教えること，ロールプレイおよび問題解決的アプローチは，非適応的な防御や行動をより適切で適応的なものに変える。治療的なメタファーは，意識的ないし無意識的に気になっていることを探求するために使われることが多く，ロールプレイでは不適応な防衛および行動をより適応的なものに変える。

第 5 章　プレイセラピーの理論　67

【目標】固着，退行，発達的な欠乏，正常な発達を阻害する逸脱を解消。Freud, A. は自我に注目し以下のプロセスを目指した。①エス，自我，超自我の間の葛藤を解消し，活力を増大させる。②不適切な防衛を取り除き，適切な防衛に置き換える。③不安を減少。④発達に応じた成長のために，性的な固着を取り除く。⑤生産性を高めるために攻撃性に気づき，認める。

【おもちゃ】子どもの心に生じているものを象徴的に形成するために，さまざまな状況や方法で使えるおもちゃを用意。PTh の中には Klein のもともとの信念に従って，各子ども専用の特定のおもちゃを個人用の箱に保管し，子どもの感情を抱えて包む象徴として，PTh が部屋にもち込むやり方をする者もいる。多くの場合，おもちゃはすべての子どもが自由に使えるようにプレイセラピー部屋に並べられる。

【親】何らかの形での親との並行面接が必要。子どもの行動を管理するための親コンサルテーション，情報を収集するための面接，親子関係の問題の治療，または親自身の問題を治療する面接など。

【制限】PTh は，子どもが自分自身や相談室を傷つけることを認めないということをその子どもに保証し，子どもが安全な場で自分を象徴的に表現することを可能にする。

【終結】終結の決定は，問題がもはや問題ではなくなった時，子どもの遊びの観察に基づいてなされる。PTh と子どもは終結日について合意する。PTh との関係を象徴する移行対象として，子どもに贈り物が与えられる。

2…子ども中心プレイセラピー（CCPT：Child Centered Play Therapy）

【概要】Axline（1947）が Rogers のクライエント中心療法の概念を子どもの治療に適用。Landreth（2002）がスキルを改良・活用，Guerney 夫妻（2013）が1960年代にフィリアルセラピー（親にセラピー技法を教える）に発展させ，Landreth と Sue Bratton（2019）が2008年に養育者とも面接をする親子関係療法（CPRT：Child-Parent Relationship Therapy）へと展開させた。子どもは生まれつき，自己実現に向かって前向きに努力しようとする傾向があると考える。

【対象】問題ではなく子どもに焦点をあて，自分の自然治癒力を活用することができることを信頼するもので，多くの子どもに有効であると考えるが，以

下は対象とできないとされていることもある。重度の学習障害，現実と空想の区別が困難，機能不全家庭の中で不適応行動を学習している，人生の大きな変化に直面している，今現在安全でない環境にいる，自閉症，精神疾患，多動症候群の子どもなど。

【理論】三つの構成概念からなる。①人間性：個人の考えや感情・行動・身体は絶えず変化し，自己実現に向かって努力する傾向が備わっているとする。②現象の場：現実とは体験に対する認識で，自己実現を得るには，ニーズが現象の場において満たされなければならない。③自己：それは最初に生物学的な評価システムを通して認識された自分についての認識であり，自分を成長させる経験は肯定的体験，脅威的な経験は否定的体験として解釈される。他者の判断や期待は自己認識に組み込まれ，自己と他者の認識が異なる場合，自己懐疑・自信のなさ・現象の場を認知する際の歪みにつながる。

【アセスメント】関係性と自己実現のための安全な環境を築くことを重視し，詳細な生育歴聴取や型通りのアセスメントを行わない。親から提示された情報も，プレイセラピー部屋で変化をもたらすために使うことはない。

【治療過程】Moustakas（1997）の5段階，Guerney の4段階は，子どもの気持ちと態度に注目。Moustakas の5段階は，①否定的な感情，②相反する両価的な感情，③退行的な行動，④親と PTh に焦点を置いた相反する両価的な感情，⑤両価性のない現実的な否定的な感情をあわせもつ肯定的な感情。Guerney の4段階は，①慣れる：制限破り，焦点が合っていない，一時的な遊び，PTh への信頼が高まってくる，②攻撃的：通常時と比べてより攻撃的，③退行：依存・愛着・世話への退行，依存と自立の間を揺れ動く，④統制：適性能力があり，感情をコントロールできている感覚。

【PTh の役割】無条件の肯定的な関心・共感的理解・純粋性を提供，自己実現できると信じているとメッセージを伝える。トラッキング・伝え返し・反射・責任を返す・制限設定スキルを使い，解釈・活動の構造化・読書療法などは用いない。Axline（1947）の8原則は最も適用される原則の一つ。

【目標】すべての子どもにとっての目標は，自分の内的な力を使って自己実現を目指すことなので，個別目標は置かれない。自己向上力を促進するように，子どもと環境との間の不均衡を解決する。主訴に関して取り組んだり，問題や子ども自身の目標に関する願いを探求し，話し合うことはしない。

【おもちゃ】豊富に取り揃え，幅広い範囲の創造的で情緒的な表現が可能になるように入念に選ばれる。

【親】フィリアルセラピーは，わが子に直接使える CCPT 技術を親に教える。すべての CCPT の PTh が親子療法の訓練を受けているわけではなく，子どもの治療だけに焦点をあてる人もいれば，親面接を行う人もいる。CPRT は親教育に合うよう親子療法を適応させる。

【制限】子どもが拒絶されたと感じないように，制限は行動にのみ置かれ，自分自身や PTh，室内のものに対する危険な行動を回避し，責任を引き受けることを学ぶ。

【終結】Landreth は，終結を決定するかどうかについてアセスメントするための15の質問項目を示した。子どもがほとんどの基準を満たし，親も問題が扱いやすくなったと報告後，セッションの終結を子どもに告げる。最終セッションの2〜3回前に伝えられ，最後の数回もいつも通りの間隔で行われる。最終セッションの終了時まで子どもが主導。

3… 認知行動プレイセラピー（CBPT：Cognitive Behavioral Play Therapy）

【概要】1990年 Susan Knell（1993）による。プレイセラピー技法に認知行動理論を取り入れた，遊びと言葉でのコミュニケーションの組み合わせ。さまざまな標準化されたアセスメント用質問紙を用いて行動と認知の具体的な変化を評価するため，治療効果による変化と改善が統計的に有意に示され，他の心理学領域からも認められる数少ないプレイセラピー理論の一つ。

【対象】排泄の問題，トラウマ，離婚，不安，恐れ，恐怖症，うつ病，指示に従わない，場面緘黙。

【理論】認知理論と行動理論の組み合わせ。行動理論：行動は学習されるもので，これらの行動を強化する変化要因が不適応行動を修正する。認知理論：行動は言語と認知の過程が媒介するもので，不適応は論理の誤り，不自然な思考，認知の歪みによって生じる。認知をより適応的なものに変えることによって，認知と行動の両方を変化させ，結果的に情緒的・身体的な反応および応答の変化をもたらす。

【アセスメント】包括的なアセスメントを行う。遊びのアセスメント，知能と

70　第 I 部　プレイセラピーの基本

性格の評価表，親質問紙，子ども質問紙，学校の先生質問紙を使い，子ども，保護者，保護者以外の重要な大人と面接。治療の間に何回かにわたって，変化と進展をアセスメントするために，親と先生，子ども用の質問紙を用いる。

【治療過程】発達的に測定可能な行動目標を定める。社会的な行動のモデリングのロールプレイ，さまざまな手段を用いて練習を繰り返し，褒める・正の強化と合わせて，新しいスキルや行動を学習し，家庭・学校・他の状況へ汎化。親に心理教育の本を提供。最初の数セッション：自発的な遊びの観察・評価，アセスメントのために言語的な技法（例えばパペットを使った文章完成法）も使用。中期段階：ストレスの源への適切な対応を身につけられるように，おもちゃと活動を選択。必要に応じて，さらなる目標を定める。終了：適応的行動が治療以外での日常場面にも汎化し，終結後も維持できるよう十分身についたら。効果維持の鍵は親の態度と支援。学んだことを面接外の日常場面で実行できる場合は子どもとのプレイセラピーと親のコンサルテーション，親が養育スキルを学ぶ必要がある場合はコンサルテーションと親面接，学んだことを面接外の日常場面で実行できない場合はセッション中に反復練習。子どもが来たがらない・参加意欲が低い場合は親面接のみ。

【PTh の役割】非常に積極的・指示的。親子の公式・非公式アセスメントを行い親と治療計画を設計し，行動・感情・態度・信念を変更する具体的で測定可能な目標を設定。モデリング・ロールプレイ・行動随伴性を用い，子どもに直接教え，他の大人に対しても子どもに使えるように教える。繰り返しと予行練習，汎化を促すために，家庭や他の状況での練習課題を課す。変化はアセスメント評価によって絶えずモニターされ，具体的に数量的な結果を記録する。

【目標】ストレス対処能力，問題解決能力を高め，誤った思考を減らし，年齢相応の発達の指標に達するようにする。この4つはすべて子どもと親の目標の設定。

【おもちゃ】発達的にまだ幼い子どもには，構造化されていないプレイセラピーで使われるおもちゃや工作用の素材。発達的に大きい子どもには，一般的なプレイセラピーで使うもの，ワークシートや直接言葉を使ったコミュニケーションも使用。

【親】積極的な参加者・支持的な援助者として考え，治療計画の立案は必ず親と一緒に行う。モデリング・ロールプレイ・不測の事態の管理・本の紹介・

セルフモニタリングなど通して，養育スキル・家族力動・子育てに支障をきたす親自身の問題についてコンサルテーションを行う。定期的な親面接では情報交換，変化の確認，親の望ましい行動や態度への正の強化を行う。

【制限】問題行動を止めるために，社会的強化・他の強化を用いる。子どもの認知がどうなっているか仮説を立て，よい行動だけを強化。代替の行動は遊びの活動を通じて提供。

【終結】目標達成時。PTh がいなくてもやっていける準備ができたと子ども自身が確認できるように，数セッションにわたって終結について子どもに話す。子どもを PTh から引き離し，適応的な行動がどれくらい定着したかを判断するために，セッションの間隔を空ける。終結に苦労する子どもには，他の連絡方法（電話や短い訪問）も認める。

4…エコシステミック・プレイセラピー（Ecosystemic Play Therapy）

【概要】1994年 Kevin O'connor（2000）による。子どもをとりまくエコシステム（生態系）に注目，子どもが暮らしている世界の文脈の中でその子の機能が最適化されるべきと考える。さまざまな理論や概念を統合している。処方的・統合的（次の節参照），構造化・指示的の時も，非構造化・非指示的のことも。

【対象】「構造（structure）」と「充填（fill）」の組み合わせによって，さまざまなテーマに対して最も有効な理論や技法を扱うようにしているので，どのような問題に対しても適用可能。

【理論】発達的に調整，関係性に注目，家族が中心，人の強みに基づき，環境による。「構造」と「充填」理論の組み合わせ。「構造」理論は，エコシステムが子どもに影響を及ぼすという一貫していてゆるぎない根本的な理論。「充填」理論は，心理教育的な枠組み，感覚やトラウマに焦点をあてるものなど，それぞれのエコシステミック・PTh の信念や心地よさによって変化し，最も適切であると考えるものに基づく。充填要素が何であるかに関わらず，子どもを概念化し治療計画を決める時には，生態系を考慮。O'connor の充填要素は，精神分析，人間主義，セラプレイのパーソナリティ理論（Piaget, Freud, A., Freud, S., Erikson），発達的アプローチ。

【アセスメント】広範囲なアセスメントプロセス。子どもと親の問題理解イ

ンタビュー，生育歴，家族歴，発達歴，社会文化的影響，標準化された検査（WISC-Ⅳ等）や投映法の検査（CAT 等）。

【治療過程】広範囲なアセスメント，定式化された優先順位による治療目標のリストをもとに，主な仮説は親子と治療契約中に話し合われる（外部への介入を含む体系的な目標も含む）。具体的な治療契約について子どもと親と話し合い，取り決める。オコナーはセラプレイの 4 つの次元を活用（セラプレイ部分参照）。子どもが年齢相応の理解に応じて治療に関わり始めれば，オコナーの 5 段階の解釈モデル（感情反射，パターン，単純な力動，一般化された力動，遺伝）を使って，問題解決，代替の認知的理解へと移行。

【PTh の役割】積極的・指示的。おもちゃと活動を選び，各セッションに段階を追った連続性をもたせる。学習と変化に最適な覚醒の水準で関わりを維持。いったん子どもが学習できれば，協力して問題解決をし，エコシステムにおいても提言。子どもと第三者との会話（親，教師，医師など）を支援。

【おもちゃ】それぞれの子どもに対して，各セッションに最も適したおもちゃを 5 つほど選ぶ（現在の発達レベルより低いおもちゃ，相応のおもちゃ，より高い機能のおもちゃ）。子どもの問題の潜在的な象徴に使用するために，二つ以上のおもちゃを選ぶ。発達年齢によっておもちゃを 4 つのレベルに分類。

【目標】子どもが自分のニーズを満たすことができるように，能力を最大限に生かす。子どもの病理に関する情報を集め，目標を一人一人に合わせて設定，治療を計画，実行し，多面的な評価に基づいて効果を測定。目標は，治療的に注目する必要のある新しい素材が表れれば変化し，治療中も子どもは新しい発達段階に向かって前進し続ける。

【親】常に治療に参加。①情報の交換，②養育に関する相談，③問題解決，④プレイセラピーの技法を教える，⑤親子で参加するセッション，⑥必要に応じて，個人療法またはカップルセラピーに親を紹介する。通常のセッションは親と20分，子どもと30分。

【制限】受け入れられる行動の境界を子どもに教える。PTh からの注目は子どもにとって価値があり，行動に対する制限は PTh からの注目という報酬があるかないかによって間接的に伝える。セッションを早めに中断することは子どもに有害であると考えられ，当日のセッションを中断するという選択はない。

【終結】インテーク面接で設定した目標達成時。目標が明確で，短期間の介入

が最適である場合や，親の治療への関わりが低いような場合は，前もってセッション数を決め，終結の日を決めておくことが望ましい。最後のセッションは，プレイセラピーを再開する場合を除けば，PThと子どもとの最後の関わり。それ以外いかなる形であっても子どもと接しない。

5 … アドラー派プレイセラピー

【概要】1993年Terry Kottman（2002）による。Alfred Adlerの個人心理学理論の概念や戦略をプレイセラピー技法と統合。指示的，非指示的技法の統合。

【対象】さまざまな問題に効果あり，特に次のような子どもに適している。①力関係やコントロール問題，②トラウマ経験，③低い自己概念（すぐに諦める，自己嫌悪的な発言等），④家族不和，⑤乏しい社交スキル。愛着問題，自閉症や限られた認知能力の子どもには適さない。

【理論】すべての人間は個性的かつ創造力があり，他者とのつながりを生み出す力を備えていながら，その関係性を建設的で役立つものにすることは学ぶ必要がある。人は劣等感から自信に満ちることへの変化を求める。すべての行動には理由があり，子どもの問題行動の目的は，注目を浴びる，力・コントロールを得る，復讐をする，自分の力不足を証明するためのいずれか。8歳までにはライフスタイルが決まる。他者の観察，人との交流や関係性，他者からの扱いによって自己観，他者と世界観を作る。子どもは生きてのびのびと活躍するために「重要な4つのC」を身につけなければならない。それはつながり（connected），有能感（capable），存在意義（count），勇気（courage）である。

【アセスメント】正式なアセスメントはなく，子どもとPTh間のすべての交流がアセスメントと介入となるように考え出される。第二段階では，観察，質問と構造的な遊びを使用することによって，子どもの4つのC，問題行動，優先的な人格と強みを見出し，子どものライフスタイルとそれが行動・態度・考え・人間関係パターンにどのような影響があるかをアセスメントする。

【治療過程】4段階あり，①平等な関係構築のためプレイセラピーの基本的なスキルを使用，②ライフスタイルを探る手段として描画，質問，行動の目標，重要な4つのC，家族構成・家族環境の検討，③ライフスタイルに関しての洞察を子どもが得られるようにメタコミュニケーション，比喩や描画を使用，④再方向づけと再教育で子どもに新たなスキルや態度を教え，練習するよ

74　第I部　プレイセラピーの基本

うに，上達や努力を励ます。4つの段階間は厳格ではない。

【PThの役割】問題行動の目的を理解し，より適切な目標に向かうよう協力，4つの主要なC，子どものライフスタイルの理解，その目標を査定し自分・他者・世界に対する新たな決断や問題解決法と他者との交流の仕方を身につける手伝い。治療過程の各段階への関わり方は，①非指示的，自信と能力を身につけるよう励ます，②指示的，次の段階でライフスタイルに介入する際必要な態度・視点などを査定，③時には非指示的・サポーティブ，時には子どもに自分の信念を見直し，変化をする決断を促す，④再方向づけと再教育，積極的に教示，新たなスキルを学び練習し新しい態度や視点を導入するよう勇気づける。

【おもちゃ】おもちゃは次の探求や表現の作業に役立つ。①家族の次序や雰囲気，②間違った信念，脅威や過去のトラウマ，③コントロールや信頼問題，④家族力動や他の人との関係に対する気持ち，⑤自分が重要であるという感覚を得たり他の人とつながりを得る独特な方法，⑥創造性，想像力と空想力，⑦新たな態度や行動。子どもの体験の側面すべてを引き出すために5種類のおもちゃ（家族・養育するもの，怖いもの，攻撃的なもの，創作活動ができるもの，空想できるもの）を用意する。

【目標】治療過程段階ごとに，①子どもとPThが治療同盟を構築しパートナーとして作業できるようする，②PThが子どものライフスタイルを理解する，③子どもが自分のライフスタイルを認知的に理解し変化を決断する，④必要な変化のための新たなスキルを子どもが学ぶ。

【親】親との作業を強調。すべての人は社会の影響を受けるため，子どもの社会環境を理解し，その代表としての親に同時に働きかける。面接は子どものプレイセラピーと親のコンサルテーションからなる。治療過程段階ごとに，①親との関係構築，②親のライフスタイルを理解し提案は個々の親に合うようにしながら子どもの理解の情報収集，③子どもの変化のサポートをできるように親が子どもや自分を理解，④親教育。

【制限】4段階あり，子どもが自分の行動を再方向づけできるよう，破った際の合理的な結果を提示し，実行する（第10章参照）。

【終結】子どものニーズや治療機関に合わせて決める。通常は時間をかけ，子どもや家族にとってPThのサポートの必要性が低くなるとともに面接と面接の間の期間を徐々に長くする。

第5章　プレイセラピーの理論　75

6 … セラプレイ（Theraplay）

【概要】1967年 Ann Jernberg と Phyllis Booth（2009）による。セラ PTh が
リードし，相互作用的。短期間（10〜20セッション）で構造化されている。愛着
や同調，自己調整，自己肯定感，信頼や楽しい関わり合いを促進するために，
遊びの活動には子どもと親が加わる。実施するセラ PTh はセラプレイトレー
ナーによって正式な訓練を受け，認定される必要がある半面，精神保健におけ
る学位を必要としない数少ないプレイセラピー。

【対象】愛着，関係性，行動障害，不安，抑うつ，自信喪失，低い自己肯定
感，信頼，引きこもり，トラウマ，自閉症スペクトラム障害。義理の子ども，
里親のもとで暮らす里子，養子縁組みした子ども。

【理論】自己心理学，対象関係論，愛着理論。否定的な親子関係の愛着を，4
つの次元（構造，チャレンジ，関わり，養育）から修正する。

【アセスメント】親面接で成育歴・家族背景・現在の家族機能を聴取。各親
と子どもの愛着関係の試験（MIM：Marschak Interaction Method）・ビデオによ
るフィードバック・セッション回数を含む治療計画と目標について話し合う。
初めの3〜4セッションはアセスメントに重点が置かれる。

【治療過程】毎回のセッションは構造化されており，始まりの場面，セッショ
ン本体，終了場面がある。各セッションでは，それぞれの子どものニーズに合
うように選ばれたおおよそ13種ほどの活動を行う。30分×10回で，1〜4は親
がマジックミラーから観察，5〜10で親は各セッションの後半に加わり，最終
セッションは軽食でパーティと親子が選ぶ活動。6段階（導入，探索，一時的な
受容，否定的な反応，成長と信頼，終結）からなる。

【PTh の役割】あまり話をせず活動をリードし，毎回4つの次元を促進する
ために特定の活動や用具を選択。セッションは子どものニーズに応じてオー
ダーメイドされ，身体的な接触のある楽しいもの。伝統的なプレイセラピーの
基本技法も用いられるが，応用技法は用いられない。親子の二者関係に対して
二人のセラピストがつく。セラ PTh は子どもを積極的に直接的に治療し，"通
訳"セラピストが言葉を使って親と直接作業。

【目標】親子間の肯定的な愛着を通じて，自己肯定感や基本的な安心感，自己
コントロールや喜びを高め，親が子どもによりよく同調し，ニーズを満たすこ

とができるようにする。

【おもちゃ】おもちゃは使わない。大きな座布団，大きなビーズクッション，小さな手のひらサイズのクッション，ベビーパウダー，コットンボール，おやつ用のお菓子などを用意。

【親】集中的，積極的に子どものセッションに参加。親のためだけの"通訳"セラピストがつく。セラプレイセッションの後30分ほど親の感想を聞き，相談。3セッションごとに親だけの相談セッション・電話でのカウンセリングを行う。

【制限】抵抗は無視され，計画された活動が臨機応変にアレンジを加えて続けられる。自分自身や他の人を傷つける場合にのみ抱っこ技法が用いられ，気分が良くなるまでセラ PTh がその子のそばにいることを再確認し安心させ，落ち着いたら解放。対人関係・身体的トラウマ体験をもつ子どもは拘束せず，興味深い活動で気持ちをひきつけるように働きかける。

【終結】最終回の3回前に子どもに伝え，準備・告知・別れを経る。最終回はお気に入りの活動・軽食・ささやかなプレゼント・思い出作りのさよならパーティで幕を閉じる。子どもを抱きしめ，一緒に過ごした時間がどれほど楽しいものだったかを伝え，肯定的なお別れの見本を示す。親とは終結後の1年間に4回のフォローアップ面接を計画。

　ここまで駆け足で，6つのプレイセラピー理論の要点を見てきました。次に，上記のような理論と技法を使い分けたり統合することを目指す，処方的・統合的プレイセラピーについて説明したいと思います。ここ数年最も効果的な形とされているプレイセラピーであり，私が用いているものでもあります。

Ⅲ 処方的・統合的プレイセラピー

1… 処方的（プリスクリプティブ）プレイセラピー

　子どものニーズや PTh の経験，またプレイセラピー研究結果に示されたことに基づいて，一人一人の子どもや家族，それぞれの問題に対して最も有効なプレイセラピーを処方します。処方的 PTh は，個別の子どもや家族に合わせ

第5章　プレイセラピーの理論　77

て自分が治療を行える，いくつかの主要なプレイセラピーの理論や技法に熟達していなければなりません。広い知識と経験を備えた処方的 PTh は，より効果的な治療計画を立てて実行することができます。介入方略はすべてその子どもや家族，問題に最も合うよう個別に合わせられるので，処方的プレイセラピーはすべての子どもにとって役立つはずです。

Drewes ら（2011）は，処方的プレイセラピーには 4 つの主要原則があると述べています。

▶ **個々に異なる治療学**：一つのプレイセラピーのやり方が，すべての問題を治療するためのベストな方法であるということはありえず，すべてにとって有効な方法ということもなく，また，ある特定の症状に対してあるプレイセラピー療法よりも他のプレイセラピー療法の方が合う場合があるので，治療はそれぞれの子どもによって異なる治療ニーズを満たすように処方されるべきである。

▶ **学際的**：一人一人の子どもにとって最善の治療を効果的に処方するために，さまざまな理論および技法から取捨選択して選択できることが必要。複数の理論について理解していること，いつ，どのようにそれぞれのアプローチを使用するかという応用的な組み合わせ方を理解していることが必要。

▶ **統合的な心理療法**：ほとんどの問題は，複合的な原因からなるなど，多重的な要因から成り立っているので，多くの場合，多面的なアプローチが必要。

▶ **処方的に適合**：問題の原因に変化をもたらす手段を合わせることによって（例えば，愛着障害に対して愛着志向プレイセラピー），それぞれの特定の障害に最も効果的な遊びの介入を一致させようと努力する。

処方的 PTh は，次のような知識とスキルを持ち備えます（Kaduson et al., 1997）。

- 指示的・非指示的アプローチを含む主要なプレイセラピー理論・技法を理解・適用することができる。
- 生物−心理−社会的な起源も含めて，幼少期の障害に共通する病因学に精通している。

78　第 I 部　プレイセラピーの基本

●特定の問題に対して，最善の実践的介入方略を適用できるように，実証的研究の最新情報に通じている。

処方的なアプローチでは，治療を決定するものは，その具体的な問題に対してその時点でそのクライエントにどのようなニーズがあるかという PTh の決断です。処方的なアプローチは，当該の問題を示している当該の子どもの必要に応じて，変わっていくか，変更され続けます。

2 … 統合的プレイセラピー

心理的な問題の中には，複数の心理療法や技法を組み合わせた介入が最も功を奏するものがあると考える統合的プレイセラピーには，いくつかの種類があります（Drewes, 2011）。

▶ **技術的に折衷**（technical eclecticism）：技法だけを統合する。同じ問題をもつ子どもすべてに同じ技法の組み合わせを使うこともあれば，同じ問題をもっていても子どもごとに異なる組み合わせの技法を使うこともある。

▶ **理論を統合**（theoretical integration）：いくつかの理論的なアプローチの最良の要素を融合する。理論とそれに対応する技法の両方を統合する。同じ問題をもったすべての子どもに同じ組み合わせを使うことも，異なる組み合わせを使うこともある。

▶ **共通要因**（common factors）：異なる療法に通じる中核要素を見出して，それぞれの問題に対して最もシンプルな形を統合し，すべての子どもに同じ組み合わせを使用する。

▶ **同化して統合**（assimilative integration）：一つの理論基盤に基づき，子どもや問題に最も合う他の理論から選択的に技法を取り入れる。同化の組み合わせは，子どもや問題によって変わることも，変わらないこともある。

3 … 処方的プレイセラピーと統合的プレイセラピーの違い

処方的・統合的プレイセラピーの違いは捉えにくくわかりにくいものです。先に述べたように，処方的 PTh は，一人一人の子どもや家族，ある時点でのある症状を見て，多数の選択肢から何が最適な治療かを選択します。「画一的な

第5章　プレイセラピーの理論　79

やり方は万能薬ではない」という信念に従い，その事例のニーズを満たすように遊びの介入を調整します。事例によって指示的・非指示的になり，統合的である・統合的ではないこともあります。技法や理論の組み合わせが一人一人の子どものニーズに対応するために調整される場合，それは処方的かつ統合的と言えます（アドラー理論を基にゲシュタルトとユングの技法を使うなど）。子どもの示している問題によって，単一の理論が他の事例とは別に適用される場合，それは処方的ですが，統合的ではありません（自尊心に関わる問題をもつヒロに精神分析な理論を使い，いじめを受けたカヨに CCPT 理論を使うなど）。一方，統合的PTh は，処方的である・処方的ではないこともあります。異なる理論や技法を組み合わせたもの一つをすべての子どもや問題に対して使う場合，それは統合的ですが処方的ではありません（あらゆる子どもに対して，CCPT と CBPT を用いる）。単一の理論がすべての子どもに用いられる場合，それは処方的でも統合的でもありません（あらゆる子どもや問題に対してセラプレイを使う）。

Ⅳ プレイセラピー次元モデル

　処方的／統合的プレイセラピーが，拠って立つべき最も良いモデルであると私が信じる主な理由は，子どもは皆それぞれ違っているので，一つだけのやり方に基づいて皆を治療しようとすることは，治療の最も効果的な手段ではありえないからです。治療の「力が及ばない」ように見える子どもは，その治療方法では効果がないだけで，別のより合った治療方法であれば功を奏するのかもしれません。助けようがないのだと決めつけるのではなく，その子を助ける最良の方法が試みられてきたかどうかを臨床家が検討することが大切です。

　自分がどのような PTh になるのか，どのような理論とそれに伴うプレイセラピースキルに従うのかを決めようとする時に，Lorri Yasenik と Ken Gardner（2017）のプレイセラピー次元モデル（Play Therapy Dimensions Model）が役に立つでしょう。あらゆる PTh に，プレイセラピーのプロセスを概念化し，かつ自分の治療的な介入を評価するための枠組みを提供します。PTh が子ども・問題・状況を検討するのに役立つように設計された意思決定と治療計画のためのツールです。子どもにとって最も有効で最適な介入を処方することにより，子どもを支援する最善の方法を類型化します。

80　第Ⅰ部　プレイセラピーの基本

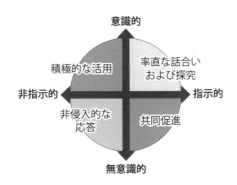

図 5-1　プレイセラピー次元モデル（Yasenik & Gardner［2012］から許可を得て転載）

　これは，二つの次元の領域ごとにどのように理論と技法を分類することができるかを明らかにする統合的なモデルです。二つの次元とは，①子どもの遊びの表現が意識的か／無意識か，② PTh の遊びへの侵入・関与のレベルが指示的か／非指示的か，です。二つの次元軸が交差して 4 つの領域ができます。指示的／非指示的と意識／無意識の次元の組み合わせです（図 5-1）。

▶ **第Ⅰ領域・積極的な活用**：意識的な遊びの表現と非指示的な介入。子どもがリードし，PTh は子どもの考えや経験をより高いレベルの気づきや自覚へともたらすために，その背景をくみ取って解釈的なコメントをする。
▶ **第Ⅱ領域・率直な話し合いおよび探求**：意識的な遊びの表現と積極的かつ直接的な解釈。PTh が指示し，子どもと直接問題について話し合う。
▶ **第Ⅲ領域・非侵入的な応答**：象徴的な遊びと非指示的な介入。子どもがリードし，PTh による直接的な解釈や指示はない。
▶ **第Ⅳ領域・共同促進**：象徴的な遊びと PTh による積極的な介入。子どもと PTh が共に促進しあい，子どものメタファーの中に留まる。

　誰がいつ，なぜ，どのように，どのようなプレイセラピーを行うかを PTh が考える助けとして，このモデルを利用できます。PTh の役割が主に一つの領域内に固定しているような理論や，1 回のセッション中あるいはセッションごとに，ある領域から別の領域へと柔軟に動くものもあります。例えば，Landreth によって定義されているような CCPT の PTh は，子どもの象徴的な遊びの表

表5-1 さまざまなプレイセラピー理論の例

ユング派	ダイナミック	ゲシュタルト	解放療法	体験療法
問題解決志向	ナラティブ	柔軟順次的	対象関係	社会構造
発達的	箱庭療法	親子同時	戦略的	関係性
集団	家族	オトプレイ（Aut Play）etc.		

現に寄り添い，非指示的な相互作用をし，第Ⅲ領域の非侵入的な応答に属する例にあたります。一方，精神分析的なPThは，時には非指示的に子どもの象徴遊びに寄り添い，子どもに役立つ場合には象徴遊びを解釈し，意識的な方法もしくは象徴的な方法で遊びを行うよう指示します。これは4領域間すべての移動になります。処方的／統合的プレイセラピーでは，PThはさまざまな要因に応じて，ある領域から別の領域に移ることもあれば，移らないこともあります。プレイセラピーの専門性を高めるためにこのモデルを利用する方法について，原著を読むことを強くお勧めします。

その他の理論

本書で扱っていないその他のプレイセラピー理論の一部を表5-1に示しました。すべての理論を網羅しているわけではないことにご留意下さい。

＊アクティビティ

A．理論を学ぶ

興味のあるプレイセラピー理論を一つ選びます。その理論について書かれている本（Schaefer, 2011など）数冊の中から，何章かを読んで，次の情報を要約して下さい（本章で紹介したものより詳しく深く）。

a. 理論的な構成概念
b. 適切／効果的な対象，禁忌（適用できない対象）
c. PThの役割
d. アセスメント

e. 治療過程

f. 目標

g. 親との関わり方

h. 制限

i. おもちゃ

j. 終結

k. 特色

i. 研究

B．理論を使って治療計画を立てる

　勉強しようと選んだ理論から得た知識を使って，次の事例について治療計画を立てましょう。

①7歳のダイ。認知的に優秀，身体的に不器用，対人関係が苦手。威張っていて理屈っぽく，過度に敏感で，泣き叫んだりすねたりしやすい。衣服の上から性器に絶えず触れていることで，学校から紹介された。学校側としては，他の児童はまだ気づいていないが，おそらく間もなく気づき，からかわれる理由となるのではと懸念している。両親の揃った家庭で，年上の父親は2度目の結婚，ダイはひとりっ子。ダイが乳幼児だった頃に母親は神経衰弱になり，数カ月間ダイの目の前で不安とパニックの発作に襲われていた。複数回にわたりパニックを起こした後，精神科と心理療法の支援を受けた。ダイは人が死ぬことを極端に怖がる。性的虐待，身体的虐待の既往はない。

②10歳のハル。母親から情緒的・言語的・身体的に虐待，父親も妻から，情緒的・言語的・身体的に虐待を受ける。父親とハルは母親が働いている間に家から計画的に逃げ出した。父親が，ハルと自分に対する母親の虐待の証拠記録を提示したため，ハルと暮らす権利を与えられたが，母親は離婚を拒絶しており，養育権を得るために係争中。ハルは学校教師を含むすべての女性をとても恐れており，父親と離れることが困難である。母親も子ども時代に母親から虐待されていたようだが，この問題に関して，まったく治療を受けていない。母親は自分の行動とハルとの関わりが虐待的であったということを否定し続けている。

③4歳のケン。母親の運転する車に母方の祖母と同乗中に交通事故に遭った。ケンは顔に擦り傷と手の骨折，母親は顔に青痣や赤痣ができ，祖母は事故のために亡くなった。とても利発で，言葉が達者。正常な兄弟関係を

築いている 3 人の兄がいる。両親の揃った家庭で，父親は忙しく長時間働き，母親が主な養育者。ケンは車に乗ることをとても不安がり，特に母親のことを心配し，前は楽しみに通っていた幼稚園へ行くことができない。

- 治療計画はプレイセラピー次元モデルのどの領域に入りますか？　どのようにそれを決めましたか？
- 他に考えられる別の計画はありますか？　あるとしたら，それはどのようなものになりますか？

C. 考えてみよう

- 今のところ，どのプレイセラピー理論に最も興味をもっていますか？その理由は？
- どのプレイセラピー理論に最も興味がもてませんか？　その理由は？
- 他のどのプレイセラピー理論に興味をもっていますか？　その理由は？
- 他のどのプレイセラピー理論に興味をもてませんか？　その理由は？
- 現在興味をもっている理論の勉強をどのように計画しますか？
- 今のところ，プレイセラピー次元モデルに関して，どの領域が自分に最もしっくりくるように思いますか？

　左脳・新皮質を使う旅が終わりました。皆さんにここまでの旅を楽しんでいただけたことを願っています。ここからはしばらくの間，左脳・新皮質と連携して右脳・大脳辺縁系・間脳・脳幹を使うことになります。今や遊びがどういうもので，子どもがどのように発達し，愛着や脳がどのように働き，プレイセラピーがどういうものでどのような歴史をもつか，どのようなプレイセラピー理論があるのかについても概要がわかりましたね。いよいよプレイセラピーのやり方の具体的な基本技法を学んでいきます。さぁ，ここからは，今までとは違う脳の部分を楽しむ時間です！

プレイセラピーの技法とすすめ方

第6章

子どもとのセラピーにおける基本

　子どもとの最初のセッションの時，初心のPThは，怖い気持ちを抱くこともあるでしょう。子どもの治療は大人に対するものとはまったく異なるため，大人との治療経験を何年も積んできた臨床家ですら，初めて子どもに会うことになると，心許なく感じ，大丈夫だろうかと不安をもつことがあります。知識を得た今，しっかり技法を習得し，ドキドキと共に，ワクワクも感じましょう！

I　プレイセラピーをうまく行うために

　プレイセラピーでは，子どもの言葉による表現も言葉によらない表現も，PThが鏡に映し出すように言葉にして伝えるやり方を用います。言葉によらない表現には，動きや振舞い，遊びで出されるテーマの他に，表情や身体的な変化，行動上の変化も含まれます。このようなさまざまな形で表現された子どもの考えや気持ちを，その子に言葉で返し，「言った」ことが耳に届いた，伝えようとしていることをわかった，ということを子どもに伝える必要があります。その子を理解しようとしていること，その子が表しているものがとても大事なのだというメッセージを伝えることが，極めて治療的なのです。
　「PThはまさに僕／私のためにここにいるんだ」と感じてもらうために，子どもと関わる時にとるべき有効な方法がいろいろあり，治療関係におけるコミュニケーションに欠くことのできない基本技法がいくつかあります。その子にとってわかりやすいやり方で，真にありのままの子どもの声を聞き，こうした姿勢を伝えていくことは，あらゆるプレイセラピーにおける子どもとPTh間の関わり合いの基本原則です。

87

Ⅱ 子どもと関わりあう時の基本姿勢

　子どもと，よりすみやかに信頼関係（ラポール）を築く関わり方はいくつかあります。子どもがいっぱい聞いてもらい，理解され，安心だと感じるほど，PThによい感情をもつようになり，より豊かな自己表現につながります。以下にあげる説明の多くは言わずもがなのことであり，おそらく読者のほとんどの方が人と関わる際にとっている方法でしょう。

　他のものを見たりせず，子どもの方を向いて下さい。子どもを見ている時は，子どもの振舞いや言葉，表情，身体の動きや声のトーンなど，基本的に子どもの頭の先からつま先まで全体に目を配り，子どもが発するあらゆるサインを読み取ります。子どもは，複数の手段を使ってさまざまなやり方で自分を表現するので，できる限り多くのことに注目することでたくさんの情報を得られます。その子のすべてに関心を注いでいることを子どもが実感するためには，PThが言葉や音，頷き，笑顔などで反応することで「関心があるよ」ということを示せばよいのです。子どもがPThの関心に気づいているかいないかによって，その子がPThをどう見るかが変わってきます。PThをどう見ているかによって，その子が心を開くことをどれくらい心地よく感じられるかが左右されるのです。

　遊びは子どもが主導で進めます。プレイセラピーは子どもが自由に自分を表現できる時間と空間なので，遊びは子どもによって方向づけられなくてはなりません。どのような時でも，子どもがPThにおもちゃを動かすように言うまで待ち，PThが勝手におもちゃに触ってはいけません。そこで使われるおもちゃや遊びはその子どもの自己表現なので，子どもからの指示もないのにおもちゃに何かすることは，その子を飛び越えて誰かに話しかけたり，子どもが言っていることを無視するのと同じことなのです。

　遊んでいる時は，子どもの表情を見るために，必ず顔がよくみえる位置にいるようにします。子どもが言葉にしたことと，行っていること，感じていることは違っているかもしれず，表情の方が雄弁に多くを語っているかもしれないからです。ほとんどの場合，感情は言葉や行動よりも顔色に表れるものです。子どもがおもちゃで遊んでいると，子どもの手や使っているおもちゃに目が行

きがちですが，その時も子どもの表情を見るよう心がけましょう。

　幼い子どもと関わる時には，目の前に立ちはだかったりせずに子どもの目の高さまで腰を落とします。自分より背の高い人を見上げなくてはならないのは，（たとえあなたが小柄な方だとしても）相当威圧感があるものだからです。

　同じような遊びが，何度も何度も繰り返されることがよくありますが，その時は子どもがしたいだけさせます。子どもが繰り返す時は，そうする必要があるからするのです。ただ注意点として，この反復的な遊びが繰り返されるにつれ，話の中で進展があるかどうかを確認して下さい。行き詰まって発展していかない反復遊びは，子どもがトラウマに固着している表れかもしれず，再びトラウマを負うような遊びは，二次的トラウマを引き起こす可能性があります。子どもがトラウマを再現する遊びから抜け出せないのだと判断したら，介入が必要です。

　いつも，ゆっくりはっきりと話します。その時頭に浮かんだことすべてを慌てて言う必要はありません。話す文は疑問形ではなく平叙文で伝えます。子どもはそれに答えるか答えないかの選択肢をもち，“何かを言いたい”かどうか自分で決めることができます。

　沈黙が長く続かないようにしながらも，子どもの流れを妨げないように気をつけてその子が言い終わるまで待ち，質問攻めにしないようにします。長い沈黙は子どもにとって怖いものですが，だからといって質問攻めにすると，遊びを通した自己表現の流れを妨げてしまいます。PThが何か言ったり尋ねたりする時には，子どもが答えたがっているかどうかをよく見ましょう。答えたい様子であれば，言葉で，あるいは言葉を使わずに反応するまで，または子どもは答えないのだな，と判定するまで，しばらくの間静かに待ちましょう。

　決して子どもの言動の良し悪しの評価，批判をしてはいけません。子どもを褒めることもしません。子どもは自分の気持ちや考え，行動に責任をもつ必要があり，そうすることで自己コントロール感と達成感をもてるようになります。子どもが言い終わる，遊び終わる前に決めつけないようにし，「私はこの子の言っていることや，やっていることがわかる」「この子は私の言っていることをわかっている」と決めてかからないようにしましょう。

　子どもの心の中の動きを知るためには，子どもの声を“聞く”根気強さをもたなくてはなりません。子どもの心の動きに確信がもてない時には，明確にす

第6章　子どもとのセラピーにおける基本　89

る手立てとして，子どもがどうしてそうしたのかという動機を言語化しましょう。その時は，子どもが自身の考えや気持ちを率直に伝えられるような言い方をし，子どもが「先生はこう言ってほしい（こうしてほしい）んだろう」と思ってしまわないような確認の仕方をするように気をつけましょう。

Ⅲ プレイセラピーの応答における三つの基本技法

　子どもが PTh に「聞いてもらった」と感じるための応答におけるプレイセラピーの基本技法が三つあります。ほとんどのタイプのプレイセラピーでこの三つの技法が使われます。それは，「行動を言葉にしてなぞる，**トラッキング**」，「言語化したものを伝え返す，内容の**伝え返し**」「気持ちや考えを言葉にして映し出す，感情の**反射**」です。ここから 3 章は，これら応答の技術の「なぜ」「どのように」をめぐる旅です。まず，三つの中で一番わかりやすいトラッキングから始めましょう。

第7章

トラッキング：行動の言語化
——プレイセラピーの応答における基本技法①

Ⅰ トラッキングの基本

　トラッキング（tracking）は，PTh が子どもの行動を言語化し，言葉でなぞっていくことです。その子のしていることに関心を注いでいる，遊びの中でのやりとりを大事にしているということを子どもに知らせます。子どもとラポールを築く方法の一つです。

1 … 何を主体にし，何を強調するか

　行動を言葉にしてなぞる場合，子どもがしていることを見たままありのまま逐語的に，解釈をしないで言葉にしていきます。トラッキングには二つの基本的な方法があります。**子どもがしていること**を言葉にする方法と，**おもちゃの動き**を言葉にする方法です。子どもがおもちゃを取ってそれをどこかに動かした場合，子どものしていることを言葉にするなら「それをそっちに置いているのね」と言います。同じ状況で，おもちゃの"していること"を言葉にしていく方法をとるなら，「それは，そっちに行くところなのね」となります。

　子どもの行動とおもちゃの動き，どちらを言葉にしていくかを決めるのは，その行動のどの面に重きを置きたいかによります。その子が主な中心になるのか，それともそのおもちゃが中心になるのか。直接その子に注目した時と，おもちゃを通して間接的に注目した時，どちらがより子どもが反応するでしょうか？　おもちゃに注目するとしたら，どのおもちゃが主役になるでしょう？　大人の人形が子どもの人形を叩いたという状況で，おもちゃに焦点をあてたい場合には，「そっち（大人の人形）がこっち（子どもの人形）にこうやった（叩い

た）のね」，あるいは「こっち（子どもの人形）がそっち（大人の人形）にボーンてされた（叩かれた）のね」と言います。（　）の中の言葉は，指示代名詞が指す内容をわかりやすくするために入れたものであり，子どもに直接言う言葉ではないことにご留意下さい（指示代名詞を使う理由は後述）。以降の例文もすべて同様です。

　文のどこを強調して言うかによって，子どもに伝わるメッセージが違ってきます。例えば，子どもがおもちゃのベッドを寝室に置いている状況をトラッキングする言い方の場合，強調は「それ（ベッド）」と「そこ（寝室）」と「行く（置かれる）のね」のいずれにも置かれる可能性があり，強く言うなどのアクセントで強調された言葉は重要なものとして，他の二つと区別されます。どのようなタイプのトラッキングを使うか選ぶ決め手はいつでも，「その子どもが表現しようとしている最も重要なメッセージと思われること」と「子どもの行動を通して受け取ったと，PThが子どもに一番伝えたいと思うメッセージ」です。「それ（ベッド）がそこに行くのね」という言い方は，**何が**置かれるか，「それはそこ（寝室）に行くのね」は**どこに**置かれるか，「それはそこに行く（置かれる）のね」は，**動かされたという事実**が重要ということになります。

2…おもちゃや状況，行為に名前をつけない

　上の例でおわかりのように，おもちゃも，それが置かれた場所も，そのおもちゃの動きも，いずれも直接名づけられていません。プレイセラピーは投影的な治療法であり，プレイセラピー部屋では，子ども自身が物の意味を決めるということがとても重要です。そのおもちゃが何を表しており，おもちゃが何をしているのか，ということを決める決定権と責任は子どもに与えられます。子どもが犬の人形を木に向かって走らせている場合，それらに名づけなければ，「それはそっちに行ってるのね」とか「それをそっちに動かしてるのね」と言います。PThにより犬や木などと名づけられていないこと，行為が「走っている」と言い表されていないことに注目して下さい。

　慣れるまでは奇妙に聞こえたり，感じたりするかもしれませんが，この言い方は驚くべき効果を発揮します。治療にくる子どもの多くは，大人との関わりの中で，心ここにあらずであったり，裁かれる，批判される，訂正される，がっかりされることなしに，本当に注目してもらった経験が少ないため，PTh

92　第Ⅱ部　プレイセラピーの技法とすすめ方

が子どもに決める権利と責任を完全に与えながらその子のすることを言語化していくことは，目を見張るような良い体験となりうるのです。PThが「心から」自分のことを聞いてくれた，と感じます。

　そのおもちゃが何を表していて，何をしているかを憶測で思い込んでしまうと，PThが築き上げ，子どもに伝えようとしている「理解し耳を傾ける関係」を損ないます。おもちゃや行為に子どもの思いとは違った名前がつけられたら，わかってもらえていないという気持ちになるかもしれません。指示代名詞（それ，これ）のような描写的でない言葉を使えば，型にはまったやり方でそのおもちゃを使わなくてはいけない，という気持ちに縛られずにすみ，ファンタジーや創造性を膨らませ，よりうまくより深く自分を表現しやすくなります。

　先ほどの例で不適切なトラッキングの言い方をすると，「この犬は木に向かって走ってるのね」となります。犬や木に見えるおもちゃが，子どもの頭の中で本当に犬や木であるのか，その犬が走っているのかそうでないのかは子どもが物や行為に名前をつけるまではわからず，指示代名詞を忠実に使い続けるのが望ましい選択であり，それが子どもに肯定的で治療的な効果をもたらすことになります。

　子どもが物や行為に名前をつけたのであれば，その子のつけた名前を使います。子どもが犬を木に向けて素早く移動させながら，言葉で「犬がむこうの木に走って走って走ってく～」と言うかもしれません。それに対して「その犬を木に向かって動かしてるのね」と言っても，おもちゃの動きをトラッキングして「その犬は木に向かって走ってるのね」と言うこともできます。子どもがおもちゃを名づける別のやり方としては，「これは犬ね。で，こっちが木ね。走れ走れ走れ～（犬を木に向かって動かしながら）」というのもあります。この場合も，上と同じようにトラッキングすることができます。

　子どもが伝えようとしていることの理解を深め，正確に言葉にして子どもに返すために，そのおもちゃが何を表していて何をしているところなのかを，子どもに尋ねてはっきりさせようと思う時もあるでしょう。子どもに尋ねる前に，その質問がその子の理解を深めるものであるかを見極め，自分が，子どもが物や行動を名づけるまで待てないとか，単に好奇心からとか，自分がトラッキングの話し方に落ち着かないからとか，時間をつぶすためとかが質問の動機であってはなりません。

第7章　トラッキング：行動の言語化　93

子どもの発達上の言語理解能力に応じた言葉を使って，トラッキングをしましょう。幼い子どもや，その子の言語理解のレベルによっては，より短く，簡単な言葉で伝えます。

3… 子どもの反応を能動的に観察する

子どもの非言語的・言語的な反応を注意深く観察し，使われている物がどのような「つもり」で使われていて，それが今現在もその子の流れに合っているのかどうかを確かめます。おもちゃが子どもにとって何を象徴しているかは，遊びの流れの中で変わることがあります。最初は「駐車場に停めようとしている車」だった犬と木のおもちゃが，次の流れの中では「会社のビルにいる人」に変わっていることもあります。そのおもちゃが外からは「犬と木」に見えていたとしても，その子の頭の中では最初から「犬と木」ではなく，「車と駐車場」に始まり，それから「人とビル」に変わってきているのです。物を子どもが見るように「見る」ことのできる頭の柔らかさが必要不可欠です。

トラッキングを子どもがどう受け取ったのか見るために，反応をしっかり確認する必要があります。子どもの反応は，言語的・非言語的なやりとりの形で，直接・間接的に返ってくる可能性もあります。自分のしていることをわかってくれた，と感じた場合，言われたことを言葉で肯定する，遊びのテーマを展開させる，大げさに動く，微笑む，笑う，頷くといった反応を示すかもしれません。的外れだと感じた場合は，PTh を無視する，「違う」と言う，PThの言ったことを訂正する，顔をしかめる，遊びを中断したり話を変える，癇癪を起こす，大げさに同じ行動を繰り返すかもしれません。

4… トラッキングのタイミング

できるだけ頻繁に，子どもがしていることを言葉にしていき，ずっと無言でただ子どもを見つめている，ということはしないようにします（たとえ笑顔で見つめているにしても）。PTh がたまにしか言葉を発しないと，子どもを不安にさせてしまいます。一緒に部屋にいてもどのような心積もりなのかがわからなくなるので，監視されてる，無言で評価・批判されている，PTh は自分に興味ない，と思い込むかもしれないからです。同時に一つのトラッキングと次のトラッキングの間には，子どもがそれに言葉や行動で反応したい場合，それがで

94 第Ⅱ部 プレイセラピーの技法とすすめ方

きるよう十分な時間をとって下さい。

Ⅱ トラッキングの具体例

　ここで，子どもの行動とそのトラッキングの例をあげます。（　）の中の言葉は，指示代名詞が指す内容をわかりやすくするために入れたものであり，子どもに直接言う言葉ではありません。

▶**10歳のカイが車を建物に衝突させて「ドカーン」という音を口にしている**

- 子どもに注目：「カイ君は，これ（車）をそっち（建物）にやってるのね」
- おもちゃに注目：「これ（車），そっちのところ（建物）にドカーンて行ってるのね」
- もう一つのおもちゃに注目：「これ（建物）が，それ（車）にドカーンてされてるのね」
- 悪い言い方：「車がその建物に衝突してるんだね」（車は人・爆弾・宇宙人かも。建物は他の人・ケーキ・そもそもそこには何もないのかも。この遊びは，爆弾がケーキに入れられる・宇宙人が跡形もなく消えるところかも。）

▶**6歳のハナがPThに向かってワニのぬいぐるみの口を大きく開けて，「ぐるる〜」とうなっている**

- 子どもに注目：「ハナちゃんは，それ（ワニ）をぐるる〜ってさせて（ハナと同じ音を出す），こんなふうに（手で，ワニが大口を開ける真似をする）してるのね」
- おもちゃに注目：「それがこんなふうにぐるる〜って言って（ハナと同じうなり声を出す），こうしてるのね（手で，ワニが大口を開ける真似をする）」
- 悪い言い方：「そのワニはうなって，先生に噛みつこうとしてるのね」（そのワニは丸太・ヘリコプター・スプーンかも。うなり声は宇宙人がPThの名前を尋ねている・ガソリンが切れかけているトラックの音・風の音かも。もしワニだとしても，そのワニは口を手のようにしてPThを抱擁しようと来ている・噛みつこうなんて思わずに親しく笑いかけている・何か言っているのかも。）

▶**9歳のミノルが頭を左に傾けて，無言でおもちゃをじーっと見つめている**

- 子どもに注目：「ミノル君はそこのもの（おもちゃ）を見ているのね」

第7章　トラッキング：行動の言語化　95

- 悪い言い方：「今日は何で遊ぶ？」（ミノルは遊びたくない・最初に何をしようか真剣に考えている・銅像ごっこをしているのかも。子どもが自分でそうしようとして動かない時は，無理に子どもを遊ばせない。）

▶11歳のアミが PTh に消しゴムを手渡し，「先生これね。私はこっち」と言いながら，牛乳パックをバッターのように持って打つ構えをしている

- 子どもに注目：「これ（消しゴム）を私にくれて，アミちゃんはこうする準備ができてるのね（バッターの構えをしながら）」
- 悪い言い方：「先生がこの消しゴムを投げて，アミちゃんが牛乳パックで打つのね」（「消しゴムと牛乳パック」ではなく「ボールとバット」・消しゴムは投球，牛乳パックも打つことに関係ないのかも。アミは投げるようには指示しておらず，投げる・打つ遊びをするつもりがないのかも。）

＊アクティビティ

Ａ．トラッキングをしてみる

　以下の状況をトラッキングしてみましょう。反応を他の PTh と話し合って下さい。
- テツ（4歳）が片足跳びをしている。
- トモ（12歳）がブロックを一列に並べ，ボールでそれを倒している。
- サヤ（5歳）が聴診器を車やうさぎ，フォークにあてている。
- マル（11歳）が床に座って，PTh に微笑んでいる。
- ケイ（9歳）が自分の頭に王冠を載せ，PTh の頭に帽子をかぶせる。
- タツ（10歳）が「僕のママとパパ」と言っていた人形に向かって大声で怒鳴る。

Ｂ．トラッキングのロールプレイ

①トラッキングを使ったロールプレイをしましょう。ペアになり，相手に子どもになりきって遊んでもらい，トラッキングをしてみます。体験したことを，PTh と子ども，両方の視点から話し合いましょう。

②役割を交換します。子どもになって，PTh にトラッキングをしてもらうのがどのような体験かを味わってみましょう。体験したことを，PTh と子ども，両方の視点から話し合いましょう。

③子どもとトラッキングの練習をしましょう。心理療法を受けていない子どもと行います。他の人に観察してもらえるならば，子どもがトラッキングにどう反応したか書き留めてもらいましょう。自分の体験と子どもの反応を振り返ります。観察してもらったのであれば感想を尋ね，体験について話し合いましょう。子どもに感想を聞くことができるのであれば，聞いてみましょう。

④可能であれば，ロールプレイを録画し，見てみましょう。

- トラッキングを書き留めます。それは適切でしたか？ もしそうでないなら，かわりにどのような伝え方ができたでしょうか？ トラッキングは何に注目したものでしたか？ それは自分が注目すべきと考えたものでしたか？ なぜそうすべきと考えたのですか？ なぜそうすべきでないと考えたのですか？
- トラッキングができたはずなのに，しなかった時のことを書き留めてみましょう。どのように言うことができたでしょうか？ なぜそのように言おうと思ったのですか？ なぜ初めはトラッキングをしなかったのだと思いますか？
- 子ども役はトラッキングに反応しましたか？ その反応はどのようなものですか？ その反応は意図していたものと一致していましたか？ そうであってもそうでなくても，それはなぜですか？

C. 振り返ってみよう

- トラッキングで上手にできたのは，どのようなところでしたか？
- トラッキングをしていて，どのようなところが難しいと感じましたか？
- トラッキングの技術を磨くために，今できていて続けていきたいことと，今後もっとできることはどのようなことですか？
- 子どもとおもちゃのどちらかに偏ってトラッキングする傾向がありましたか？ それはなぜだと思いますか？
- それぞれの具体的な状況で，子どもかおもちゃのどちらにトラッキングをするかを意識して区別し，決定できるようになるために，今後どのように進めていきますか？

第7章 トラッキング：行動の言語化 97

第8章

内容の伝え返し
──プレイセラピーの応答における基本技法②

I 内容の伝え返しの基本

1… 本気で聞いていると感じてもらう

　内容の伝え返し（restating）は，子どもの言った通りの内容を，言葉の一部を少し変えて繰り返します。犬のおもちゃを抱いて「この犬，先生の手に嚙みつこうとしてるよ」と言った場合には，「この犬は私の手に嚙みつこうとしてるのね」と返します。内容の伝え返しも子どもと関係性を築く方法の一つで，子どももそれによって，PThが自分の言っていることを聞き，伝えたい内容を理解してくれたとわかります。自分が表現しようとしていることを大人に本気で聞いてもらった経験が少ない子どもにとって，本気で聞いてくれて，理解したことを伝え返してくれる大人がいるということは，素晴らしい驚きの体験となりうるのです。

　さらに，伝え返しを聞くことによって，自分の言った内容を耳にし，メッセージを聞く機会が得られます。自分のものの見方を確認し，自分をはっきり理解する手助けとなり，新しい気持ちや考えがわいてきて，それが遊びを通してさらに表現され，治療が進んでいきます。

　内容の伝え返しは子どもの発言を映し出す鏡のようなもので，余分な解釈やコメントを入れず，教育的なほのめかしを加えず，子どもの発言とそっくり置き換えできるものです。初めのうちは発言を伝え返されると──特に，子どもの使った言葉そのままで伝え返した場合や，子どもの発音した通りの抑揚で伝え返した場合には──からかわれているのかと思って否定的な，あるいは訝し

98

げな反応をする子もいます。「変な話し方をする」「バカみたい」と言ったり，遊びではなくて内容の伝え返しに意識が集中してしまったり，ということがあるかもしれません。こうした子どもの否定的な反応を減らすためには，効果的なやり方で，"PThは完全にその子のためにそこにいるのだ"ということを伝えることです。プレイセラピーの関係性の中で安心・安全を感じ，治療プロセスを促進させることです。

　子どもが言った内容や言い方をそのままオウム返しにはしません。子どもが言葉にしたことを同じ意味をもつ別の言葉で言い換える，そのメッセージがどのように聞こえたかを忠実に表すような抑揚で言い換えることで，PThはその子が表現していることをしっかり聞き，理解したということが伝わります。同じ意味のことを違う表現で言うことができるということは，そのメッセージがPThにとってその含意を考えるだけの重要性をもっていたのだ，ということを知らせ，ただ口真似してからかっているのではないと示すことになります。自分の抑揚を使うことは，その子の言ったことを言い換えているのであって，ふざけてその子の声色を真似ているわけではない，ということを伝えることになります。この時に子どもの言動を正確，かつ，真意をくみ取った言葉と抑揚を「訳す」時は，自分の解釈や感情的な色合いを加えないよう気をつけて下さい。

　PThの声のトーンや表情は，感情に裏付けられた，意味をもつ潜在的なメッセージを伝えます。その子といる時だけ赤ちゃん言葉や高い調子の声を使うことは，その子のことを"普通の"やりとりは理解できない子として見ている，ということを表すことになります。抑揚のない一本調子の声は，子どもの言っていることに興味がないと表明していることになります。子どもに話しかける時には，いつも他の人との会話で話すのと同じように話し，言葉遣いや振舞いの"レベルを下げる"ことはしません。

　ここで，発達の重要性を思い出された方もいらっしゃることでしょう。子どもの年齢にふさわしい言葉を使い，理解を超えた言葉を使って子どもが聞いてもらえていないと感じ，見下されたように思わないように気をつけます。理解できるかどうか定かでない時には，理解するとわかっている言葉を使います。

2… 子どもの方法に合わせた内容の伝え返し

　子どもは自分の気持ち・考え・空想・希望・経験を，「直接自分について」

「おもちゃについて」「おもちゃを介して」語るという3種類の方法で言語化するので，その方法に合った伝え返しをすることが重要です。

「直接自分について」語る言語化というのは，子どもが一人称代名詞を使って自分のことについて表現した言葉のことで，内容の伝え返しも直接その子についてします。ケイ（10歳）が「お母さんが，誕生日会に呼びたい人は誰でも呼んでいいよって言ったのにね，たった3人しか呼ばせてもらえなかったの」と言ったなら，「お母さんが誕生日会して誰でも招待していいって約束してくれたのに，3人しか認められなかったのね」と言います。

「おもちゃについて」語る言語化というのは，おもちゃがする，考える，感じる，おもちゃに起こる出来事について子どもが語ることで，「こいつは」とか「この鳥が」「ケン君が」などとおもちゃを主語にして語られるので，伝え返しもおもちゃについてします。二つの人形に対して「この女の子のママが，誕生日会をして呼びたい人誰でも招待していいよって言ったの。でも，3人しか呼ばせてもらえなかったの」と言ったら，そのおもちゃについて「このママは，この女の子に，誕生日会をして呼びたい人誰でも招待していいよって言ったのに，3人しか呼ばせてもらえなかったのね」と返します。

「おもちゃを介した」言語化というのは，おもちゃによって語られる言葉のことで，直接自分について語る時と同じ一人称代名詞が用いられますが，それは“おもちゃが喋っている”のであって，その子自身ではありません。内容の伝え返しはそのおもちゃに向かってなされます。人形が「ママが誕生日会して好きな人誰でも招待していいよっていったのに，3人しか呼ばせてもらえなかったの」，と言ったのに対して，その人形に向かって「あなたのママは誕生日会に呼びたい人誰でも招待していいよっていったのに，3人しか認められなかったのね」と返します。

子どもに直接伝え返す時には，子どもを見ましょう。おもちゃについて伝え返しをする時には，子どもを見ながら，話しているおもちゃを指差すといいでしょう。おもちゃを介して伝え返しをする時には，そのおもちゃを見て，そのおもちゃに直接伝え返しをしながらも，子どもの反応を観察し続けます。

3… どこに力点を置いて内容の伝え返しをするか

子どもの発言のどこに注目して力点を置き，それをどのように伝え返すか

は，たとえ意図していなかったとしても，その子の考えや方向性に影響を与えます。大事だと思って伝え返しに選んだことは，"PThが意味があるとみなしたもの"として受け止められ，それによって特定のテーマの遊びに専念するようになることがあります。子どもの言葉を言い換える時に，何をどうやってするかということを意識的に自覚すること，その伝え返しがどの方向に作用するだろうかということや，実際に子どもの次なる発言や行動にどのような影響を与えたかということを，押さえておくことが重要です。

　先の例で，母親がその子との約束を破ったという点に力点を置きたければ，「ママはたくさん人を呼んで誕生会をするって約束したのに，ちっちゃな会だったんだね」と言うことで，母親がある約束をしてそれを破ったことに力点を置くことができます。約束を破った母親に対する子どもの反応の方に力点を置きたかったら，「ケイちゃんの誕生会に，たった3人しか呼ばせてもらえなかったのね」と言って，その子が"たった3人だけしか"呼ぶことを許されなかったことでどんなにがっかりしてるだろう，という点に注目することができます。母親の約束と子どもの期待に力点を置きたかったら，「たくさん人が来る誕生日会をしてもらう約束になってたのね」と言って，その子が約束をしてもらって，おそらくは盛大になることにワクワクしただろう当初の気持ちに光をあてることができます。

　これらの内容の伝え返しが，最初の例での伝え返しよりもずいぶん短いことにご注目下さい。通常は伝え返しをする時間が長くない方が効果的であり，子どもの遊びを促進します。あまりに長いと，子どもがそれを全部聞いて理解しようとして，遊びの流れを滞らせてしまったり，完全に止めてしまうことがあります。だからといって短縮しすぎて，子どもの発言の肝心な点をないがしろにしないよう注意しましょう。

　このように，どこに焦点を置くのかを考慮し，さらに子どもが発言する時にとる方法に応じて，誰に向かって話しかけるかを考慮した内容の伝え返しをする必要があります。以下に例をあげます。

▶ **母親が子どもとの約束を破ったことに力点を置く**
  ● おもちゃに**ついて**の伝え返し：「この女の子のママはたくさんの人がくる会を約束してたのに，ちっちゃな会だったんだね」

第8章　内容の伝え返し　**101**

- おもちゃを**介して**の伝え返し：人形に向かって「あなたのママはたくさん人がくるパーティを約束してたのに，ちっちゃなパーティだったんだね」

▶ **母親が約束を破ったことに対する子どもの反応に力点を置く**

- おもちゃに**ついて**の伝え返し：「この子のパーティにはたった 3 人しか呼ばせてもらえなかったのね」
- おもちゃを**介して**の伝え返し：人形に向かって「たった 3 人しか呼ばせてもらえなかったのね」

▶ **母親の約束と子どもの期待に力点を置く**

- おもちゃに**ついて**の伝え返し：「この女の子は大きなパーティをしてもらう約束になってたのね」
- おもちゃを**介して**の伝え返し：人形に向かって「大きなパーティをしてもらう約束になってたのね」

4 … 声のトーンや表情を合わせる

内容の伝え返しをする時にも，声のトーンや表情を子どものそれと合わせます。自分の発言やその発言に対する自分の反応，その反応の表現を信頼できるようになるために，言葉にされたことを正確に，言葉上や意味の上だけでなくその言葉の奥にある気持ちについても，伝え返します。子どもが自分に起きたことについて話しながら怒っているのなら，伝え返しを怒った声のトーンと表情で言うことで，子どもに，「ちゃんと自分を表現できたこと，メッセージがしっかり通じたこと」を伝えることになります。同じ状況で同じ発言を，平坦だったり楽しげな声の調子や表情で言ったなら，子どもは自分の言いたいことを伝える能力に自信をなくしたり，話した内容に対してわいてきた自分の気持ちに不信感をもったり，PTh の誠実さや子どもを理解する能力に疑念を抱いたりするかもしれません。

怯えた声や顔色で「昨日，おばあちゃんのお見舞いに行ったら，おばあちゃん個室にいたの」と子どもが言った時，その奥にある気持ちを伝える子どもの声のトーンや表情に注目して，適切に伝え返しすることが大切です。「おばあちゃんは病室で一人ぼっちだったのね」と怯えた声や表情で言います。同じ伝え返しの言葉を浮かれて，腹立たしげに，もしくは退屈そうに言えば，不適切な伝え返しとなります。「おばあちゃんは自分専用の病室にいたのね！」と興奮

102　第Ⅱ部　プレイセラピーの技法とすすめ方

気味に伝えることも不適切です。ここで注目してほしいのは，言葉にされたことと声のトーンや表情の両方を通して伝わってきた子どもの心の中のメッセージは，おばあちゃんが一人で怖くて心細いのではないか（その子自身の恐れを反映したもの）ということです。

5 … 内容の伝え返しへの反応を観察する

内容の伝え返しに対する子どもの反応を，随時よく観察しましょう。表現しようとしていることをよりよく理解することができ，より的確な伝え返しをすることができるでしょう。伝え返しに対する反応は，直接的あるいは間接的で遠回しな言葉による反応や非言語的な反応であり，PTh の的確／的外れな伝え返しどちらの場合にも起こります。的確な伝え返しに対する直接的な言葉による反応は，「ピンポーン！」「あたり！」とか「その通り！」，的外れな伝え返しに対する直接的な言葉による反応は，「なんのこと言ってるの？」「ちが〜〜う！」「そんなこと言ってないよ」などです。

遠回しな言葉での反応というのは，PTh の理解については触れずに，伝え返しに同意／訂正する場合です。的確な伝え返しに対する遠回しな言葉による反応は，（子ども）「これで 5 回プレイセラピーに来たよ」（PTh）「プレイセラピーにたくさん通って来たのね」（子ども）「ディズニーランドに行った回数よりずっと多いよ」。的外れな伝え返しに対する遠回しな言葉による反応は，（子ども）「これで 5 回プレイセラピーに来たよ」（PTh）「プレイセラピーにたくさん通って来たのね」（子ども）「まだたった 5 回しかきてないよ」。

直接的で非言語的な反応は，伝え返しをどう感じて，どう思ったかが目で見てはっきりわかりやすい態度やそぶりで，的確な伝え返しに対する反応は，頷く，微笑む，嬉しそうな驚きの表情を浮かべるなどです。的外れな伝え返しに対する直接的で非言語的な反応は，首を傾げる，口をとがらせる，首を横に振る，嫌な顔をする，眉をひそめる，などです。

間接的で非言語的な反応は，かすかで捉えがたく，目につきにくくてはっきりしないものです。このタイプの反応の仕方は，反応の責任を負わずにすむ安全な方法で，自分の反応を自覚している場合も，していない場合もありますが，たいていは，意図してではなく無意識のうちに反応しています。的確な伝え返しに対する間接的で非言語的な反応は，PTh に向き合うように身体を動か

す，PThのそばでおもちゃを使ったり遊んだりするようになる，おもちゃや自分の位置をPThからもっと見やすいようにする，遊びがより深まる，などです。的外れな伝え返しに対する間接的で非言語的な反応は，遊びのパターンを変える，PThの視界を遮って遊びをみられないようにする，遊びの流れを止める，わずかにPThから離れる，などです。

　伝え返しへの反応を見ることで，伝え返しそのものに対する子どもの考えや感情の情報が得られ，日ごろの生活環境の中で，人にどう反応し，どうやりとりし，どう自分を主張しているのか，ということを明確に把握することもできるのです。これらすべてのことがアセスメントを更新することに役立ちます。

Ⅱ 伝え返しの具体例

　下記の例は考えうる多くの選択肢の中のごく一部でしかありません。自分だったらそれぞれの状況でどのように言うか考えてみて下さい。

▶ **カコ（9歳）「パパとママはよく怒鳴りあってるの。私のことが嫌いだから喧嘩してるんだよ」**

　カコは直接自分について話している。伝え返しは直接カコに向かって行う。

- 親の喧嘩に注目：「パパとママが喧嘩するのね」
- 親の喧嘩とカコが自分を原因と思っていることに注目：「パパとママがよく喧嘩してて，それはカコちゃんのことが嫌いだからなのね」
- 親が自分を嫌っているというカコの考えに注目：「ママとパパがカコちゃんを嫌ってるのね」
- 悪い例：「親がときどき仲が悪くなるのね。でも，それはカコちゃんを嫌いだからじゃないと思うよ」（カコは，「よく」と言っているのに，「ときどき」と和らげている。カコは「怒鳴りあう」と言っているのに，「仲が悪くなる」と控えめな言い方にしている。親が自分を嫌っているのではないかというカコの心配を否定している。PThは自分の意見を言っている。）

▶ **マキ（8歳）「じゃあ，先生が女の子になるのね，私がその子のパパになるから。そこで寝て，私を待っててね」**

　マキは直接PThに話しかけている。伝え返しは直接マキにする。

- マキと PTh の役割に注目：「先生が女の子で，マキちゃんが私のパパね」
- マキが PTh にしてほしいことに注目：「私にそこで寝て，待っててほしいのね」
- 悪い例：「じゃあ，先生がマキちゃんになって，マキちゃんがマキちゃんのパパになって，パパがマキちゃんにするみたいに先生にあれこれ指図するのね」（役割の説明は不必要。役割が実生活で起きていることだというのは早まった解釈。マキは「PTh にあれこれ指図している」のではなく，ただ場面設定を説明しているだけかも。）

▶ **ケン（5歳）は大きなワニのぬいぐるみにおもちゃの聴診器をあてて「病気じゃないって確かめてる間，じっとしてるんだよ」と言い，心配そうにしている**

　ケンはおもちゃに向かって話している。伝え返しはケンがとっている役割を介して直接ケンにするか，おもちゃを介して行う。

- ケンの行動に注目：「ケン君はそれが大丈夫か確かめているんだね」（ワニを指差しながら言う。声のトーンと表情は心配そうに。）
- おもちゃに注目：「ケン君が調べている間，じっとしてなくちゃね」（ワニに言う。ワニを見て，「ケン君が」という時にケンを指差す。声と表情は心配そうに。）
- 悪い例：「ケン君はそのワニを良くしようとしているお医者さんなのね」（ケンは医者ではなくて，看護師や父親，友達かも。ワニは他の何かか誰か，ワニではないかも。ケンはワニが病気でないかを確かめてはいるが，良くしようとしていると言ってはない。）

▶ **アコ（7歳）が悲しそうに両手の中でボールを前後に転がしながら，「このボールは学校も学校のみんなも大嫌いなの。だってみんなやなヤツだから」**

　アコはおもちゃについて話している。伝え返しはおもちゃについて行う。

- 学校とそこの人に対するそのおもちゃの“気持ち”に注目：「学校にいるみんなやなヤツで，このボールはそこに行くのが嫌なのね」（声のトーンと表情は悲しそうに。）
- 学校に対するそのおもちゃの“気持ち”に注目：「そのボールは学校が大嫌いなのね」（声のトーンと表情は悲しそうに。）
- 学校にいる人に対するおもちゃの“気持ち”に注目：「そのボールは学校の皆はやなヤツだって思ってるのね」（声のトーンと表情は悲しそうに。）

第8章　内容の伝え返し　105

●悪い例：「じゃあ，アコちゃんは学校の皆がやなヤツって思っているの？」

（アコはボールの気持ちを話しているのであって，自分の気持ちを話しているのではない。質問は必要な時だけで，ここでは不必要なので疑問文で終わらせない。）

＊アクティビティ

A．伝え返しをしてみる

　子どもの発言を伝え返ししてみましょう。それぞれの発言について，さまざまな注目点を考慮して，三つ以上は考えて下さい。自分の声のトーンや表情を子どものものと合わせること，誰に対して伝え返しをすべきかという点を忘れないようにして下さい。

- タクミ（5歳）：「がお〜！　なんでも食べちゃうぞ〜！」
- シホ（7歳）：「ママがね，パパは他の男たちと同じ最低男で，私も嫌いにならなくちゃいけないって言うの」
- ジュン（6歳）：ブロックを前に後ろに動かしながらワクワクした表情で「ブーン，ブーン。オレたち車はすっげー楽しい時間を過ごすんだぜ！」
- ワタル（11歳）：驚きの表情を浮かべて「うぇ〜。こんなガキや女っぽいおもちゃじゃ遊べねぇよー」
- カヨ（12歳）：悲しそうに「この小さな女の子の人形，すごくブサイクで私みたい」
- カンタ（8歳）：自信をもって叫んで「ジャジャーン！　超すごいオレさまが助けにきたぞ！」

やってみた応答について他の人と話し合いましょう。

B．伝え返しのロールプレイ

①伝え返しのロールプレイをしましょう。ペアになり，相手に子どもになりきって遊んでもらい，伝え返しをしてみます。体験したことを，PThと子ども，両方の視点から話し合いましょう。

②役割を交換します。子どもがPThに自分の発言を伝え返してもらった時にどのような体験をするか味わいましょう。体験したことを，PThと子ども，両方の視点から話し合いましょう。

③子どもと伝え返しの練習をしましょう。心理療法を受けていない子どもと行います。他の人に観察してもらえるならば，子どもが伝え返しにど

106　第Ⅱ部　プレイセラピーの技法とすすめ方

う反応したか書き留めてもらいましょう。自分の体験と子どもの反応について振り返ります。観察してもらったのであれば感想を尋ね，体験について話し合いましょう。子どもに感想を聞くことができるのであれば，聞いてみましょう。

④可能であれば，ロールプレイを録画し，見てみましょう。

- 伝え返しを書き留めます。それは適切でしたか？　もしそうでないなら，かわりにどのように言えるでしょうか？　伝え返しは何に注目したものでしたか？　注目するべきだと思うものですか？　その理由は？
- 伝え返しができたはずなのに，しなかった時のことを書き留めてみましょう。どのように言うことができたでしょうか？　それを言おうと決めた根拠は何ですか？　どうして初めは伝え返しをしなかったのだと思いますか？
- 子ども役は伝え返しの言葉に反応しましたか？　その反応はどういうものでしたか？　その反応は意図したものと一致していましたか？　そうだった時とそうでなかった時，それはなぜでしょうか？
- 声のトーンや顔の表情はどうでしたか？　それは子どものものと一致していましたか？　そうであってもなくても，それはなぜでしょうか？

C. 振り返ってみよう

- 内容を伝え返すにあたって，うまくできたところ，難しいと感じたところはどのようなところですか？
- 伝え返しの技術を磨くために，今できていて続けていきたいことと，今後もっとできることはどのようなことですか？
- 伝え返しをしていて最も注目している話題は何でしたか？　それはなぜだと思いますか？
- 伝え返しをしなかった話題はどのようなことですか？　それはなぜだと思いますか？
- それぞれの具体的な状況で，どこに重点を置くかを意識的に区別し，決断できるようになるために，今後どのように進めていきますか？
- 自分の声のトーンや表情を，子どものものと合わせられましたか？　どれがやりやすくて，どれがやりづらかったですか？　それはなぜだと思いますか？

第 8 章　内容の伝え返し　107

第9章

感情の反射
──プレイセラピーの応答における基本技法③

Ⅰ 感情の反射の基本

　感情の反射（reflecting）は，トラッキング，内容の伝え返しと比べると，最も難しく，何よりも重要なものです。子どもの感情を認めて受け入れ，言葉でそれを伝え返します。子どもがため息をつきながら「昨日，パパが遊ぶって言ってたのに，忙しくなっちゃったんだ」と言ったら，「パパが遊ぶって言ってたのに遊ばなかったから，がっかりしてるのね」と，がっかりした気持ちを映し返します。子どもの気持ちや欲求を理解し，起きている感情を認め，受け入れていることが示されます。どのような感情を表現しているのか"心底耳を傾け"られると，子どもは自分が興味をもたれ，理解される"価値のある"存在だと感じます。そう感じると，自分の感情に耳を傾け，認め，受け入れ，興味をもち，理解し始めるのです。ある感情を表現しているのにそれが気づかれないと，子どもは，その気持ちを感じ，表現することはよくないことなのだ，受け入れられないことなのだと思い込んだり，その気持ちや自分自身は大事ではないのだと考えるでしょう。

　感情を反射されることを通して，子どもは自分の気持ちを言葉で伝える方法を学びます。まださまざまな感情の微妙な色合いを表現する力が拙いので，反射を手がかりにして感情の新しい言葉を理解し，試しに使ってみて，自分の気持ちを表す語彙が豊かになるのです。

　また，ある感情を表現している時にそれが言葉で反射されると，体験している感情の身体感覚が感情の言葉と結びつきます。人は，胸がうずく，お腹が温かい，涙があふれる，膝が震える，などのように，身体感覚とともに感情を体

験します。自分の身体感覚と感情的な気持ちのつながりについて意識と理解を深め，この身体の感覚が今感じてる気持ちのものなのだ，とだんだんわかってくるのです。

反射は行動と気持ちのつながりも促進します。子どもは必ずしも，今していることが自分の感じているこの感情のせいなのだと，自然に認識するわけではありません（悲しいから泣く，頭にきたからきょうだいを叩く，怖かったから叫ぶ，というように）。観察した行動を言語化する流れの中で感情を反射すると，子どもの頭の中で行動と気持ちがつながります。

反射されることで感情をリアルに実感できるようにもなります。とりわけそれが必要なのは，気持ちを否定・無視する家庭や，混乱した方法で感情表現する家庭，気持ちについて率直に話し合わない家庭，ASD や感情に影響を与える脳の障害，ADHD などさまざまな理由で感情を理解するのが難しい子どもです。

感情を反射する時子どもに伝えているのは，①ある感情をまさに表現していること（それに伴う行動と共に），②自分が表現している感情を実際に感じていること（何らかの感情をもっていることを認める），③その気持ちを感じ，それを表現していることがわかるし，認めていること（その子の感情表現を取り合う），④感情とそれを表現していることを受け入れていること（PTh はその感情を否定したり，変えようとはしないが，必ずしも感情表現の方法を受け入れるとは限らない。感情表現の方法は適切なこともあれば不適切なこともある。10章参照），⑤感情と体験，行動を言葉にすることによってつなげ，その感情を表す言葉を伝えること（出来事，それへの感情反応，行動反応は一連となっている），です。

子どもは情緒にまつわる概念を学んでいる最中なので，自分の感情に気づき，理解する技術はまだまだ発達途上です。感情の反射は，自分の体験している感情を理解するのを助け，自分の感情への気づきと理解を深めます。このかけがえのない体験によって，子どもは情緒的な問題を克服することが可能になります。これがなくてはプレイセラピーではないですよね?!

Ⅱ 感情の反射の方法

子どもは，たとえ言葉で的確に表現できなくとも，感情をもっています。幼

い子どもほど，抽象的な言葉による論理的思考の技術を使う能力が十分発達していないので，自分の感じた気持ちを言葉と言葉によらない方法を組み合わせて伝えようとし，言語能力が未発達な子どもほど非言語的な表現の割合は高くなります。声のトーン，表情，姿勢，行為，遊び，反応などは，子どもが自分の感情表現に使う非言語的な手段です。その子が言葉で伝えたことだけではなく，さまざまな方法で表現された感情について感情の反射はなされます。タロウがニコニコ笑みを浮かべて，ぴょんぴょん跳びはねていたら，ワクワクしているんだろうなと推測して，「タロウ君，今とってもワクワクしてるみたいだね」と反射します。

　感情の表現の仕方もさまざまなら，それらを反射するやり方もさまざまです。これは使いこなせるまでに熟達すべき技術なので，この関わり方における専門技術を身につけるためには，感情の反射をいつ・どこで・誰が・何を・どのようにするのか，を知っておくことが大いに役に立ち，また欠かせないことです。

　子どもが感じ，表現している感情を認め，受け入れることは極めて重要で，別の感情をもつよう言い聞かせたり，ある感情が不適切であると思わせたりは絶対にしません。子どもを含むすべての人は，感情をもっており，それをあるがままに体験する自由があります。子どもを尊重していることが伝わるのは，その子が自然な感情を味わえるようにする場合のみです。たとえその子が感じていることに同感しない時でも（虐待的な親を大事に思う），子どもが感じている気持ちの強さの妥当性に疑問がある時でも（髪型が決まらないからとひどく打ちのめされている），PTh 自身が特定の感情に個人的問題を抱えていても（子ども時代に親の憤怒を経験したことで，怒りを表現することに恐れをもっている），子どもにこう感じるべきだとか，どれくらい強く感じるべきだなどと言うことや，ある感情をもったり表現しないよう仕向ける権利もなく，そうすることは非治療的です。その感情の表現方法を適切なものへと変えることは手助けします。

　感情の反射では，表現された感情が言葉になって子どもに返され，疑問文ではなく平叙文で伝えられます。子どもがどう感じているかはっきりしない場合や，なぜそのように感じるのか同意できない場合でも，子どもに説明を求めません。質問は，その子が感情表現を通して取り組んでいる治療的な作業から注

意をそらせてしまいます。子どもは質問されると、混乱したりイライラしたりするだけでなく、認知的かつ意識的な精神状態に戻されてしまい、情緒的かつ無意識的な精神状態から遠ざけられてしまいます。この種の質問はたいていPThの好奇心を満たすか不安を軽減するだけで、子どもにとっては助けにならず、治療的な関わりでもありません。

いつでも肯定的・否定的な感情の両方を反射します。肯定的・否定的感情の片方だけに注目すると、反射されなかった方の感情は感じることを受け入れられないのだと子どもに伝えることになります。どのような気持ちであれ、あらゆる感情を子どもが体験できるような安全な環境を提供します。適切・不適切な感情表現はありますが、体験している**あらゆる**感情自体はすべて受け入れられるものです。

Ⅲ 何を反射するか

1… 子どものさまざまな表現から感情を読み取る

感情表現となりうるすべてのこと——言葉、表情、振舞い、態度、しぐさ、話し方などに注目します。子どもは自分の感情を直接言葉にしたり、間接的な表現方法を用いたりと、さまざまな方法で表現します。効果的に感情を反射するためには、感情表現のすべてのやり方を意識的に見つけ出すことができなければなりません。

直接言葉にする方法は最も素直でわかりやすく、反射も同じく率直でわかりやすいものになります。鏡のように、言葉にされた感情を返します。「明日のサッカーの試合が心配だな」は、「明日のサッカーの試合が心配なのね」と反射します。反射すべき感情表現の中では最も簡単なタイプですが、このように素直に感情を表現することは極めて稀なことでもあります。常日頃気持ちを言葉で表すのが自然な家庭で育っていたり、以前にプレイセラピーを受けていたのでなければ、プレイセラピーを通してこの種の表現になじみ、慣れてくるまでは、こうした直接的な感情表現は通常みられません。

間接的な感情表現はより広く用いられますが、認識しづらいものであり、感情を表現する際に発する間接的なサインを読み取り、反射できることが重要で

第9章 感情の反射 111

す。間接的な表現には 3 種類あります。①表情や身振りの非言語的な感情表現，②遊びのテーマやパターンの中に出てくる感情表現，③発言に隠されている感情表現，です。

　この三つの間接的な感情表現のうち，①が最もわかりやすいでしょう。観察したことを反射するには，言葉での感情表現の時と同じように行います。非言語的な表現が一目瞭然の子もいるので，反射は初回面接から行われます。ヒロの目が細くなり，口角が下がり，身体がこわばった時には，怒っているのかもしれないので，「ヒロちゃん，怒ってるように見えるね」と反射します。

　また一方で，心に留めなければいけないのは，子どもの個人的な傾向や文化的期待を考慮に入れなければ，非言語的な感情表現は誤解しやすいということです。表情や姿勢，声のトーンや抑揚，PTh との距離の近さや話す速さなど，さまざまなやり方でなされる非言語的な感情表現を観察しなければならないだけでなく，家族や文化的背景によってどのような感情表現がなされるかも理解しておく必要があります。先ほどのヒロの例で，ヒロを含む家族全員が興奮を抑制しようとする時に目を細め，しかめ面をして身体をこわばらせる癖があるなら，「ヒロちゃんワクワクしてるのね」と反射します。

　②のように遊びの中にはテーマやパターンがあり，そのセッション（あるいは複数回にわたるセッション）の情緒的な雰囲気をかもし出します。二人の子どもが戦争場面のごっこ遊びをするところを考えてみます。一人は人々が戦い，互いに殺しあう様子を演じ，もう一人は皆を助け，救う人々を登場させています。最初の子どもは怒りと恐怖，後者はほっとする気持ちと支えられてる感覚をもっている可能性があります。最初の子どもには「みんな怒って，怖がっているね」，後者には「みんなほっとして，支えられてる感じがしてるんだね」と反射します。

　③の，発言に気持ちが隠されている表現法はとても繊細なので，注意を払っていないと大変見抜きにくいものです。同じ発言でも，それに伴う非言語的な表現によって，暗に含まれた感情は異なります。子どもが「今日も45分間なの？」と笑顔で目を輝かせて言った場合，その発言はワクワク感からくるものでしょう。一方で，同じことをしかめ面でとげとげしい声で言ったのなら，怒りの表現かもしれません。前者の子どもには「この時間が楽しみなのね」，後者には「ここにいたくないのね」と反射できます。直接的に自分の感情を表現す

112　第Ⅱ部　プレイセラピーの技法とすすめ方

る準備ができていない時は，反射した感情を素直に認めないこともあります。

2… 今ある感情と感情のパターンを反射する

今その時の感情を表現している場合と，同じ状況で同じパターンの感情が生じている場合とがあります。ドールハウスを準備しながら笑顔で鼻歌を歌っていたら，その感情は今回限りの感情と思われるので「今，嬉しいのね」と反射します。何週にもわたって同じ遊びをするたびに同じ振舞いを見せたら，「それ（ドールハウスを指す）を準備する時にはいつも嬉しそうね」と反射することができます。そのセッション内の情緒的なパターン，複数のセッションにわたる情緒的なパターンを反射することもできます。あるセッションの中で何かを準備するたびに鼻歌交じりで微笑んでいるとしたら，「今日は何かを準備する時に，嬉しくなるのね」とそのセッションでみられたパターンに言及して反射することができます。

3… おもちゃを使った感情表現を反射する

人形など感情をもっていそうなものから，通常は感情をもっているとみなされないようなレゴ，刀，家やボールまで，使うすべてのおもちゃを介して表現されるさまざまな感情を反射する必要があります。おもちゃに返すことも（おもちゃに向かって「嬉しそうね」），直接その子に向けておもちゃについて返すことも（「カバさんが嬉しそうにしてるね」）できます。おもちゃに反射した方が居心地がよさそうな子と直接の方がしっくりくる子，どちらでもかまわない子がいます。反射のやり方のせいで子どもに防衛させることなく，反射された内容を聞いてもらえるように，いつでも子どもの反応をよく観察・確認します。

おもちゃを介した表現への反射は，おもちゃを使わずに表現した時と同じやり方で行います。おもちゃの場合も，直接的な表現と前述の①〜③，3種類の間接的な表現とがあります。

おもちゃに直接的に感情を表現させている場合，そのままその気持ちを反射します。シズ（6歳）がニコニコしながら飛行機を持って部屋中を飛ばして回り，「飛んでるの最高な気分！」はその飛行機に反射して「飛んでるの最高な気分なのね」や，シズに向かっておもちゃについて「それ（飛行機を指差す）は飛んでて最高な気分なのね」と言うこともできます。

第9章 感情の反射　113

おもちゃに間接的に感情を表現させている場合，子どもの表情や動き，声の質などの他，おもちゃの動きやそのおもちゃの発言の中に隠されたほのめかしを通じて非言語的に表現されます。以下，間接的な感情表現の①〜③に沿った形で，例をあげます。

①おもちゃの顔つきは子どものようには変化しないので，その子自身の表情や声のトーンとおもちゃの動きや行動が頼りとなります。女の子の人形で男の子の人形をぶって，男の子の人形が泣き出したという状況であれば，直接「その子（男の子を指す）はその子（女の子を指す）にぶたれて悲しいのね」や，男の子の人形に向かって「その子（女の子を指す）にぶたれたから悲しいのね」や，女の子の人形に向かって「その子（男の子を指す）はあなたがぶったから悲しいのね」と言うことができます。

②遊びの流れの中でおもちゃに感情を表現させている場合，そのおもちゃが示した情緒的な色合いを反射します。ゾウが他の動物を見るたびにがたがた震えて逃げ出し，怖がっているように見えたら，子どもに向かって「それ（ゾウを指す）はいつも他のみんなを怖がってるね」や，ゾウに向かって「あなたはいつも他のみんな（他のぬいぐるみを指す）を怖がってるね」と反射します。

③おもちゃの発言の中にある感情が隠れている場合，おもちゃの発言の奥に込められた感情を反射します。そのおもちゃに何をどのように言わせているのかよく観察し，内在する感情に気づくようにします。赤ペンが青ペンに「よくやったね！」と歌うような声で言って，子どもが目を輝かせている場合，その赤ペンは青ペンのことを誇らしく思っているのでしょうから，赤ペンに向かって「あなたはあれ（青ペンを指す）を誇らしく思ってるのね」や，青ペンに向かって「それ（赤ペンを指す）はあなたのこと誇らしく思ってるわ」や，子どもに向かって「それ（赤ペンを指す）はそれ（青ペンを指す）のこと誇らしく思っているのね」と言います。

4…深く根ざした感情の反射

常に子どもが明らかに表に出している感情を認識し，受け入れると同時に，表には見えにくい，深く根ざした感情も探し出す目をもたなければなりません。人は，比較的心地よい感情を表に出す傾向がありますが，さまざまな理由

114　第Ⅱ部　プレイセラピーの技法とすすめ方

から自分にとって受け入れがたいその他の感情，例えば傷つきやすさや個人的な価値観，家族のルールなどは隠すことがあります。タクは怒りや攻撃性を表すことは大丈夫と感じていますが，悲しみや寂しさに関しては，親からの暗黙のメッセージのために，出しても大丈夫と思えないでいます。一方で，ユキは親しみや安らぎを表すのは素敵なことだと考えていますが，家族がいつもそう話して聞かせていたから，失望や自信に関してはそうは思いません。

5… 同時に表現された複数の感情の反射

複数の感情が同時に表現された場合，感情を表現している方法や気持ちの深さを考慮し，その中から一つまたはいくつかの気持ちを選んで反射します。発達的にいくつかの感情を反射されても理解できる認知的段階にいるのであれば，同時にそれらの気持ちを反射することは効果的となりえます。特に，気持ちが混在していたり，気持ちの強さがまちまちな場合にはそうです。10歳のソウが床に人形を落とし，「やーい，ざまぁみろ，落ちてらー」と言い，その人形が「いてっ！　ひどいよ！」と言った場合，ソウの他人の不幸をあざける気持ちとそのおもちゃの傷ついた気持ちを反射して，「ソウ君，その人形が落ちていい気味だと思ってるのね」と言い，「あなた（人形を指す）はソウに笑われて傷ついてるのね」と言うことができます。

同時に複数の反射をされると混乱しそうであれば，反射する感情を一つ選び，その一つの感情の反射に集中できるようにします。生まれつき脳梁がつながっていないためにさまざまな感情を区別するのが難しいシン（10歳）が，上述のソウと同じ遊びを展開した場合であれば，シンが示したバカにする気持ちか，笑われて傷ついた人形の気持ちを反射します。いずれにするかは，どちらの感情を反射した方がより効果的であるか——その子どもが表現する感情のパターンや，それぞれの感情の相対的強さ，治療のプロセスのその時点で，その子がどの感情を受け入れられそうか，ということに基づき判断します。

6… 反射か伝え返しか

感情を反射するか発言内容を伝え返しするかを選択する場面では，感情の反射か，感情の反射と発言内容の伝え返しを組み合わせて行います。低い怯えた声で「パパが来週出張に行くから，ママと二人っきりになるんだ」と言ったら，

第9章　感情の反射　115

感情を反射して「ママと二人きりになるのが怖いのね」と言うか，感情の反射
と伝え返しを組み合わせて，「パパが来週出かけて，ママと二人きりになるの
が怖いのね」と言います。気持ちが表立って明らかでなければ，言葉に含まれ
た感情を見定めるために，声のトーンをよく聞きましょう。

7 … 感情の反射に対する子どもの反応を能動的に観察する

　感情の反射に対する子どもの反応を注意深く観察することで適切なアセスメ
ントをし，その後に続く関わりを，最も治療効果が上がるものに正確に決定で
きます。PTh が反射した感情を言葉では認めず，そのかわりに，身振り言語
（顔をしかめる，にこっとする，首を傾げる，そっぽを向くなど）や遊びを通じて反
応することがあります。反射に対する反応を，あからさまに出すこともあれば
ひそかに出すこともあり，自分で直接反応することもあれば，おもちゃを介し
たり，おもちゃで反応することもあります。

　遊びを通じたわかりやすい反応があれば，たやすく観察することができま
す。例えば，指人形を床に投げる（おもちゃに何かをする），反射に関すること
を人形が PTh に言う（おもちゃが PTh に直接関心を向ける），子どもが PTh に向
かって銃を撃つ（子どもが PTh に何かをする），ブロックがブロックの塔を壊す
（おもちゃが他のおもちゃに何かする）などです。

　唐突に遊ぶのをやめる，違うタイプの遊びに切り替える，違うおもちゃや違
う場所で遊び出すことは "遊びの中断" です。これは感情の反射に対する，遊
びを通じたあからさまではない否定的な反応です。遊びの中断が起こりうるの
は，時期尚早に気持ちを反射した，あるいは反射が終始間違っている，その子
の受け入れがたいやり方で反射を行った，等の場合です。

　反射に対して，言葉と非言語的な行動を組み合わせて反応することもありま
す。その反射に対する本当の情緒的反応を理解するために，言葉での反応の中
身と非言語的な行動の強さの両方をよく観察する必要があります。いつも不在
の父親が週末に家に来るということを，ユズルが満面の笑みで "楽しい" ダン
スの振りつきで知らせています。「もうすぐパパが来るからとってもワクワク
してるのね」と反射しました。ちょっと微笑んで少し身体を揺らして「いや～，
そうでもない」と言った時には，反射は正しかったと考えられるので，「あら，
ワクワクしてるように見えたけど，先生が間違っていたのね」（初めの文を強

116　第Ⅱ部　プレイセラピーの技法とすすめ方

調，軽く子どもを挑発して，自分の気持ちを認めるかどうか確かめる）や，「おっと，ニコニコ顔と身体の動きを見てワクワクしてるんだと思ったよ」（"ニコニコ顔と身体の動き"を強調）と返します。ユズルは言葉で感情を否定しているにもかかわらず，表情や声のトーンでは非言語的に感情を認めています。

　反射に対して，怒った声のトーンやしかめ面，拳を握り締めたり，大きな声で「僕はあんなやなヤツが来るからってワクワクなんかしてないし，先生は自分で何言ってるかわかってないんだ！」と言ったとしたら，おそらく反射は正しいけれど，その子にまだ自分の気持ちを受け入れる準備ができていなかったのでしょう。それに対して，「お父さんが来るからワクワクしてるって先生が思ったから頭にきたのね」（PThは現在の"頭にきた"という感情と，その子がワクワクしていると考えた自分の"間違い"を扱っている）と返します。

　もし反射に対して，ピンとこない感じで反応し，動きを止めて普通の声のトーンで「ううん，違うよ。そう感じなくちゃいけないの？」と尋ねてきたら，PThが間違っていたのかもしれません（子どもはその発言をする前に起きた，何かいいことに対して微笑んでいた，何か楽しいことを思い出していた，新しく覚えたダンスの振り付けを練習していた，そわそわしていただけなのかもしれない）。その場合，最初の返事と同様に応じることができますが，最後の一言，「先生が間違っていたのね」を強調することでお詫びを伝えたり，二つ目の応えの「おっと」を強調することで間違えていたことを伝えられます。

　体験・表現している感情のどれを認め，どれを率直に共有・受け入れるかを子どもが決められるようにします。たとえ反射が正しいと確信がある時でも，子どもが否定・訂正するなら，それを受け入れ，子どもと言い合わないことが極めて重要です。子どもは自分の感情については自分が一番よく知っているという体験を通じて学んでいく必要があり，これを尊重し，後押しします。いつ，どのように感情を認めるかを，自分で決める選択権が与えられる必要があるのです。

8… 逆転移

　さまざまな感情を反射できるように，PThは自分の私生活の中で避けている感情，触れると居心地悪い感情に気づく必要があります。なぜならそうした感情に気づいていないと，子どものもつそれと同じ感情を認めるのが難しくなり

やすいからです。PTh が怒りを表す恐れに関して未解決であれば，子どもが適切に怒りを表している時の反応として，無意識のうちに無視，薄める，過剰反応する，そうでない時にまで自分に向けられたものと思う，自分の個人的な問題と混同する，不必要に制限を設定するなど，混乱するかもしれません。これは子どもの自己表現に対する反応として非生産的なものになります。治療に否定的な影響を及ぼさないように，セッション外で自分の逆転移をワークスルーすることが重要なのです。

Ⅳ 感情の反射で使う技術

1… できるだけ短くわかりやすく

反射は子どもが理解しやすいものにします。できるだけ短い文で曖昧さがなく，その子の発達段階にふさわしい言葉を使います。長いコメントは子どもを混乱させ，気持ちを味わうことを邪魔してしまう可能性もあります。比較的使いやすく，反射を短縮するとても効果的なテクニックは，その感情と結びついた特有の声のトーンや表情とともに，気持ちを表す言葉を口にするだけ，というものです。ユカ（8歳）が新しいおもちゃを見つけあれこれ探っていて，そこに隠れた小部屋を発見した時に，驚きの表情と興奮，思慮深い様子を見せていたら，「びっくり，ワクワク，真剣だね」と反射します。「びっくり」と言う時は驚きの表情と声のトーン，「ワクワク」と「真剣だね」と言う時も同様に期待感と真面目さを表します。この簡潔なフレーズは三つすべての感情を扱っていて，次のように長たらしくありません。「それを見ていたら，あるって知らなかった何かを見つけて，驚いたし，次にワクワクしてきて，今度は一生懸命それが何か考え出したんだね」。

2… 声のトーンと表情を合わせる

子どもが直接，あるいはおもちゃによって表現した感情への反射をする時，声のトーンと表情は子どものものと合わせます。正確に行うことで，さまざまな感情を適切な声のトーンや表情で表現するお手本にもなるため，治療的に働きます。混乱したやり方で感情を表現する家庭に育った子ども（親が怒って叱

表 9-1　感情の反射で使える感情の言葉

悔しい	寂しい	ほっとする	ずるい	信頼できる	達成感
ドキドキ	自信	大嫌い	かわいそう	すっきり	ムカつく
嬉しい驚き	ムッとする	感　謝	恥ずかしい	がっかり	価値がある
心　配	満　足	できた	ワクワク	楽しい	幸　せ
イライラ	寂しい	嬉しい	誇らしい	安　心	悲しい
驚いた	怖　い	ショック etc.			

る時に笑顔になるなど）や，障害によって適切な感情表現の方法を見分けるのが難しい子ども（アスペルガー症候群など）にとっては，特に重要なことです。リナが「わぁ。先生はいつも私がどんな気持ちかわかるのね！」と嬉しそうな驚きの表情と声のトーンで言った場合には，「先生が，リナちゃんがどんな気持ちかよくわかるから，すごい！って驚いてるのね」と，同じ程度の気持ちの高まり感をもって言います。もしリナが同じことをしかめ面で低い声で言った場合には，リナと同じ声のトーンや表情で「先生がよく，リナちゃんがどんな気持ちかわかるみたいだから，怪しいと感じてるのね」というのが適切となります。

　表 9-1 は，感情の反射で使える言葉のほんの一部です。いくらでも感情を表す言葉はありますので，レパートリーを広げるために自分で付け加えて下さい。

Ⅴ　感情の反射の具体例

以下の場面に関して，あなた自身の反射を考えてみて下さい。

▶ マコ（4歳）が鼻歌を歌いながらハートをいくつも描いて「これ楽しい」

マコは楽しい。直接的な方法で，自分自身で表現している。

- 適切な反射：「それをしてると嬉しいのね」「楽しんでいるんだ」「楽しく過ごしている」
- 不適切な反射：「たくさんハートを描くことは楽しいって思ってるのね，そしてお絵描きするのにあわせて鼻歌を歌ってるのね」（絵がハートだとは言っていない。描いているハートの数を多いと思っているかどうかわからない。鼻歌は歌ではないかも。鼻歌はお絵描きと合わせていないかも。）

第 9 章　感情の反射　119

▶ **イク（11歳）が悲しい顔つきで静かに「ユミが僕はバカだって言ったから，僕のこと嫌いなんだ」**

　イクは悲しい。自分自身で，表情や身体表現によって表している。

- 適切な反射：「ユミが自分を嫌いだと思うと悲しい」「ユミに自分を好きになってほしいから，そうじゃなくてがっかりしてるんだ」「ユミがイク君をバカって思ってて嫌いだから惨めな気持ちなのね」

- 不適切な反射：「ユミはイク君はバカだって言ったけど，嫌いとは言ってないんだから，悲しまないで」（ユミが自分を嫌っていると考えたのであれば，実際にユミがそうかどうかに関わらず受け入れる。それがどのような感情であれ，子どもにある感情をもたないようにとは**絶対に言わない**。）

▶ **カズ（5歳）が嬉しい驚きの表情を浮かべて「ねぇ，先生は僕が思ってたより年取ってなさそう！」**

　嬉しい驚き。カズは自分自身で，発言に隠された感情と表情や身体表現を使って表している。

- 適切な反射：「先生がそんなに年取ってなさそうだから驚いてるのね」「心配してたより先生が若そうだから嬉しいんだ」「先生がそんなに年取ってないので嬉しくて驚いてる」

- 不適切な反射：「まぁ，ありがとう。そんなふうに言ってくれるなんて嬉しいわ。ほんとは見た目より年なんだけどね」（カズの感情を反射する。褒め言葉ではないので礼を言う必要はない。仮にそうだったとしても，この発言によって PTh は褒め言葉に喜ぶというメッセージを伝えることになり，先生を喜ばしたいと思った場合，そういうことを言おうとするようになる。それはカズが自分の問題に取り組むことから気をそらせてしまう。実際にもっと年であるという情報は知らせる必要はない。）

▶ **ユタ（12歳）が悲しい表情で「これが僕たちの最後のプレイセラピーの回だね」と言い，その後すぐに明るくなって「ってことは，僕にはもう問題がなくて，友達と過ごせるってことだね」と言う。探るような表情で「それで，もしここが必要と思ったらまた戻ってこれるんだよね？　でしょう？」**

　ユタは悲しみ，希望，ワクワク，心配，不確かさを抱いている。自分自身で，表情や身体表現を使って，発言に隠された感情も用い，複数の感情を表している。

- 適切な反射：「お別れするのが悲しいのね。問題がないことにはほっとしていて，友達と過ごせるのはワクワクしていて，ここに戻ってこられるのかどうかを心配しているのね」「悲しいのと，ほっとする気持ち，ワクワクしていて，心配もあるんだ」「ユタ君は一緒にこの時間を本当に楽しんできたし，新しい生活が楽しみでもあるのね。で，いくらか気がかりもある」

- 不適切な反射：「ユタ君は自分の問題を乗り越えようと本当によく頑張ってきたし，もう大丈夫だから，またここに戻ってくる必要はないと思うから，心配しないで」（ユタの感情を反射する。"よく頑張った"や"もう大丈夫"はすべきではない判断。また来られるという選択肢があるかどうかを心配しているので，もう来る必要がないと言うのはユタを拒絶しているのと同じ。"心配しないで"などというように子どもの感情を否定することは**絶対しない**。）

▶ ジン（6歳）がブロックで塔を作ったが，それが崩れると残りの塔に向かってブロックを投げて，嫌な顔をし，顔を真っ赤にして「あぁっ！」と言う。ジンは感情の反射に反応して大きい声で「違う！　僕怒ってないしイライラしてないし，こんなブロック崩れたっていいんだ！」

ジンは欲求不満であり，反応は憤慨と恥ずかしさ，自分自身で表情や身体表現を使って表現し，反射への反応は正しかったけれど，その感情を認める準備ができていないことを示している。

- 適切な反射：「ブロックがそのままでいないからイライラして怒ったのね」（初めの反射）「ジン君は全然怒ってないしイライラしてないし，ブロックが落ちたことなんか気にしてないんだ」（反応に対する反射）「ジン君はそうじゃないのに先生が怒ってるとかイライラしてると言ったから頭にきてる」（反応に対する反射）「先生がジン君の気持ちを勘違いしたから先生にムカついてるのね」（反応に対する反射）

- 不適切な反射：「でも，ジン君ブロックを投げて，真っ赤な顔して叫んでいたから，きっと怒っているんだと思うわ」（「でも」で始まる文章で反応しない。「でも」で始めると，伝えようとしたことがどのようなことであれ否定することになってしまう。たとえ明らかな感情であっても，その子がまだ受け入れる準備ができていない感情を認めるよう強要したり，突きつけてはいけない。その子が体験し，表現している新しい感情を反射する。）

▶ アキ（7歳）はひどい交通事故でトラウマを受け，痛みを伴う医療処置を体験し，4回のセッションでは毎回，すぐさまお医者さんセットのところへ行ってそれを使って実物大のワニのぬいぐるみを診て，断固とした表情と声のトーンで「バッちゃん，君は何もかもぶっ壊れてるから，いっぱい泣かなくてもいいように僕が治してあげるからね」と言い，ワニはしくしく泣き声をあげている

　決然，心配，恐れ，不安と希望を抱き，アキはおもちゃを介して，表情や身体表現，発言に隠された感情と遊びの中の情緒的な性質を使って表現，連続したパターンの中で，同時に複数の感情表現をしている。

- 適切な反射（以下，一つの種類を一番効果をもたらすと判断したものを選択）
  - アキに「とっても怖がっているバッちゃんを治すんだって決めたんだね」。
  - おもちゃに「あなたはとっても怖くて泣いていて，彼（アキを指す）はあなたが怖がらないように助ける自信があるんだ」。この遊びの場面が続いていると確信したのであれば，これを連続したものとして「バッちゃんはずっと前から怖がっていて，アキ君は何があろうと彼を助けるんだってゆるぎない決心をしているのね」
- 不適切な反射：「アキ君はそれを完全に治して，泣き止ませようとしてるのね」（行動だけが伝え返しされ，感情が反射されていない。アキは特にバッちゃんを"泣き止ませる"と言ったわけではない。ワニには名前がついているので，PTh は名前で呼ぶ。）

▶ ヤス（8歳）は父親が家族を見捨てる場面の遊びを展開すると，決まって悲しい顔つきをして，すぐさま誰かが"その男の子"を叱り出して「意気地なしになったり泣いたりするな，おまえは男の子で，女の子なんかじゃないんだからな」と言う

　ヤスは悲しみ，寂しさ，恥ずかしさ，屈辱，恐れ，苛立ちを感じている。おもちゃを介して表情や身体表現，発言に隠された感情や遊びの中の情緒的な性質，深く刻まれた感情の表現，同時に複数の感情が表現，パターン化された一連の感情を表現している。

- 適切な反射（以下，一つの種類を一番効果をもたらすと判断したものを選択）
  - 話しているおもちゃに「あなたはその子が泣いて意気地なしでいるのが

すごく不愉快なのね，男の子はそんなふうにするものじゃないから」

- 男の子に「お父さんがあなたを置いていって悲しいのに，そのことで泣くとみんないつもイライラするのね」

- ヤスに「*毎週，その男の子がお父さんを恋しがって泣くことで，誰かがゾッとして不愉快になるんだ*」

● 不適切な反射：「ヤス君が悲しそうな顔をしてたと思ったら，突然切り替わって，その男が男の子に怒鳴るようにさせて，嫌なヤツにならせたね」（ヤスは悲しみをその男の子を通して表現しているので，悲しみの反射はその男の子に向けてする。他の人物の行動はトラッキングされ，気持ちの反射がされていない。"嫌なヤツ"はすべきではない判断。）

＊アクティビティ

A．感情を反射する練習

　感情を反射する練習をしましょう。さまざまなタイプの反射を試してみて下さい。それぞれの場面につき少なくとも三つの違う反射を考えて下さい。

- トシ（8歳）：カッコいいダンスステップをして，笑顔で終えると「ジャジャーン！」と言う。

- ハルキ（5歳）：カメのおもちゃに向かって悲しそうに「おまえは僕みたいにのろまだね」。

- PThがおしまいと告げた時に，ユカ（9歳）がふくれ面で強い口調「でも私まだ終わってないの！」。

- ヒロ（4歳）：愛おしそうにぬいぐるみのねずみを撫でている。

- ノコ（6歳）：ゾンビのミニチュアで女の子を攻撃しながらしくしく泣いている。

- ワコ（10歳）：ドールハウスをセットしながら大きな声で「私がこの家の王様になるの！」。その後すぐに意気消沈した表情でささやく。「でも，ここには他に誰も住んでないんだ」。

- リン（11歳）：しかめ面で叫ぶ「ここに来るの嫌なんだ」。その後悲しそうに「だって，45分後に帰らなくちゃいけないから」。

- コウ（7歳）：満面の笑みで叫ぶ「わぁ，カッコいいもの持ってるね！」それからPThを疑わしそうな目で見て言う。「何も触っちゃいけないんだよ

ね，そうでしょ？」。

考えてみた反射について他の人と話し合いましょう。

B．反射のロールプレイ

①反射のロールプレイしましょう。ペアになり，相手に子どもになったつもりで遊んでもらいます。その子どもの感情に反射をしましょう。体験したことを，PThと子ども，両方の視点から話し合いましょう。

②役割を交代します。子どもとしてPThに自分の気持ちを反射されるのが，どのような感じか体験してみましょう。体験したことを，PThと子ども，両方の視点から話し合いましょう。

③子どもと感情を反射する練習をしましょう。心理療法を受けていない子どもと行います。他の人に観察してもらえるならば，子どもが反射にどう反応したかを書き留めてもらいましょう。自分の体験と子どもの反応を振り返ります。観察してもらったのであれば，感想を尋ね，体験について話し合いましょう。子どもに感想を聞くことができるのであれば，聞いてみましょう。

④可能であれば，ロールプレイを録画し，見てみましょう。

- 自分の反射を書き留めます。それは適切ですか？　もしそうでないなら，かわりにどのように反射できたでしょうか？　反射は何に焦点をあてていましたか？　注目すべきだと思うものですか？　そうであってもそうでなくても，それはなぜでしょうか？
- 反射ができたはずなのにしなかった時のことを書き出します。どのように言うことができたでしょうか？　それを言おうと決めた根拠は何ですか？　なぜ初めは反射のコメントをしなかったのだと思いますか？
- 子ども役は反射に反応しましたか？　その反応はどういうものでしたか？　その反応は意図したものと一致していましたか？　そうであってもそうでなくても，それはなぜでしょうか？
- 声のトーンや表情はどうでしたか？　それは子どものものと一致していましたか？　そうであってもそうでなくても，その理由は？

C．振り返ってみよう

- 反射でうまくできたところ，難しいと感じたところは，どのようなところですか？

- 反射の技術を磨くために，今できていて続けていきたいことと，今後もっとできることはどのようなことですか？
- 反射で最も注目した感情表現は，どのようなタイプでしたか？　注目しやすい感情表現と見落としがちだった感情表現があったのは，なぜだと思いますか？　それを改善するために何ができると思いますか？
- 反射をしなかったのはどのようなタイプの感情表現でしたか？　なぜそうだったのだと思いますか？
- それぞれの具体的な状況で，どこに重点を置くかということを意識的に区別し，決断できるようになるために，今後どのように進めていきますか？
- 声のトーンや表情を子どものものと合わせられましたか？　どれがやりやすくて，どれがやりづらかったですか？　それはなぜだと思いますか？

　これで，子どもが PTh に「聞いてもらった」と感じるための，プレイセラピーの三つの基本技法を習得しました。次はプレイセラピーを行うために必須の，さらなる三つの技法，「制限設定」「質問を扱う」「責任を返す」の各駅で停車していきましょう。

第 9 章　感情の反射　125

第 10 章

制 限 設 定

「うわー，制限だよ」とうめく声や，「やった，いよいよ制限だ」と喜ぶ声が聞こえてくるようです。制限はプレイセラピー技法の最も難しい部分と思われます。一方で，ひとたび適切に制限を設定することができれば，さまざまな子どもとのプレイセラピーで，劇的な改善という変化を目の当たりにします。

何らかの制限は，プレイセラピーの安全と成功に絶対に欠かせないものです。制限という概念になじみがない方は，どの種類の制限が自分の性格や理論的立場に合うのかをじっくりと考えて，プレイセラピーを行っている職場環境でどのように取り入れることができそうか，会っている子どもにどのように適切かつ治療的に使うことができそうかをよく見極めましょう。人によっては，これがプレイセラピーをめぐる旅路において最も険しい登り道となるかもしれません。

Ｉ 制限の定義

制限とは，物事にある限界を設けることです。制限は PTh がプレイセラピーを行うにあたって設定するルールであり，考えや気持ちを表現する上で受け入れられる行動とそうでない行動とを分けるものです。制限が適切になされると，プレイセラピーは順調かつ安全に進み，治療的効果が最大限に高まります（Ohnogi, 2013a）。制限をしなければ，プレイセラピーは心理的にも身体的にも脅威を感じたり混乱するものとなり，治療的関係は損なわれ，治療的なプロセスが妨げられます。

ご存知の通り，子どもは遊びを通してさまざまな気持ちや考えや体験を象徴的に表現します。破壊的な気持ちや考えは，そのまま行動化しなくても象徴的

に表現することができます。制限とは，適切ではない行動による気持ちや考えの表現は受け入れられず，他に適切なやり方で表現できることを構造的に教える方法です。プレイセラピーでは，あらゆる感情や欲求や願いは承認し受け止めますが，あらゆる行動を認めるわけではありません。破壊的な振舞いは承認されませんが，どのような気持ちでも，それを適切な手段で，叱られたり拒否される心配をすることなく感じ，表現することはできます。

この区別は，プレイセラピーを成功させる上で極めて重要です。プレイセラピーは体験的に学ぶ場であり，制限は，自己コントロールする，自分で選択できる，選択する責任をもつとはどういうことかを学ぶ機会を提供します。この制限がどのように伝えられるかによって，治療的で肯定的かつ適切な制限となるのか，罰や不適切な叱責となるのかが分かれます。自分が尊重される体験をし，自分の気持ちや考えがいいものであれ嫌なものであれ受け入れられる体験をすると，制限を守る可能性が高くなります。しっかりと適切に制限を設定すると，この尊重され受容された感覚が高まり，対照的に，叱ったり無視したり不適切な行動を見過ごしたりすれば，逆効果（つまり，尊重されず，受容されていない体験）となります。

子どもが制限に触れる行動をした時は，感情を表現する適切な行動を学ぶ手助けができるチャンスです。制限は常に子どもの心理的な成長を念頭に置いて設定され，治療的なプロセスを押し進める具体的な基準に基づいているべきです。もし制限が子どもへの罰であるなら，それは不適切に設置されたことになります。

Ⅱ 制限設定の歴史

1940年代後半から，児童セラピストは面接の中で，子どもに好きなことを何でもさせるのは逆効果を招くことに気がつき始めました。子どものもつすべての感情や考えは，否定的，空想的，非生産的なものであれ，受け入れられるという考えに，たいていの児童セラピストは賛成でした。同時に，ほとんどの行動は受け入れられるがそうでないものもある，という一致した見解をもつようになりました。Axline や Bixler，Moustakas，Ginnot はこの概念を発展させた先駆者です。1949年に，Bixler は，治療プロセスにおける制限の重要性を強調

第10章 制限設定 127

した「制限は治療である（Limits are therapy）」という論文を著し，①制限は子どもを身体的にも心理的にも守るために必要であり，言葉と非言語と両方の伝え方が不可欠である，②子どもの行動は，そのせいで子ども自身が混乱に陥ったりしないような活動に限られるべき，③人や用具を守ることはこの制限の一部，④プレイルーム内で一貫して設けられたルールによって，子どもは治療外の日常の状況においてもその行動を当てはめ，応用できるようになる，と述べ，子どもは長いルールは覚えられず，幼い子どもは文字通りにルールを解釈するので，制限は簡潔な言葉で，短く扱いやすい言い回しにすべきであると強調しました。この時から，多くの児童セラピストが，不適切と考えられる行動はどのようなものでも制限されるべきだと信じるようになり，すべてのプレイセラピー理論の中で進化してきました。

Ⅲ 制限設定をすべき 7 つの理由

　制限はプレイセラピーの主たる治癒的要因の一つです。制限が適切に設けられると，子どもはしてよいこととそうでないことがわかるため，治療に集中することができます。制限は環境と関係性に，安全のための構造を与えます。一貫性をもって守られている境界があると，治療者との関係性や状況に予測可能性がもたらされ，安心感を提供します。自分や PTh，おもちゃや部屋を傷つける恐れから守ってくれるルールがあるとわかることは，子どもにとって気持ちが安らぐことであり，破壊の罪悪感を抱くことなく自分を表現する自由が保証されます。以下に制限設定を行うべき 7 つの理由をあげます。

▶ **子どもを守る**：子どもの安全を身体的・情緒的に保証します。子どもが自分は身体的・情緒的に安全であると感じることが重要で，PTh もまたその子が安全であると感じられなければなりません。もし子どもが，傷つく危険性のある活動をしているせいで PTh がピリピリしていたら，プレイセラピーはうまく進みません。

▶**PTh を守る**：制限は PTh の安全を身体的・情緒的に保証します。身体的な心地よさと安全感はすべての人にとっての基本的欲求であり，意識的にも無意識的にも注意を向けているものです。PTh も生身の人間です。PTh がプレイセ

128　第Ⅱ部　プレイセラピーの技法とすすめ方

ラピー中快適さや安全を感じていられる時には，共感的に子どもを温かく受容し続けることが確実となり，子どもの不適切な行動の裏にある理由や，その子がどのような気持ちを抱いているかを理解することに焦点を置くことができます。PThのもつ肯定的な気持ち，否定的な気持ちはいずれも非言語的に伝わって瞬時に子どもに感じ取られ，子どもの情緒的なプロセスに影響を与えます。ある行動に制限を設定することを選ぶかどうかに関わらず，PThは常に自分の情緒的な反応をチェックし，それが子どもとのセッション以外の場で扱う必要のある，不適切で有害な逆転移的感情かどうかを確認する必要があります。

▶ **おもちゃと部屋を守る**：制限はおもちゃや部屋を不要な損害や破壊から守ります。予算は無限にあるものではありません。手当たり次第におもちゃを壊されたら高くつき，子どもの情緒的な成長のためにもなりません。制限により，PThは物を壊されたことによる子どもへの憤りの気持ちをもつことなく，治療を続けることが可能になります。同様に，子どもがおもちゃやプレイセラピー部屋を壊してしまい，罪悪感を抱くような事態も起こらずにすみます。壊してもかまわないものを，代理となるおもちゃとして与えることは可能です（引き裂くための紙，こねた後こなごなに壊せる粘土，殴るためのクッション等）。

▶ **子どもが自己コントロールの力を身につけ，意思決定と自己責任の力を育めるようにする**：自己調整および自己責任の自覚と能力を高めます。子どもはよい気持ちも嫌な気持ちも両方受け止めてもらえること，すべての気持ちには適切な表現の仕方があることを学びます。子どもが自分の気持ちやそれに付随する行動に気がつくと，その行動に責任を感じ，自分の気持ちの表現をコントロールし，受け入れられるやり方で感情表現する能力を獲得します。制限は，その子が何を感じて何を表現しようとしているのかということと，その気持ちをどのように表現するかという決定と責任は自分で決めるのだということを，明確かつ具体的に伝えます。制限は，子どもが自分の行動を調整する責任があるということを自覚する助けとなります。

▶ **セッションを構造化する**：ルールの一貫性は子どもが安全を感じる上で重要です。治療環境以外の日常では，先週までよかったのに今日は禁じられた，というようなことがよくあります。そのため子どもは，ルールがどういうものなのか確かめるために行動化をしなくてはと感じることがあります。治療環境において，厳格すぎたり曖昧になることなく，さらに脅すのではなく一定のや

第10章　制限設定　**129**

り方で提示される制限は，一貫した環境という構造をもたらします。制限はプレイセラピーがまとまりをもったものであり続ける助けとなるのです。

▶ **社会的に許されない行動を制限する**：法律的・倫理的・社会的に許される境界の範囲内で人間関係をおさめます。安全感とリラックスを感じるにつれ，外の世界では適切ではないとされることをやってみようとすることがあります（赤ちゃんになりきって服を脱ぐなど）。性的虐待など，自分が経験したことを伝えようと，そうすることもあります。このような気持ちやメッセージは，象徴的またはより社会的にふさわしい行動で伝えることができるので，社会的許容範囲を超えた行動は制限されます。境界の学習は安全感を感じるのに役立ちます。抑制されすぎた子どももまた制限を必要とします。制限があることで，自分が恐れている一線を越えたところでも安全を感じることができ，どれくらいしてもよいかに関する構造があるという安全も感じられます。

▶ **セッションを現実に根ざしたものにする**：たとえファンタジーの遊びの中であっても，子どもは自覚して適切な行動をし，責任をもつ必要があります。制限は責任をとり決断をするという現実に連れ戻します。

　制限の長期的な目標は，子どもと PTh とのよい関係が続き，子どもが自分の決定をできる自由をもっていると感じられるようになるために，自己コントロールと関係性の境界の調節ができるようになることです。したがって，制限はプレイセラピーが成功するために，必要悪ではなく，むしろとても大切で，有益な要素なのです。

Ⅳ　どのような制限を設定するか

　現在，理論的志向性に関わらず，ほとんどの PTh が例外なく制限の対象とし，遵守しているのは以下のようなものです。

- 子どもは自分や PTh，親，他の人（集団プレイセラピーの子どもやスタッフなど）を身体的に傷つけてはいけない。
- おもちゃや遊び用具，プレイセラピー部屋や室内のどのようなものでも，わざと傷つけてはいけない（家具や遊びに関係ないものも含む）。

- PThが「セッションは終わり」と言うまでプレイセラピー部屋（あるいは，プレイセラピーをしている場所）にいなくてはならず，「部屋を出る時間」と言ったら部屋を出なくてはならない。
- おもちゃや遊び用具，プレイセラピー部屋のものを持ち帰ってはいけない。
- 性的な行動，特にPThに対するものは許されない。
- 子どももPThも衣服を脱がない。
- 他の制限とは異なり，時間の制限はあらかじめ知らされることもある（制限設定時期についてはVI参照）。

他にも制限を必要とする可能性がある行動はたくさんあり，どの行動が制限されるかはPThの理論的志向性やPThの性格や好み，子どもの性格や問題，プレイセラピーが行われている状況・条件・場所によります。

制限は行動上の制約であり，上記の基準に関わらず，言葉の内容に関してはめったにないということです。「今まで聞いた話の中で一番つまんねーの。バカじゃない？　ほんと大っ嫌い。あんたなんか地獄に落ちればいいんだ」には，制限ではなく伝え返しや反射をします。もし子どもが上記の発言をしてPThを叩こうとしたら，その時には感情反射・ルールを伝えることで制限をします。

1 … 理論に応じた制限

非指示的な理論枠組みをもって治療するPThと，指示的な基盤をもつPTh，指示的と非指示的の組み合わせ派のPThとは，制限の設定について考え方や実践の仕方がそれぞれ異なります。非指示的なPTh（子ども中心・心理力動的・ユング派プレイセラピーなど）は，許容的な雰囲気とするために，最小限の，絶対に不可欠なものだけを制限として設定します。特にユング派のPThは，プレイセラピー部屋を子どもがのびのびと自分の破壊的衝動に関われる場として考えているので，可能な限りわずかな制限とすることが多くみられます。非指示的と指示的プレイセラピーの混合派（認知行動・アドラー派・ゲシュタルト・処方的プレイセラピー）は，危なくない行動について，PThと子どもで話し合い，交渉をします。交渉の際，何が「危なくない」行動かを決める時の言葉が

第10章　制限設定　131

曖昧であると，人によって捉え方がまちまちとなってしまいます。"強くぶつ"の"強く"，や"痛くないように蹴る"の"痛くない"は人によって強さがさまざまですので，明瞭な言葉を使うよう注意しながら交渉します。指示的なPTh（エコシステミックプレイセラピー・セラプレイ）は遊びを構造化しますので，たいてい制限を設ける必要はありません。もし子どもが従わない場合には，指示的なPThは身体的に介入するか，新しい遊びのプランを提示します。従わない時に身体的介入をする場合，それが賛否両論あることであり，安全かつ適切にできるよう訓練を受ける必要があることを肝に銘じて下さい。

2… 子どもの発達，性格，問題状況に応じた制限

　行動に制限を設けるかどうか決める時に，子どもの発達は検討すべき要因です。通常，発達的に幼い子どもほど，何が害を与え，傷つけるか，今学んでいる最中で，責任をもって適切な選択をするために不可欠な，過去の経験に基づく認知的な理解がまだ十分にないので，多くの制限をする必要があります。

　子どもの性格もまた制限をする時に考慮すべき要因です。自分の行動をコントロールするのが難しい子どもには，治療の初期には多くの制限を設定して，自己コントロールを助けます。交渉可能な制限は，自己コントロールを学ぼうとする子を混乱させてしまうため，最小限とします。自分をのびのびと表現するのが苦手で，過度に自己コントロールをしてしまう子どもには，制限は少な目にし，もっと自由に自発的になるよう勇気づけ，同時に完璧でなくても大丈夫，という体験をさせます。このような子どもは，初めはすべてコントロールされていないとやりづらいと感じますが，そのうち，まるで手がつけられない無制御の極みのような状態になることもあります。"自分を解き放つ"ことを経験しておらず，コントロールと自由の配分をうまく調整できないためです。ひどく抑制が外れた行動に子どもが過度な罪悪感を抱かず，同時にPThが"悪い行動"に"憤り"を感じないように，交渉可能な制限を適用することが役に立ちます。

　子どもの生活経験や状況も，どれくらいの制限を設定するかを決める要因です。虐待や自然災害，事故や病気，犯罪などを経験しトラウマを負っている子どもは，自分の人生をコントロールできないと感じている可能性があります。このような子どもはよく，コントロール力が欠如していることを向こう見ずな

行動や，逆に極端な引きこもりや新しいこと・違うことをしようとしないことによって表現します。前者のタイプの子どもは治療の初期に多様な制限を必要とし，後者のタイプの子どもは，制限をほとんど設定しない方が，リスクのある行動も試してみようという気分になれます。

3…PTh の個性に応じた制限

PTh の個性は，どのような制限をいつどうやって設定するかということに大きな影響を及ぼします。子どもの安全と同時に治療的効果を確保することと，子どもの行動に対する PTh の居心地よさと折り合いをつけながら，制限をするかどうか常に考えなくてはなりません。個人的な制限（それなしでは治療に影響を与えかねない，PTh 個人の理由によるもの）は，多大なストレスや治療への悪影響を防ぐためにも，しっかり考えることが大切です。制限があることによって子どもを受け入れていると感じることができ，治療に前向きに集中できるのです。特定の行動に対するその人ならではの反応というものがあり，それは個性の一部です。PTh の性格上の特徴と，それに伴って設定しやすい制限の例を以下にあげます。

- 不安で管理が必要な性格：少しでも，子どもが管理から外れたと感じると制限を設定する。
- のんびりしていてあまり気にしない性格：他の PTh よりもずっと多くのことに寛大で，制限をしない。
- 社交的で積極的な性格：子どもの極端な行動を予期しがちで，そうした行動を許容する傾向にある。
- 内気で繊細な性格：型破りだとか危険と思われることは，何でも制限する傾向がある。

PTh の性格によって，特定の行動やさまざまな状況に対してしがちな反応の例を以下にあげます。

- 怒りの爆発にいたたまれない性格：どのような怒りの表現であってもすみやかに指図しようとし，子どもに適切な怒りの表現すらさせない。

第10章　制限設定　133

- 散らかった状態が落ち着かない性格：おもちゃ箱をひっくり返す，複数のおもちゃを同時に使うことを制限してしまう。
- 通常は不適切と考えられることも含んだほとんどの行動に対しても心地よくいる性格：マッチに火をつけて「森が火事だ」と言いながら木のおもちゃに火をつけている子どもに制限をしない。

　PThの性格特性による反応は，子どもや状況によって，またその行動が大目に見られる・制限される度合いによって，適切にも不適切にもなりえます。上記の状況例でのPThの応答は，いずれも不適切な応答です。どちらの種類の応答も逆転移的な反応ですので，自分の反応を自覚するようにし，それらの反応の理由を知り，それが利益をもたらすのか，どちらでもないのか，治療的に害を及ぼすのかを吟味して探求することが大切です。

　不必要な治療の弊害を起こさずにこれらの逆転移的な反応を扱う一つの方法は，プレイセラピー部屋に置くおもちゃを，PThが容認できるものだけに限定することです。粘土や絵具，砂，マーカー，水，うるさいおもちゃなどが不要なストレスを引き起こすのなら，置かないアイテムとします。絵具のかわりにクレヨンなど，同じ目的に適う別のおもちゃや画材を用意します。

　逆転移反応が治療に害を及ぼすようであれば，治療に有効な反応と適切な制限ができるようになるために，その理由をワークスルーしなければなりません。ワークスルーに時間がかかるようであるならば，その逆転移反応を引き起こす子どもを，他のPThに紹介しましょう。同時に，問題をワークスルーするためにスーパービジョンを受けたり，PTh自身が心理療法に行くとよいでしょう。

4 … 治療環境に応じた制限

　どのような制限が選択されるかは，働く環境にもよります。重病の小児患者の入院病棟でプレイセラピーをするオダさんは，クライエントが悪い言葉遣いをしないよう気をつけています。ここでのセッションはしばしば子どもの入院している大部屋内のベッドで行われるため，汚い言葉は部屋を共有する他の子どもによくない影響を与え，病院のスタッフが子どもに否定的な感情を引き起こす可能性もあるからです。一方，大学のクリニックでプレイセラピーを行う

134　第II部　プレイセラピーの技法とすすめ方

コマさんは，よくない言葉遣いにはほとんど制限を設定しません。プレイセラピーは十分防音された部屋で行われており，他の子どもや大人がセッション中の子どもの声を耳にする心配がないのです。

　同じような職場環境であっても，状況によって制限が変動することもあります。私設のクリニックに勤めるカジさんの場合，「おもちゃの費用は心配しなくてよい，少し傷んだらすぐ取り換える」と言われていたので，プレイセラピーのおもちゃの扱いにはかなり甘くなっていました。ところが，カジさんが自分で開業した時には，自己費用が限られていたため，おもちゃの扱いにはより厳しい制限を課すようになりました。

Ⅴ　制限のカテゴリー

　制限のカテゴリーは（Kottman, 2011），①絶対的：子どもとPThの安全を守るために譲れない，例外なく適用される制限（子ども要因，PTh要因，状況，理論問わず，同等にすべてのPThが従うべきもの）。②臨床的：セッションの構造を含む臨床的な問題に関わることを遵守する制限。③反応的：設定された絶対的な制限もしくは臨床的な制限に対して，子どもが反応した行動に関して設定する制限。④交渉可能：何がどの程度まで制限されるかについて，子どもとPThの間で交渉する余地のある制限（さまざまな理論を基盤としているPThが，子どもやPTh等の要因に影響されながら設定），の4つにわけられます。

Ⅵ　いつ制限を提示するか

　子どもが試してみる前からいくつもの制限を提示すると，子どもは「この場所は僕が何もしてはいけない場所なんだ」というメッセージを受け取るかもしれません。そうならないように，子どもが制限の対象となるようなことをしそうになる兆候を示した**後**に初めて制限します。

　適切なタイミングで制限をすることは極めて重要であり，練習なくしては難しいことです。不適切な行為の兆候を見せる前に制限を設けると，主導権争いをすることによって自己防衛している子どもにとっては，主導権争いをけしかけられているのと同じことになります。制限をするのが早すぎると，たとえそ

第10章　制限設定　**135**

の子が明らかにやるであろうことであっても，「そんなことするつもりは全然なかったのに！」という子どもの反発を引き起こすこともあります。制限をするのが遅すぎると，身体的なダメージを引き起こすだけでなく，PTh に恨みや反感が生じたり，子どもに罪悪感や悪意ある喜びが生じることがあります。

　子どもが不適切または危険な行動を示しかかった，まさにその時に制限を設けます。読心術でもできなければ不可能のように聞こえるかもしれませんが，ほとんどの子どもは実際そのような行動をする前に何らかの兆候を，言葉や非言語的行動，表情などで示すものです。

　言葉による前触れとしては，「僕，この車を窓の外に投げようっと」「痛くしなかったらこのバットで先生叩いてもいい？」「この天井の電気の紐にぶら下がったらどうなるかやってみるね」「よし，頭をそのままにしてて（と，ダートガンを PTh に向けながら言う）」などです。

　非言語的な兆候としては，車を手に取り窓を開け始め，窓の外に車を投げる準備をする，バットを手に取り，花瓶に向かって振りかざす，天井の照明の紐を見て，何かにつかまってぶら下がるような格好で，天井の照明の紐に向かっていくような身体の動きを見せる，ダートガンをつかみ，ダートを充填して PTh の頭に向ける，などです。

　ひどく不安が高く，あらかじめルールを知っていないと自由に自己表現できない子どもであれば，可能性のある制限のすべてをあらかじめ伝えるのではなく，プレイセラピー部屋でその子が何かをする自由を妨げないように，「もし，サチちゃんがここでしてはいけないことをしそうになったら，そう知らせるからね」と伝えます。

　子どもの意図をしっかりアセスメントすることが重要なので，制限をするべきことが起こるまで待つ必要はありません。危険が差し迫っているようであれば，早めに制限を設定します。例えば「意地悪な魔女の先生を溶かすために水をかけようとしてるように見えるけど，水をかけてはいけません」などです。

Ⅶ　制限の伝え方

　子どもが自分の欲求や願い，感情を，受け入れられるようなやり方，自分で責任をもったやり方で表現できるようになるために制限を設定します。制限を

伝えることは，PThが権威を振りかざすようなやりとりではありません。子どもが責任をもって決める能力をもっていることへの信頼に根ざして制限をします。つまり，制限の焦点とは子どもの自己表現の強化を助けることであり，ある行動を止めることではありません。

　制限を伝える時は，子どもが正確にどの行動が制限されたのかがわかるように，はっきりと言います。「先生をぶってはいけません」は明確で簡潔です。次のような言い方で制限が伝えられると，子どもは制限が設定されたということを理解できず，指示に従うことができないかもしれません。

- 質問形や許可を求める：「ぶたないでくれる？」
- 懇願：「お願いだからぶたないで」
- 自信なさげ：「ぶたない方がいいと思うよ」
- 曖昧な描写や条件：「あまり強くぶっちゃだめ」

　制限をする時には，自分の表情や声のトーン，姿勢や子どもとの空間的な距離，言葉にする内容をよく自覚します。上述の適切な制限の具体例において，「先生のことは叩かないよ」と穏やかに共感的に，はっきりとかつ毅然として言った場合と，怒りながら・不安にかられながら・大声で・おっかなびっくり言った場合とでは，まるで違ったメッセージを伝えることになります。いつも子どもへの受容と敬意を伝えながら制限を設定します。これをなしとげるためには，制限を設定する前も最中も後も“いつもの”自分でい続けることです。制限をする時に，突然怖い人になる・ふざける・不安そうになる・悲しそうになる・居心地悪そうになる・大声になる・重苦しくなる・陽気になる・じっと動かなくなる・活動的になるのは，よろしくありません。制限の時だけ振舞いや声のトーン，姿勢，ジェスチャーなどを変えたら，子どもに伝わるメッセージとしては，PThは自分に自信がない・不安・子どもを拒絶している・信頼していない・挑発している，といったものになってしまいます。いつものように共感的で穏やか，忍耐強く，断固としてブレのない制限をすることは，一貫した環境のための構造を作り出します。

　制限を，何か不適切なことをやめさせるための手段として捉えていると，制限をする言葉は共感的ではなく，「それを止めなさい」というような言葉で表現

第10章　制限設定　137

されるでしょう。それでは，子どもはPThに拒絶され，理解されていないと感じ，制限で意図していることとは正反対の効果がもたらされます。同様に，「たぶんそれをしない方がいいと思うよ」というように，制限をするかどうか，どのようにするかを曖昧にしたままであれば，子どもは制限に従わず，安心できない感覚が呼び起こされます。PThが権威主義的で要求がましく，すべきでないことを頭ごなしに「そうしてはいけないと言ったでしょう」などと言うと，子どもはPThから自分を守る必要を感じるので，結果的に子どもが主導権争いをけしかけてくることになります。

制限は短く簡潔にし，講義をしたり制限の手続きを引き延ばしたりしないようにしましょう。長い説明をする必要もなければ，大成功を目指して必死になる必要もありません。制限はあっさりと感情を交えずに，素早くそれでいて慌てずに，落ち着いて行った時に，うまくいくものです。

制限設定の具体的な手順

1 … 一般的な制限設定

プレイセラピー理論やPThのパーソナリティによって，さまざまな制限の仕方があります。Schaefer（2011）は個人的な書簡のやりとりの中で，「私はLandrethや他の人の制限の手続きはすべて，著名なPThであるHaim Ginnotによって開発された手続きに基づいていると考えている」と述べています。以下に，Ginnotの手順を具体化したLandrethとKottmanの制限のやり方を簡単に説明し，最後に私の制限の仕方について詳しく解説します。具体的な言葉や強調点はさまざまであるものの，プロセスの多くは共通していることがおわかりでしょう。他にも違った制限のやり方があることにご留意下さい。

Landreth（2002）はGinnotの制限を改変して，以下のように3段階からなるACTを開発しました。この3段階の後に，必要であれば行う4段階目があります。

①A：acknowledge the feeling 感情を承認する。
②C：communicate the limit 制限を伝える。
③T：target an appropriate alternative behavior かわりとなる適切な対象を

示す。

④ ①～③の手順を3回行った後で，制限に従わないことを選んだ時の結果を子どもに提示する。

④にも従わなかった場合，最後の手段としてとられるのは（はっきり5段階目としては述べられていないが），制限を守ろうとしない子どもにPThが身体的に介入するのではなく，親にとりなしてもらうことです。Landreth は，制限破りは，自尊感情が低く，確かな境界を知ることで安心感を求めている子どもの，助けを求める叫びであるかもしれないと述べています。

Kottman（2011）の手順はアドラー派プレイセラピーのもので4段階からなります。①ルールとして制限を伝える。②感情を反射。③協力してそれにかわる行動を生み出す。④再度気持ちを反射し，制限に従わない場合の結果を設定する。結果を実行するまでには時間を5～10分程度設け，子どもが適切に振る舞うチャンスを与えます。

2… 筆者の行う制限設定

私の制限の手順は6段階あり，各段階で言語化をした後で子どもの反応を待ち，その反応を見て次の段階に進むかどうかを決めます。実際の制限を言語化しなくても感情を言語化したこと（ステップ①のみ）でその行動を止められた場合は別ですが，①と②の段階を始めから同時に組み合わせて言語化することもあります。

▶ **ステップ① 感情と感情の原因の反射**：「ソラ君が隠れる間，私が部屋を出ないからとても怒っているのね」
▶ **ステップ② 制限の言語化**：「そのバットで私を叩くのはいけないのよ」
▶ **ステップ③ 代案を提案**：「かわりに私の絵を描いて破いてもいいし，私を粘土で作ってそれをつぶしてもいいわよ」
▶ **ステップ④ 結果の言語化**：「私を叩くことを選ぶのだったら，このセッションの残りではバットが使えなくなるわよ」
▶ **ステップ⑤ 結果の実行**：「私を叩くということを選んだってことは，このセッションの残りはバットを使わないことを選んだのね」。子どもがどれほど泣いたり，おねだりしたり，癇癪を起こしたり，取り入ろうとしても，この

第10章　制限設定　**139**

セッションの残りはバットの使用を許可してはいけません。

▶ **ステップ⑥ 感情の反射と結果を繰り返し言語化する**：「私を叩くことを選んだから今日はもうそのバットを使えなくなって，怒っているのね。来週使いたければまた使えるわよ」

　ルールがいったん言語化された後，同じ子どもがまたそれを破ろうとした時は，ステップ①を言語化し，子どもの反応を待ったのち，子どもにルールは知っているはずだということを思い起こさせつつステップ②を言います。「わかっているよね，そのバットで先生を叩くことはしてはいけないのよ」。制限は各セッション内でおさめ，子どもがルールを破ろうとした時に以前のセッションのことには触れないようにします（「それ2週間前もしたよね」とは言わない）。

　最初のステップでは，感情の理由の言語化と感情の反射，という大事な部分が二つあります。「○○なので（感情の理由の言語化），△△（感情の反射）なのね」。この段階ではほとんどの子どもは実際のルール（他の人を叩いてはいけない）を言語化されなくても，さらなる介入を必要とせずに，適切なプレイセラピーを続けるための方向転換ができます。感情の反射は，子どもの気持ちを十分実感させ，それによって実際に行動で表現しなくても感情的な噴出を満足いく形で扱うことができる方法です。気持ちがこの時点で扱われないと，問題が増大してしまう可能性があります。感情と，その感情を抱いた理由を言語化することにより，その理由と感情が子どもの中でつながり，ゆくゆくは子ども自身がその因果関係がわかるようになります。こうすることによって，子どもに自分をコントロールできる方法を身につけさせることができます。

　感情を扱っても制限を必要とする子どもには，ステップ②が導入されます。「○○（不適切な行動）をしてはいけない」と制限を言語化することによって，その行動は感情を表現するには不適切なのだと理解できるようにします。ステップ②の言語化を必要とするほとんどの子どもは，この時点で感情の行動的な表現をより適切な方法に方向転換できます。

　適切な行動に方向転換できない子どもには，ステップ③が導入されます。感情を表現するための代案を二つほど与えます。「かわりに（代案）や（代案）をしていいよ」。これは子どもが感じた感情は適切であるが，表現するには適切

な方法と不適切な方法があるのだというメッセージを伝えます。ステップ③を必要とするほとんどの子どもは，この時点で代案行動を選ぶか自分で適切なものを考えつくことができます。

　代案が与えられた後でも適切な行動をとれない，ごく一部の子どもには，ステップ④が導入されます。「○○（不適切な行動）をすることを選ぶのであれば，△△（結果）になるよ」。ほとんどの場合，このステップまでたどり着く子どもは，次のいずれかの理由でそうなっています。制限を本当に最後までやりぬくかPThを試している，あまりにも動揺しているためちゃんと選択するほど自分を落ち着かせることができない，育った環境により適切な感情表現法があることを学んでいない，のいずれかです。どの最終決定を提示するかは，子どもや状況およびPThの耐えられる度合いなどのアセスメントによります。

　ほとんどの子どもは，ステップ④が言語化された時点で制限に従うことを選択します。結果を知らされてもなおかつ制限に従わないならば，必ずステップ⑤を導入します。「あなたは○○（不適切な行動）をすることを選んだから，△△（結果）と決めたのね」。この時点で多くの子どもは，その特定の制限設定は本気だということに気がつきます。このうち数名の子どもは制限を取り消すように交渉，懇願，脅す，あるいは褒めそやそうとします。「もし，もうしないって約束したら，使ってもいい？」「お願い，もう絶対にしないから」「やらせてくれなかったら，もう一生ここに戻ってこないから！」「だって先生ってすっごく優しい人だから使わせてくれるもん」。ステップ⑤が言語化された際には，子どもがどのように反応しようと，それを導入することが非常に重要です。ステップ⑤を正しく実行することによってのみ，子どもは制限とは従うものだと学びます。結果を言語化した後で子どもの反応に振り回されて，その結果を実行しないと，子どもは制限なんて意味がない，簡単に操ることができるものだと学んでしまいます。

　ステップ⑥で重要なのは，ルールがわかっているにもかかわらず，その行動を続行しようとする子どもの気持ちを十分に扱うことです。交渉，懇願，脅す，褒めそやそうとすることに対する正しい反応例は，「今日剣が使えないことはとても嫌な気持ちなのね。私をもう一度叩こうと決めた時にあなたは剣を使わないことを選んだのよ。もし使いたければ，来週また使えるわよ」です。

　私も必要になるまで制限は設定しませんが，子どもに始めてプレイセラピー

部屋を紹介する時に（第14章参照），プレイセラピー部屋には行動の制限があることの予告を言語化しています。「ここではいろいろな気持ちを感じてもいいし，いろいろな考えを思ってもいいのよ。それと，したいことはほとんどのことをしていいのよ」。

Guerney（2008）は私との個人的なやりとりの中で，子ども中心プレイセラピーでもフィリアルプレイセラピーでも，70％の子どもはルールに従い（ステップ①，②か③），残りの25％は警告された後にはやめる（ステップ④）と述べています。Ray（2011）は95％の子どもは結果を活用する前に（ステップ④），適切な自己表現法に自分で方向づけできるとしています。

Ⅸ 制限設定の難しさ

制限にまつわる難しさは，PThの好かれたい欲求から生じることが多いようです。もし制限を，自分に対する子どもの好意を減ずるネガティブな手続きとして捉えた場合，適切かつ効果的な制限をするには非常な困難が伴うことになります。制限が必要かつ有用なポジティブな手続きであることを理解するために，制限の意味と重要性を学び直す必要があります。それと同時に，好かれたい強い欲求という自分の逆転移を取り扱わなくてはなりません。

以下は制限の問題を解決するのに役立つ戦略です。

- あらかじめ心の中ですべき制限を決めておく。どのような振舞いに制限をし，どのような振舞いは許せるか？　どの程度の行動がやり過ぎとなるだろう？
- 子どもの行動や制限にまつわる自分の気持ちを自己探索する。自分が制限を設定する，あるいはそのまま見守ろうと決める行動に影響を与えそうな自分の性格，および起こりうる逆転移的反応を徹底的に自己分析する。どの子どもがやっても自分がイライラする行動は，どのようなものか？　子どもによって，状況次第でイライラする行動は，どのようなものがあるか？
- 制限が一貫しているかどうかみるために，治療目標を見直す。特定の子どもに設定したその制限は，治療目標に近づくにあたって適切かつ有益だろ

142　第Ⅱ部　プレイセラピーの技法とすすめ方

うか？

● 場所，時間，最初のルールなどを再構成する。プレイセラピーに専念できるような環境かどうかを確認する。4 歳の子どもの予約が午後 8 時からであるために，行動化を起こしているということはないだろうか？　重度のADHD の子どもにとって刺激的なものが多すぎないだろうか？

● 出来事の結果を修正する。制限破りに対しての結果（ステップ⑤）は意味をなしているだろうか？　結果が適切で役に立つと信じているか？　それとも疑わしいと思っているのだろうか？

　制限を設けることが正当かどうか判断する際には，本章の冒頭で述べた 7 つの理由を考え，問題になっている状況をその根拠に照らして検討して下さい。制限が毅然と穏やかに設定された場合，めったに破られることはありません。たった一つの制限をするために 1 セッションまるまる使うこともありえますが，その治療的意義は大きいので根気強く取り組みましょう。

　子どもの次のような言動で，制限が内在化して身についたことがわかります。

● 制限を自発的に言語化する。子どもが自分に，「楽しそうだけど壁に絵を描いちゃだめなんだよね」。

● 自分で制限をする。子どもが「私がどんなにすっごくここに座りたくっても，壊れちゃうから座っちゃだめなの」と言う。

＊アクティビティ

A．自分の制限リストを作る

　以下のような状況で，自分なら制限をするだろうことに✔をつけましょう。この中には絶対に制限をするもの，交渉の余地があるもの，PTh の理論的志向性や性格，子どもの要因によって，設定する場合とそうでない場合があるものとがあります。特定な行動に対してあなたが制限を設けるかどうか判断するにあたって条件はありますか？　このリスト以外にも，制限するだろうことも考えてみましょう。このリストは完成したものでもなければ，絶対的な

第10章　制限設定　143

制限でもないことにご留意下さい。

☐ おもちゃを家に持ち帰る
☐ 描いた絵を家に持ち帰る
☐ プレイセラピー部屋に入らない
☐ セッション中にプレイセラピー部屋を退室する
☐ セッション中にお手洗いに行く
☐ 終了時間がきてもプレイセラピー部屋から退室しない
☐ 高価ではないおもちゃに絵を描く
☐ 壁に絵を描く
☐ 子どもの顔に絵具を塗る
☐ PTh の腕に絵具を塗る
☐ 飲み物や食べ物を持ち込む
☐ 子どもが持ってきた本を読む
☐ 宿題をする
☐ ゲーム機でゲームをする
☐ 部屋の電気をつけたり消したりする
☐ ソファの上に飛び乗ったり飛び降りたりする
☐ 高価ではないおもちゃを壊す
☐ 窓に向けてボールを投げる
☐ おならをする
☐ 汚い言葉遣いをしたり悪態をつく
☐ 汚い言葉や悪態を文字にして書く
☐ わいせつなものを描いたり作ったりする
☐ 柔らかいものを部屋中に投げる
☐ PTh とレスリングをする
☐ PTh の手を刀で叩く
☐ PTh を柔らかいバットで叩く
☐ 遊びで PTh を縛りつける
☐ 力を使って PTh を攻撃する
☐ PTh の膝に座る
☐ PTh を長い間抱きしめる
☐ 服を脱いで下着になる
☐ 一見わからないようにマスターベーションする

144　第Ⅱ部　プレイセラピーの技法とすすめ方

□ セッション中黙って座っている

□ 遊ばない

□ PTh を無視する

　あなたが制限するであろうその他の行動リストも作ってみましょう。

　上記の制限をする／しないのか，どのような基準が影響を与えていたのか，について話し合いましょう。話し合った結果，リストが変わるか見てみて下さい。必ず逆転移感情を検討して下さい。

B．状況別の制限を考えてみる

　次のような場面で制限をするかどうか考えてみましょう。さまざまな状況／条件によって何か違ってくるでしょうか？　どうして違ってくる／こないのですか？　各状況に対してどう反応するか（言語的，非言語的，行動的など）書き留めて下さい。

①－a．カツヤ（3歳）があなたの膝に座ろうとする。

　　　b．カツヤ（11歳）があなたの膝に座ろうとする。

　　　c．性的虐待を受けたカツヤ（3歳）があなたの膝に座ろうとする。

②－a．ヨシコ（4歳）がプレイセラピー部屋の壁に絵具を塗ろうとしている。

　　　b．ヨシコ（9歳）がプレイセラピー部屋の壁に絵具を塗ろうとしている。

　　　c．これまでの10セッションで何もしてこなかったヨシコ（4歳）がプレイセラピー部屋の壁に絵具を塗ろうとしている。

③－a．膀胱に問題を抱えている5歳のジョウがセッション中にトイレに行きたいと言う。

　　　b．膀胱に問題を抱えている12歳のジョウがセッション中にトイレに行きたいと言う。

　　　c．膀胱に何ら問題を抱えていない5歳のジョウがセッション中に一度トイレに行った後，再びトイレに行きたいと言う。

　対応について話し合いましょう。

C．6つステップに沿って制限する・しないを考える

　次にあげるのは制限の具体例を段階ごとに分けたものです。次のステップへと制限を続けるかどうかを決める前に，各段階の後で子どもの反応を必ず

第10章　制限設定　145

待ちます。適切な制限のステップ３〜６の例は，子どもがその前の段階で次のステップを言語化する必要がある応答をした，という仮定での対応です。それぞれのシナリオについて，制限の各段階における不適切な応答例ものせています。

　それぞれのシナリオで，自分だったら制限をするかどうか考え，制限をする・しない理由，応答の理由を考えましょう。もし制限をするならどのようにするか，しないのであればどのように応答するかを考えて下さい。

▶ タイ（９歳）とあなたがレスリングごっこをしている。タイが「スーパー最強へんてこワザー！」と叫んで，片腕をあなたの足の間に入れ，あなたのお尻をつかんで，あなたを押し倒そうとする。

【適切な制限】

　ステップ①＆②：「すごい技にワクワクしてるんだね，先生の足の間に腕を入れたりお尻をつかんだりはだめだ」と言いながら，直ちにその姿勢から抜け出る。

　ステップ③：「違ったやり方ですごい技をやるのはいいよ」

　ステップ④：「さっきと同じ技をすることを選ぶんだったら，今日はレスリングはやめなくてはだめだよ」

　ステップ⑤：「さっきと同じ技をすることを選んだんだね。じゃあ，今日の残りの時間，先生とはレスリングできないね」

　ステップ⑥：タイが交渉を試みる。「タイ君はすごくレスリング続けたいんだね。次の回でできるよ」

【不適切な応答】

　ステップ１：とても不愉快に感じながらも何もせず，今度から二度とタイとレスリングするのはやめようと決める（制限を設定していない，逆転移に基づいた不適切な意思決定）。

　ステップ３：「これ以上レスリングするのはやめよう」（制限せず活動を停止する提案）

　ステップ４：「レスリングをするのは今日で最後な」（制限せず活動を禁止）

　ステップ５：「覚えといて，二度とレスリングはしないからな」（制限せず活動を禁止）

　ステップ６：タイが交渉を試みる。（二度としないと心に決めつつ）「わかった…様子を見てね」（制限を設定していない，逆転移に基づいた不適切な意思決定，タイに嘘をついている。）

146　第Ⅱ部　プレイセラピーの技法とすすめ方

▶カヤ（10歳）が初めて，自分の家族内での内なる不安を遊びで表現している。セッションの終わりの時間になる。彼女は自分の遊びに非常に没頭しており，時間を告げても遊びをやめようとしない。

【適切な制限】

　　ステップ1：「カヤちゃんは今やってることにすごく夢中になってて，やめたくないのね」

　　ステップ2：「今日はもうおしまいの時間よ」

　　ステップ3：「次回来た時に続きをできるよ」

　　プレイセラピー部屋を出る準備をしながらドアに近づいていく。それ以上カヤの遊びには関わらない。やめるように知らせ続ける。カヤがやめようとしなければ，親に連れ出してもらう。

【不適切な応答】

　　ステップ1：何も言わない（制限を設定していない）。

　　ステップ2：大切なことだし，彼女を不安がらせて追い払いたくないし，彼女の後には誰もこないので，続けさせてもよいと決める（制限を設定していない。制限を設定しない理由が治療的ではなく，PThの逆転移に基づいており，またカヤのニーズではなくてPThのスケジュールによって決められている）。

　　ステップ3：「もうちょっと早くやれるんじゃないの」（カヤに何かをさせようとしている。）

　　ステップ4：「今回はそれを続けてもいいと思うわ。それは大切なことだと思うから」（制限を設定していない。これが大切であるという判断からは他のことが大切ではないというメッセージが伝わる。）

　　ステップ5：「わかっている？　いつもはこんなふうに長引かせられないからね。でも，今日はいいよ。そのことは大事だし，この後に誰も来ないから」（制限を設定していない。これが大切であるという判断からは他のことが大切ではないというメッセージが伝わる。カヤのニーズではなくてPThのスケジュールによって決められている。）

　　ステップ6：「そうね。これはとってもとっても大切なことだと思うから，来週また続きをしましょう」（これが大切であるという判断からは他のことが大切ではないというメッセージが伝わる。来週カヤが何をするかという提案をしている。）

第10章　制限設定　147

D．制限の 6 ステップの練習

次のような場合大野木式 6 段階に従って，どのように応答するかを考えましょう。

- マコ（4 歳）がお気に入りの鹿のおもちゃを見つけられず，しくしく泣きながら他の動物のおもちゃをあなたに向かって投げ始める。
- チアキ（10 歳）が 10 分早くセッションに来室。プレイセラピー部屋に誰もいないことがわかると，部屋に入ってまっすぐおもちゃへと向かう。
- ユイ（9 歳）が「私が 6 歳の時，パパと私が何をしたと思う？」と言って，パンツを脱ぎ始める。ユイの父親はユイへの性的虐待で現在服役中であり，それを開示しようとするのはこれが初めてである。
- これまで 5 回のセッションで何にも興味を示さず，宙を見つめて座っているだけだったリキ（5 歳）が，ペンでソファに色を塗ろうとし始める。
- アユ（8 歳）が顔を輝かせて「先生は私が世界で一番大好きな人だよ！」と言って抱きつく。（女性の場合）彼女は顔をすり寄せ，その位置はちょうど胸元である。（男性の場合）体の動き方の結果，偶然あなたの股間にも身体があたっている。
- コウ（7 歳）が自分の刀であなたの刀をかなり激しく打ち始める。刀があなたの手を打つギリギリまで来ることが何度かある。コウは真剣だが，怒っているわけではない。
- イク（11 歳）はプレイセラピー部屋の兵隊で遊ぶのが大好き。児童養護施設から来ており，おもちゃを持っていない。プレイセラピー部屋には 1 体10円の兵隊30体ある。終了時間間際にイクがポケットに一体兵隊を忍ばせた。

応答について話し合いましょう。

E．制限のロールプレイ

①制限のロールプレイをしましょう。

ペアになり，相手に子どもになりきって遊んでもらい，以下のような行動をとってもらいます。体験したことを，PTh と子ども，両方の視点から話し合いましょう。

- 部屋を出て行こうとする
- おもちゃで PTh を叩こうとする
- 壁に絵を描こうとする
- 服を脱ごうとする

- PTh に絵を描こうとする
- おもちゃを持って帰ろうとする
- おもちゃをわざと壊そうとする
- PTh の服を脱がせようとする
- 自分を傷つけようとする
- おもちゃを思いっきり投げようとする
- PTh を蹴ろうとする

②役割を交代します。

さまざまな行動について PTh に制限を設定された時の子どもの体験を味わってみましょう。体験したことを，PTh と子ども，両方の視点から話し合いましょう。

③上述のリスト以外で，制限のロールプレイをしましょう。

相手には子どもになりきって遊んでもらい，制限が必要な行動をとりわけ非協力的にしてもらいます。体験したことを，PTh と子ども，両方の視点から話し合いましょう。

④役割を交換します。

制限が必要となるような振舞いをしている時，その行動に PTh から制限を設定されたら，子どもがどのような体験をするのか味わってみましょう。上述のリストや相手が演じたものとも違う行動をしましょう。この体験について，PTh と子どもの両方の視点から話し合いましょう。

⑤子どもの不適切な行動に制限をする練習をしましょう。

心理療法を受けていない子どもと行います。他の人に観察してもらえるならば，子どもが制限にどう反応するかを書き留めてもらいましょう。自分の経験と子どもの反応を振り返ります。観察してもらったのであれば感想を尋ね，体験について話し合いましょう。子どもにも感想を聞けるのであれば，聞いてみましょう。

⑥可能であれば，ロールプレイを録画し，見てみましょう。

- 制限をした行動と，どのように制限したかを書き留めます。それは適切ですか？　もしそうでないなら，かわりにどうすることができたでしょうか？　制限は何に焦点をあてたものでしたか？　それは焦点をあてるべきと考えたものですか？　そうであった場合，またはそうでなかった場合，それはなぜでしょうか？
- 制限ができたのにしなかった場合を書き出しましょう。制限をしたとしたら，どのように言うことができましたか？　なぜそのように言おうと

第10章　制限設定　149

思ったのですか？　なぜ初めは制限をしなかったのだと思いますか？
- 制限が必要ではなかったのに制限をした場合を書き出しましょう。制限するかわりに何ができたでしょうか？　そうすることを選んだ理由は何ですか？　なぜ初めは制限をしたのだと思いますか？
- 子ども役は，制限に反応しましたか？　どのような反応でしたか？　その反応は意図したものと一致していましたか？　そうだった場合とそうでなかった場合，それはなぜでしょうか？
- 声のトーンや顔の表情はどうでしたか？　穏やかで落ち着いて，普段通りの自分でいましたか？　そうだった場合とそうでなかった場合，それはなぜでしょうか？

F．振り返ってみよう

- 制限をするにあたって，うまくできたことはどのようなところですか？
- 制限するにあたって，難しいと感じたところはどのようなところですか？
- 制限する技術を磨くために，今できていて続けていきたいことと，今後もっとできることはどのようなことですか？
- 制限で最も注目していた行動は，どのタイプでしたか？　なぜそうだったのだと思いますか？　それに関して変える必要があるとしたら，できることは何だと思いますか？
- 制限を設定しなかったのはどのタイプの行動でしたか？　なぜそうだったのだと思いますか？　改善するために何ができると思いますか？
- 個々の具体的な状況あるいは子どもに対して，どのような制限をするかを意識的に区別し，決断できるようになるために，今後どのように進めていきますか？
- どの程度，穏やかで，落ち着いて，普段の自分のままでいられましたか？　どの行動が制限をしやすく，どの行動が難しかったでしょうか？　なぜそうだったのだと思いますか？

ようやく険しい山の山頂まで登りきって，眺めを楽しんでいますか？
次は「責任を子どもに返す」技法です。

第11章

責任を子どもに返す

「パパ，オレンジジュース持ってきてくれる？」「はい，どうぞ」

「ママ，私，水泳を始めた方がいいと思う？　それともサッカーかな？」「あなたは水泳の方が得意だから，そっちがいいわよ」

　子どもと大人の間でかわされるやりとりを注意深く観察して下さい。性別や文化，年齢，社会経済的な状況，環境に関わらず，ほとんどの場合，ある共通したやりとりのパターンと傾向があることにお気づきでしょうか？　どれほど多くの大人が無意識のうちにすぐに子どもが何かするのを手伝ったり，何か決めるのを助けたりしているか気づいたことがありますか？　心当たりはありますか？　「お願い，これを開けてくれない？」と頼まれたら，なんのためらいもなくそれを受け取って，開けてあげているでしょうか？

　大人は多くの経験を積んでいるため，子どもに比べ，ずっと物事を上手にこなし，よい判断を下します。子どもが決めるまで忍耐強く手を出さずに見守るより，大人が手を出し何かを決めた方が物事は早く順調に運びます。「もちろんそうですよね。それがプレイセラピーとどういう関係があるのでしょう？」と尋ねる人もいるでしょう。すべてのプレイセラピーに内在する基本的な目標には，子どもの自尊心を育てることが含まれていることを思い出して下さい。子どもに自分の行動と決定に責任をもたせることは，この目標の獲得に貢献します。この章ではそれはなぜか，どのようにするのかを説明しましょう。

Ⅰ 子どもに責任を返すことがなぜ必要か？

　責任をとることと意思決定に関する発達は人生の初期に始まり，子どもの頃

151

のそうした経験はその子の一生に影響を及ぼし，生涯にわたる"責任をとる能力""意思決定をする能力"を形作ります。自分で物事を決め，決めたことの責任をとるという機会が豊富にあった子どもは，自分の意思決定の能力や責任をとる能力に自信があり，人生に対して力をもち，自分でコントロールしていると感じます。何かをやってみて，うまくなしとげた場合，あるいは仮に当初はうまくいかなかった場合でも，その体験は自信と自己有能感を促進します。難しい状況，よくない状況，さまざまな状況に適切に対処できる自分の能力を信じることを学びます。

　プレイセラピーの中で責任を返すことで，その子には作業を最後までなしとげ，自分で決める能力も手腕もあると PTh は信じている，というメッセージを与えることになります。この信頼が自信の元となり自尊心を高め，その子を勇気づけるのです。子どもができる範囲のことであるにもかかわらず大人が物事を決めてしまうと，その子が技能を身につける機会を奪うだけでなく，周りの人々はその子のことを，適切な決定もできず，その責任をとることもできないとみなしているというメッセージをその子に発することになります。その子は自分は無力だと感じ，自分への信頼感が下がるという悪循環につながります。子ども時代の自尊心の欠如は生涯にわたって同じ状態をもたらします。大人がその子にかわって決めた場合，子どもが自分で決め，その責任をとる場合と違って，たとえうまくいったとしても，その子は達成感を味わう機会やただ試してみるという機会を失うことになります。

　以上のように，プレイセラピーを含むあらゆる状況で，子どもに指示する言葉かけや提案をしてしまうと，子ども自身の意思決定や責任をとる機会を損なうことになります。「この女の子なんて言ったらいいと思う？」に，「お母さん大好きって言うのはどう？」と応じるのは，子どもが決める責任を奪ってしまう，悪い応答です。良い応答は，「この女の子がなんて言いたいのか決めようとしているのね」です。

　PTh にとって大事なことは，無意識に子どもの世話を焼き，何かをしてしまう自分の傾向を意識して自覚し，やめるようにすることです。要点は以下の二つ，①子どもが自分でできることは自分でさせる，②子どもが自分で決められることは自分で決めさせる，です。

152　第Ⅱ部　プレイセラピーの技法とすすめ方

Ⅱ 責任の種類：行動に伴う責任と意思決定に伴う責任

　子どもはいろいろな方法で助けを求めたり，ほのめかしたりするものです。それは直接的なこともあれば間接的なこともあり，PThが子どもの様子を見て助けが必要だと考えることもあります。ここで言う責任とは，行動に伴う責任と，意思の決定に伴う責任です。どのように責任が子どもに返されるべきかは，責任の種類と子どもの頼み方の組み合わせによります。

▶ 子どもが入れ物を開けたくて助けを求める場合（行動）
- 直接的な頼み方で，行動について：「これを開けてくれる？」
- 間接的な頼み方で，行動について：「これどうやって開けたらいいのかわかんない」
- 子どもの様子を見て，行動について：子どもが入れ物を開けようとしているが，開けられない。

▶ 子どもが絵を描くのに何色にしようか決めるのを手助けしてほしい場合（意思決定）
- 直接的な頼み方で，意思決定について：「何色にしたらいい？」
- 間接的な頼み方で，意思決定について：「何色を使ったらいいか決められない」
- 子どもの様子を見て，意思決定について：子どもがあるクレヨンを手に取り，首を傾げ，PThを見て，クレヨンを戻してまた別の色を手に取る，ということを何度も何度もしている。

Ⅲ 責任を返す方法

　責任を返すいくつかの方法は，直接的に返す方法，間接的に返す6つの方法，直接的と間接的を組み合わせた方法です。以下は先ほどの何かを開ける・色を選ぶのに，子どもが直接助けを求めてきた場合の対応です。

第11章　責任を子どもに返す　153

1 … 直接的方法

どう振る舞い，何を決めるかは自分で決めてよいということを直接伝えます。行動について「自分でやってみることができるよ」，意思決定について「どれにしたらいいかは自分で決めていいんだよ」。

2 … 間接的方法

▶ **子どもの使った比喩を用いる**：子が使っているおもちゃや遊びを通じて伝える。"ねずみさん"を遊びの中で紹介していたのであれば，ねずみさんと呼ばれているおもちゃに向かって，行動は「ねずみさんはきっとそれを自分で開けられるよ」，意思決定は「どの色にしたいかねずみさんならきっと決められるわ」。

▶ **最小限の促し**：音や表情，ボディランゲージで表現する。子どもに「んー」と言う（「話は聞いているよ，でも先生はしないよ」という意思を伝えるための，肯定でも否定でもない声），頷く，微笑むなど。

▶ **トラッキングや伝え返し，感情の反射を用いる**：三つの基本技法の一つあるいは組み合わせを使う。行動に対し，トラッキング「なんとかそれを開けようと頑張ってるけど，開かないんだね」，伝え返し「これ開けられるかな？」，反射「自分ひとりで開けられる自信がないのね」。意思決定に対し，トラッキング「それを手に取って，また違う色を選んで，今度はまた別の色」，伝え返し「どの色にしたらいいのか決められないのね」，反射「自分で何色を使うか決めるのは不安なのね」。

▶ **ささやき法**：何が必要と考えているかという情報を得るために PTh がささやく方法。「先生がこれをどのように開けたらいいか，見せてくれる？」「何色を選んだらいい？」と子どもにささやく。ささやき法（ウィスパー法）とは，子どもがごっこ遊びの時に，ごっこ遊びの流れを妨げずに，一時的に役割から降りて次の話の展開をどうするかを確認する時に使われる，普遍的な遊びのやりとりの方法の一つです。この技法はプレイセラピーのさまざまな場面で活用できます。

PTh と子どもが役割をとって遊んでいる，おもちゃで遊んでいる時に，子どもが PTh のとっている役柄に何をしてほしいか，なんと言ってほしいかを確

認したい場合，PThは自分の身を少し片方に寄せて，手を自分の口元にあてて，低いささやき声でいつもの話し方で，「次，先生なんて言うの？」などと明確にするための質問をします。子どももよく同じ振舞い（片方に身をずらし，口元に手をあて，いつもの声の調子でささやく）を示すものですが，その子どもからの指示を受け取ったら，PThは元の位置に身体を戻し，役柄上の声に戻して，子どもに言われたようにしたり言ったりします。この方法をとることで，子どもの必要としていることや望みを明確にさせつつも遊びの流れを大切にして，途切れることなく連続感をもったまま遊びを進めることが可能になります。

▶ **解釈**：助けを求めた理由についての解釈的なコメントをする。行動に対して「先生に甘えたいのね」，意思決定に対して「選んだ色を先生が認めないんじゃないかと心配なのね」。

▶ **勇気づけや励ましの言葉かけ**：自分で何かをする，決められるよう勇気づけ，励ます。自分一人で決める力があると信じているというメッセージが強調されます。「タッ君ならきっと一人でこれを開けられるよ」（行動），「ヤッちゃんは，一番いいと思う色を選べるって，先生わかるよ」（意思決定）。

3… 直接的・間接的方法の組み合わせ

いくつかの方法を組み合わせて使うこともあります。その子が実際にその作業を達成できるかどうかわからない時，能力を見極めるための情報を集める場合に用いられます。まず間接的な方法から始めて，子どもの反応をよく確認し，その反応に応じて子どもに関わります。行動に関して，まずは反射で「自分で開けられるかどうか，わからないんだね」と応えます。それに対して，子どもが「そうしてもいいの？」と返してきた場合には，その作業を自分でできるが，やってよいのかどうか定かでなかったのだとアセスメントでき，この次にくる責任を返すための応答は，解釈と直接的な方法の組み合わせとなり「開け方はわかるけど，そうしていいのかどうかわからなかったのね。いいのよ」と返します。最初にとった，責任を返す間接的な方法に対して，「こんなの見たことないから，どうしたらいいかわからない」などのように，一人では目標を達成できないことを意味する発言をした場合は，その作業に協力することを提案もでき，まずPThが入れ物を開けるやり方を見せて，それから子どもに自分で試してもらう，という方法もあります。

子どもが作業をなしとげる力をもっているかどうかを判断するために用いられる一つの手法は、「どうしてほしいかやってみせて」と聞いてみることです。できるというアセスメントの場合、この質問はその子が自分でやってみるのを励ますことになります。できないというアセスメントの場合は、この質問によって、どのような手助けを求めているのかはっきりさせることができます。さらに、本当に助けが必要で、欲しいのかを子どもが考える機会となり、本当に必要な場合には、具体的に何を助けてほしいのかを考える機会にもなります。

協力を提案するのは、一人ではできないと思われる行動の場合にのみ用いられる方法であり、意志決定に対しては当てはまりません。プレイセラピーでは子どもが間違った判断をするということはありえないのですから、PThが決断を助けたり、手を貸したりする必要はないのです。子どもは自分の決めたことに自信がもてないこともあり、決めたものが気に入らない、一番いい判断をしなかったように感じるかもしれませんが、どのようなものであれ間違った判断ではありません。

子どもが助けを求めなかった場合、"子どもの心を読んで"子どものために何かをしたり、決めたりすることは差し控えます。最初の応答は、その子に責任を返すのか一緒に協力することを提案するのかを決める前に、しようとしている作業をなしとげる力が、子どもにあるかどうかをはっきりさせるためにするのだということを肝に銘じましょう。子どもがそれをする・意思決定ができるというアセスメントが成り立ち、他にやむをえない理由がない場合には、たとえ子どもが礼儀正しく頼んできても、子どもに責任を返します。

Ⅳ 子どもに責任を返さない状況

子どもに責任を返す機会をできるだけ多くもつことは、子どもの心の健康と情緒的成長にとって最善のことでありながらも、責任を返さないことをよしとするアセスメントをする状況がいくつかあります。その子がある行動をする能力がない、自分一人でその作業ができず、助けを求めていると判断した場合には、単に全責任を子どもに返すよりも協力を提案する方が適切です。子どもはいつでも自分の意思を決める能力をもっているはずなので、意思決定に関して

156　第Ⅱ部　プレイセラピーの技法とすすめ方

はここに含まれません。

トラウマ的な対人関係を経験してきた子どもは，プレイセラピーの中で世話をしてもらう必要がある場合もあります。乳児期に見捨てられ，児童養護施設に預けられて里親から里親へとたらい回しにされてきたようなマサキの場合，信頼に基づく強い治療関係が形成された時点で，PThに甘えることが"許される"かもしれません。この子はプレイセラピーで世話をしてもらう必要があるとアセスメントした場合，マサキには甘えさせ，その時に，意図して甘える体験をさせているのだということを声に出して表明することが肝心です。子どもがPThに次に何色を使うか決めてくれるよう頼むという状況であれば，その子の甘えたいニーズを声に出して言いながら色を選びます。「先生に甘えて，どの色にするか決めてほしいのね。赤い色はどう？」。

現在あるいは最近，情緒的に負担のかかる環境に置かれたため，一時的に特別な配慮が必要な場合もあります。親の離婚，災害・事故・犯罪の被害，大事な人の死，医療処置を受けた経験などがあげられます。手助けの意図を口にして言うことを忘れないようにします。「今はお世話してもらいたいんだね。ナミちゃんが頼んだように，これ開けてあげるね」。

面接の中での退行が治療的であるとする理論的背景で，当該の子どもがそれによって恩恵を得られる場合は，子どもに責任を返す応答は最善の治療的応答とはみなされず，むしろPThはその子を手助けしようとします。

子どもに責任を返す具体例

▶ **行動について直接的に頼む**：「あれをこっちへ持ってきて下さい」
- 直接的：「もしあれをこっちに持ってきたいなら，サブ君が自分で持っていいよ」
- 伝え返し：「あれをこっちに持ってきてほしいのね」
- 感情の反射：「自分の思い通りにしたい感じなのね」
- 最小限の促し：「んー」
- 解釈：「自分で何かをする時，人をあてにしたくなるんだね」
- 勇気づけ／励まし：「サブ君なら自分であれをこっちに持ってこれるよ」
- その子ができない場合の協力の提案：（その子の手が届かない）「先生が下ろ

すから，そしたら自分でこっちに持ってこれるね」

- 責任を返さない：（現在怪我で歩けないためできない）「先生が取って，持ってくるね。今は怪我で動けないもんね」

▶ **意思決定について直接的に頼む**：「これを使ってどうするのか教えて」

- 直接的：「それを使ってどうするのかは，ジュンちゃんが決めることができるんだよ」
- 伝え返し：「これを使ってどうするのか教えてほしいのね」
- 感情の反射：「自分が決めるのは怖いわよね」
- 最小限の促し：微笑む
- ささやき：「それを使ってどうするって言えばいい？」
- 解釈：「お母さんがいつもそうするように，先生に決めてほしいのね」
- 勇気づけ／励まし：「それを使ってどうするのか，ジュンちゃんなら自分で決められるよ」
- 責任を返さない：（その子が決めたことは何でも叩いて罰せられるという虐待的環境で育てられ，プレイセラピーを始めたばかりという場合）「もし自分で決めたら怒られるんじゃないかと思うのね。それを頭に乗せてもいいし，床に置いてもいいし，他にも，それで何をするか決めてもいいのよ」

▶ **行動について間接的に頼む**：「僕，自分ではできなさそう……」

- 直接的：「自分でやってみていいんだよ」
- 伝え返し：「自分ではできなそうって思ってるのね」
- 感情の反射：「間違えるんじゃないかって心配」
- 最小限の促し：頷く
- 解釈：「ちゃんとできるかどうか自信がなくなる時があるのね」
- 勇気づけ／励まし：「ユウ君には一人でそれができる力があるよ」
- その子ができない場合の協力の提案：自力でその行動をなしとげるだけの体力がない場合，筋力を必要とする部分を PTh が担当して，その子がその作業をなしとげられると提案する。「先生がこれを緩めるね。そしたら，自分で最後までできるよ」
- 責任を返さない：（長年の険悪な関係の末に最近親が離婚し，今は子どもの親権をめぐって争っている。どちらの親も彼の面倒をみていないということで，子どもはかなりつらい日々を過ごしている）「今，誰か頼れる人がすごく欲しい

のね。はい，どうぞ」

▶ **意思決定について間接的に頼む**：「このカメ，何歳だかわからないなぁ」

- 直接的：「このカメは，ミツ君がそうしたいと思う年齢になれるよ」
- 伝え返し：「このカメが何歳だかよくわからないんだね」
- 感情の反射：「何歳にしたらいいのか戸惑ってるんだね」
- ささやき：「このカメ，何歳にしたらいいと思う？」
- 比喩：「ねぇ，カメさん，あなたは何歳なの？」
- 最小限の促し：「うーん？」
- 解釈：「正しい判断ができるか自信ないのね」
- 勇気づけ／励まし：「このカメを何歳にするかはミツ君が決められるわよ」
- 責任を返さない：（その子の親友が事故で亡くなり，その子が深い悲しみと恐れに圧倒されいて，何を決める気も起きない）「悲しすぎて，カメが何歳か決められないのね。123歳というのはどう？」

▶ **子どもの様子から行動の手助けを欲しがっていると判断**：子どもが，あと少しで手の届くところにあるおもちゃを取ろうとしている

- 直接的：「自分でそれを取れるよ」
- トラッキング：「それを取ろうとして一生懸命頑張ってるんだね」
- 感情の反射：「なかなか届かないからイライラしてるんだね」
- 最小限の促し：「あとちょっと」
- 解釈：「あと少しで手の届くところにあって，ヒロちゃんが人生で望んでいるいろんなものみたいね。それを一生懸命つかもうと頑張ってるんだね」
- 勇気づけ／励まし：「ヒロちゃんはいつも，自分一人でできるかどうか知りたくて，まずは自分で一生懸命やってみたいと思ってるのね」
- その子ができない場合の協力の提案：椅子に乗ってもなお，おもちゃに手が届かず，「うーん」と声をあげ，助けを求めるように PTh を見るというジェスチャーをしている。PThがそれをもっと低い棚に移し，子どもがそれを取るという提案が考えられる。「届かないから，先生が低い棚にのせるね。そしたら，そこから取れるよ」。もしその子が助けを求めるそぶりを見せなかったら，協力の提案はしないようにする。もし自分で取ることができなかったら，それを欲しくないと決める可能性もあるため。

第11章　責任を子どもに返す　**159**

● 責任を返さない：その子が身体的・精神的な大きいストレスによって心臓発作となる病状にあり，手助けを得てそのおもちゃを欲しいことがわかった場合，おもちゃを手が届く近さに置くという協力を提案できる。「ヒロちゃんはそこまで頑張っちゃうと心臓に危険だよ。届くようにもっと近くに持ってくるね」。

▶ **子どもの様子から意思決定に関して手助けを欲しがっていると判断**：その子は，いくつかあるおもちゃのかごの上で片手を行きつ戻りつさせて，顔をしかめている

● 直接的：「どれにするか自分で決めていいんだよ」

● トラッキング：「これにしようかな，それとも，こっちにしようかな」

● 感情の反射：「どれを選ぶかで，ちょっと迷ってるんだね」

● 最小限の促し：「う～～ん，う～～ん」

● 解釈：「今まで自分で決めていいってことがなかったから，すっごく真剣に考えてるんだね」

● 勇気づけ／励まし：「すごく一生懸命集中して，どれを選ぼうか決めようとしてるんだね」

● 責任を返さない：その子は，地震によって，大好きだったサルのぬいぐるみも何もかもすべての持ち物を失い，避難する時に手に取ったゲームボーイだけが残され，サルではなくてゲームボーイを持ってきたことを後悔し，間違った選択をした後悔の念にさいなまれている場合。「また間違ったものを選んだらどうしようってすごく思ってるのね。ゲン君は，その車のおもちゃが一番気になってるみたいね」。

::::::::: **＊アクティビティ** :::::::::::::::::::::::::::::

A．子どもに責任を返す

　子どもに責任を返すことをやってみましょう。子どもがどの種類の手助けを求めているか，どの種類の応答で責任を返すかを選び，それを選んだ理由を述べて下さい。一つの場面につき，少なくとも３種類の応答を試みてみましょう。それぞれにつき，協力の提案および，子どもに責任を返さない理由としてありえそうなシナリオも考え出して下さい。

160　第Ⅱ部　プレイセラピーの技法とすすめ方

- ナツ（7歳）：めそめそした声で「今日は何で遊んだらいいかわかんない」
- ユキ（6歳）：「届かないよ！」と怒りながら叫んで，高い棚にあるおもちゃを見ている。
- ゴウ（9歳）：はさみで紙を切ろうとして頑張っているが，まっすぐ切るのが難しくなり，しかめ面になり始めた。
- ハジメ（4歳）：三つの違った帽子をもってきて，一つずつかぶってはPThに見せ，自分がどれをかぶるかPThに選んでもらいたいような様子である。ハジメは満面の笑みを浮かべている。
- タクヤ（8歳）：「僕がこのパペット全部床に置いてる間，戸棚からパペットシアターを出してくれる？」
- カヨ（11歳）：「今日，ままごと遊びをする時，私がお母さんになるね。先生は何になりたい？」

応答について他のPThと話し合いましょう。

B．責任を返すロールプレイ

①責任を返すロールプレイをしましょう。ペアになり，相手に子どもになりきって遊んでもらいます。子ども役の人がいろいろな形で助けを求めるのに対して，責任を返すさまざまな方法を使ってみましょう。体験したことを，PThと子ども，両方の視点から話し合いましょう。

②役割を交代します。子どもとしてPThから責任を返されるのがどのような感じか体験してみましょう。体験したことを，PThと子ども，両方の視点から話し合いましょう。

③子どもに責任を返す練習をしましょう。心理療法を受けていない子どもと行います。他の人に観察してもらえるならば，責任を返すことに対して子どもがどう反応するか書き留めてもらいましょう。自分の体験と子どもの反応を振り返ります。観察してもらったのであれば，感想を尋ね，体験について話し合いましょう。子どもにも感想を聞くことができるのであれば，聞いてみましょう。

④可能であれば，ロールプレイを録画し，見てみましょう。

- 責任を返す応答を書き留めます。それは適切でしたか？　もしそうでないなら，かわりにどのように言えたでしょうか？　責任を返すコメントは何に注目したものですか？　それは，注目すべきだと思うものですか？　そうであってもそうでなくても，その理由は？

- 責任を返すことができたはずなのにしなかった時のことを書き出します。どのように言うことができたでしょうか？　そのように言おうと決めた根拠は何ですか？　なぜ始めは責任を返すコメントをしなかったのだと思いますか？
- 子ども（役）は責任を返す言葉に反応しましたか？　その反応はどういうものでしたか？　その反応は意図したことと一致していましたか？　そうであってもそうでなくても，それはなぜでしょうか？
- 声のトーンや顔の表情はどうでしたか？　それらは受容的・中立的・一貫性のあるものでしたか？　そうであってもそうでなくても，その理由は？

C．振り返ってみよう

- 子ども（役）に責任を返すにあたって，うまくできたのはどのようなところですか？
- 難しいと感じたのはどのようなところですか？
- 責任を返す技術を磨くために，今できていて続けていきたいことと，今後もっとできることはどのようなことですか？
- 責任を返すコメントがうまくできたのは，子ども（役）がどの種類の方法で助けを求めてきた時ですか？　それはなぜでしょうか？
- 子ども（役）がどの種類の方法で助けを求めた時に，責任を返すコメントが難しいと思いましたか？　それはなぜでしょうか？　それについて何ができると思いますか？
- さまざまな状況で，責任を返すのにどの種類の方法を使うかを意識的に区別し，決断できるようになるために，今後どのように進めていきますか？
- 子ども（役）が助けを求めてきた時に，どれくらい，肯定的・中立的・一貫した立場がとれましたか？　どの種の方法が簡単で，どれが難しかったでしょうか？　それはなぜだと思いますか？

技法の最後の駅，「子どもからの質問を扱う」に行きましょう！

162　第Ⅱ部　プレイセラピーの技法とすすめ方

第12章

子どもからの質問を扱う

「先生，子どもはいるの？」「あと何分あるの？」「どうしてこの窓から飛び降りちゃいけないの？」……

　子どもは必然的にたくさんの質問をしてくるものであり，とりわけ，PTh，プレイセラピー自体が信頼できるのか，安全かどうかを確認しようとする治療の初期はそうです。このたくさんの質問をどのように扱うかに関する方略をもっていることが，プレイセラピーを成功に導く重要な側面です。質問にどう応答するかは，その質問の背景にある理由や，PThの性格，PThのもつ理論的志向性などを含むさまざまな要因によって決まります。

　ほとんどの場合，普通の会話でするように質問に直接答える，ということはしない方が賢明です。なぜならば，子どもは必ずしも，その質問への答えを求めているわけではないからです。不安を感じ，その不安を鎮めようとして質問していたり，あるいは質問の奥にはPThに受け取ってほしいと願う隠れたメッセージがある場合があります。また，額面通り質問に答えてしまうと，子どもとPThの間で起きているやりとりへの焦点が，PThへと移ってしまいます。治療の焦点は子どもに置き続ける必要があります。

Ⅰ　子どもからの質問の種類

　質問には4種類あり，複数領域に重複する場合もあります。一つずつ見ていきましょう。

163

1 … 実用的な質問

実際に役立つ情報を得るために尋ねる質問で，言葉が表面上示している以上のことを意味することもありえますが，たいていは素直に知識を求めているだけです。プレイセラピー部屋で，どのようなおもちゃが使えるのかまだよくわかっていない子どもが，「ここにパペットってある？」と聞く場合，この質問をした理由は，十中八九，この部屋にパペットがあるかどうかを知りたいということでしょう。同じ質問が，この部屋のことを熟知している子どもから発せられたのであれば，PThへの隠れたメッセージを伝えるものだということに留意する必要があります。

2 … 関係性に関する質問

その子とPThの関係性や，やりとりにまつわる質問で，たいてい二重構造になっていて，質問の文字通りの素直な意味とともに，重要な潜在的な意味が隠れています。PThに本当に自分を大事にしてほしい時に，この関係性の質問をします。自分だけがPThや二人の関係性を大事に思いすぎたり，期待しすぎたりしないように，関係性の強さを確かめようとしている場合などです。「先生，僕と遊ぶの好き？」という質問は，文字通りPThが自分と遊ぶことが好きかどうかを尋ねる意味と同時に，「僕のことが好き？」と，自分自身のことをPThが好きかどうかという，より重要な，奥にあるメッセージの両方の意味をもつ可能性があります。先ほどの実用的な質問のパペットの例で，この質問をした子どもがパペットがプレイセラピー部屋にあることを知っているのであれば，「私を赤ちゃんのように甘やかして，お世話してくれる？」というような，PThに甘えたいことを表す関係性の質問であるかもしれません。このように，子どもの尋ねている質問がどの種類の質問であるかを判断する（すなわち，どのような応答をすべきか決める）時には，その子ども自身と，プレイセラピーの進み具合，PThとの関係性などを考慮する必要があります。

3 … PTh個人に関する質問

PThに関する個人的情報についての質問で，この種類の質問をするには，さまざまな理由があります。その一部としては，子どもが好奇心もしくは好意的

感情からその PTh についてもっと知りたい，PTh が自分について知っている
のと同じくらい PTh について知って同じ土俵に立ちたい，PTh をもっと身近
に感じたい，PTh が本当に自分を扱う資格があるかどうか確かめたい，などで
す。「ここが職場だったら，先生はどこに住んでるの？」など。この種類の質問
には，適切な境界の感覚をもたない，性的虐待を受けておりこれらの質問が不
適切と知らない，PTh にショックを与え試そうとする不適切で挑発的な質問と
いうものもあります。「先生，オナニーするの好き？」はとてもプライベート
で，不適切な質問となります。

4… プロセスにまつわる質問

　プレイセラピー，子どもと PTh の関係の両方に関する構造や境界線につい
ての質問。PTh やプレイセラピーの関係性の構造や境界線を試す，何かをす
る・決める際に手助けを求める，PTh がルールを一貫して守り通すかどうか確
かめる，プレイセラピーに対してもっている感情や考えについてのメッセージ
を伝えるなどです。情報を集めようとする文字通りの意味と，より深いメッ
セージの隠れ蓑としての役割を果たします。「今すぐに，この絵をママに見せ
に行っていい？」は，今すぐ母親に絵を見せに行くのを PTh が許可するかどう
かを尋ねるという文字通りの意味，「先生は，プレイセラピー部屋を出ないと
いうルールを守ってくれるの？」と PTh を試すという言外の意味や，「今，私
はママの顔見て安心したい気持ちなの」ということを知らせようとしている，
という意味をもっている可能性があるのです。

5… 複数の領域に重複する質問

　質問の多くは，一つの質問の中に多重的な意味と意図が込められ，複数領域
にまたがる場合があります。「これ，いつまであるの？」は，セッションの長さ
について尋ねる実用的な文字通りの意味と，「どれくらいの時間を僕と過ごし
てくれるの？」という，PTh が自分との関係をどう扱うかを確かめる関係性に
ついての質問，「先生は，プレイセラピーの時間や構造の一貫性を守ってくれ
るの？」と，PTh が設定したルールに最後まで従うのかを確かめる，プロセス
にまつわる質問とも考えることもできます。
　子どもがどのように尋ねたかによって，質問はさまざまな意味をとります。

上記の「これ，いつまであるの？」という質問は，目をキラキラさせて，笑顔で，語尾を上げて弾んだ声で尋ねたのであれば，内在する意味は「この時間を一緒に過ごすのが本当に楽しみなんだ」ということでしょう。同じ質問を，沈んだ面持ちで，低い，語尾の下がった抑揚で言ったのであれば，「ここで起こってることをとても不安に感じているんだ」という意味になるでしょう。

　子どもが質問をする時，その理由は多層的であり，最初は表面的な意味だけを意識していた子どもも，PThが質問に込められたより重要で深い意味を伝え返すと，それを自然に理解するものです。そして，本当の意味での理解と，（PThとの／自分の行動と気持ちとの）つながりを感じることになるのです。

Ⅱ 質問への応答の仕方

　子どもからの質問には次のように応答します。

▶ **子どもに責任を返す**：子どもに質問の責任を返します。おもちゃやゲームに関する実用的な質問，自分のお世話をしてほしいという依頼，プロセスに伴う質問に対してなされます。PThに何かを決めてもらうために質問をしてきた場合，「それは，コウ君が自分で決めていいのよ」「それはたぶんミサちゃんが自分で考え出せると思うわ」と返します。

▶ **質問を伝え返す**：言葉を映し出す鏡のように，もとの質問を子どもに返す反応です。それによって子どもは，その質問をもう一度尋ねるかどうか考え直す，自分で答える，大事な質問ではなかったと気づいて質問をやめるなど，そもそもどうしてその質問をしているのかがはっきりします。すべての種類の質問に対して用いられ，「先生，結婚してるの？」に対して，「私が結婚しているかって？」と質問で，あるいは「先生が結婚しているかどうか知りたいのね」とコメントで返すこともできます。

▶ **質問の目的を推測／解釈する**：質問の意味や理由を解釈することです。PThが理解した，質問に内在する意味を確かめるため，また，その質問に込められた隠れたメッセージを子ども自身がはっきりとわかるようにするためです。質問の意図を推測する時には，こう感じるべき，考えるべきというメッセージにならないように，言い方に気をつけて表現します。解釈的な応答をする時は，

思いつきでしないように気をつけ，事前の子どもとのやりとりや外的な情報源から得られた情報に基づいて行います。その仮説が正しいか，その子がその解釈を受け入れる準備ができているかを見極めるために，子どもの反応を確認することが肝心です。PTh，関係性，プロセスにまつわる質問に対してなされます。「今日，これ一緒にやってもいい？」には，子どもは何をしたいのかを決めてきており，それを知らせようとしているというメッセージを読み取り，「今日，何をしたいか決めてきたのね」と解釈を伝えることができます。

▶ **別の質問で応じる**：子どもの質問に何が現れていたのかについてさらなる情報を得て，その質問の意図をはっきりさせるもので，どのような質問に対しても使われます。ごっこ遊びの途中で，「これ，みんな窓から投げていい？」が本当に何を求めているのかをはっきりさせるために，「本当にこれを窓から投げていいかどうかを知りたいの？　それとも投げたってことにしたいの？」と尋ね返すことができます。「本当にこの窓から投げたいの。やってもいい？」には制限をし，「本当に投げるんじゃなくて，このお話の中ってことね！」にはささやき法で，「先生はなんて言えばいい？」と尋ねることができます。

▶ **最小限の励まし**：注意深く耳を傾けていることを示しながらも，直接は質問に答えないということが伝わるようなやり方で，わずかな言葉で応答します。子どもに注目していて，子どもが自分で答えられると信じている，ということです。実用的な質問やプロセスにまつわる質問に対してなされ，「フーム」「ハァ」といった声，笑顔や頷きといった非言語的な振舞いの形をとります。また，「この粘土で何作ればいい？」に対して「何を作ろうか？」と，もともとの質問から何語かの言葉をとって繰り返すこともあります。

▶ **質問に取り合わない**：直接的・間接的に，言葉でも言葉によらなくても質問に応じないで，その子が自分で答えを見つけるよう促します。実用的な質問，プロセスについての質問への反応としてなされます。この応答をする時には，質問だけを無視するようにし，子どもを無視することのないよう注意し，子どもとの関わりは続けます。

▶ **質問に答える**：子どもの質問に額面通りに答える場合，その質問はいかなる内在する意味ももっていてはいけません。また，子どもが抱いている何らかの不安をおさめるためだけに，PTh についての情報を引き出そうとする個人的な質問であってもいけません。子どもが自分の気持ちを感じ，自分で考えなく

第12章　子どもからの質問を扱う　**167**

てすむようになる質問には十分注意し，そのような質問に対して，答えるという応答はしないように気をつけます。質問に答えると決めたら，応答は短く，明確で，わかりやすい情報を与えるものにしましょう（本当に知らない場合に「知らない」と言うなど）。質問の目的を推測する応答と組み合わせた場合，治療的な応答としてより効果をあげます。「ここにやってくる他のどんな子どもよりも僕のことが好き？」に，直接答えることが最も治療的であろうと判断し，自分を好きかどうか確かめようとしているのだという解釈をしたら，直接このように応答することもできます。「先生があなたを好きだってことがとっても大事なのね。ヒデ君はとっても特別な子よ」。

▶ **答えることを断る**：質問が治療を促進しない個人的な性質をもつもの，答えるのに不適切なものの場合，断ります。「で，どれくらいセックスしてるの？」には，「その質問には答えないよ」と言います。165ページの不適切な質問も同様ですが，このような質問に対して治療的な応答を返すことは可能です（「先生に興味があるのね」「先生をギョッとさせられるか試しているのね」「自分のように他の人もマスターベーションするか知りたいのね」など）。

Ⅲ 質問を扱う具体例

　以下の質問に込められている意味を，例としてあげたもの以外にも考え，自分はそれぞれの質問にどう答えるか，さまざまな応答例を考えてみて下さい。

▶ **クミ（6歳）：「うちのママ，お兄ちゃんよりも私の方が大好きだと思う？」**
- 質問の種類：関係性，プロセス
- 考えられる意味：ママに愛されたい，愛されてないのではないかと心配
- 責任を返す：「クミちゃんはどう思う？」
- 質問を伝え返す：「ママがクミちゃんの方を大好きか？」
- 質問の意味を解釈する：「クミちゃんは，ママにたくさん愛されたいのね」
- 別の質問で応じる：「お母さんにもっと愛されたい？」
- 最小限の励まし：「フーム」
- 不適切な返答：「絶対，二人とも同じくらい大好きだと思うわ」

▶ **サスケ（10歳）：「どうしてここに僕の友達連れてこられないの？」**

168　第Ⅱ部　プレイセラピーの技法とすすめ方

- 質問の種類：関係性，プロセス，実用的
- 考えられる意味：ここに来るのが本当に楽しくて，それを自慢したい
- 責任を返す：「サスケ君はどうしてだと思うの？」
- 質問を伝え返す：「どうしてサスケ君のお友達は来られないのかな？」
- 質問の意味を解釈する：「ここで楽しいってこと，見せびらかしたいのね」
- 別の質問で応じる：「なんで友達を連れてきたいの？」
- 最小限の励まし：「どうして？」
- 質問に答える：「これは，サスケ君の特別な時間だからだよ」
- 不適切：「だってそれがルールなんだから，だめだよ」

▶ **ケン（8歳）：「ねぇ，先生は子ども何人いるの？」**

- 質問の種類：個人的，関係性，プロセス
- 考えられる意味：本当に僕を理解できるのかどうか知っておきたい
- 質問を伝え返す：「子どもが何人いるのかなって，知りたいんだね」
- 質問の意味を解釈する：「先生が子どもがどのようなものか，ちゃんとわかっててほしいと思ってるのね」
- 別の質問で応じる：「先生についてもっと知りたい？」
- 最小限の励まし：微笑む
- 不適切：「そうね，二人の子がいて，14歳のケイトと11歳のハナコ。もう一人欲しくて，その子はタツヤって名前にするつもり」

▶ **ミキ（9歳）：「どうして私が決めるのを助けてくれようとしないの？」**

- 質問の種類：関係性，プロセス
- 考えられる意味：「PThに甘えたい」
- 責任を返す：「ミキちゃんが自分で決められるんだよ」
- 質問を伝え返す：「どうして先生が決めるのを助けようとしないか？」
- 質問の意味を解釈する：「先生が決めるのを助けてくれないから，イライラしてるんだね」
- 別の質問で応じる：「ミキちゃんが先生に決めてほしいことって何だい？」
- 最小限の励まし：「あらら」
- 不適切：「わかった，いいよ。これなんかどう？」

第12章　子どもからの質問を扱う　**169**

＊アクティビティ

A．質問の種類を見極め，応答してみよう

　以下の練習問題のシナリオをみて，子どもの質問がどの種類の質問か見極め，それぞれの質問につき，三つの異なる種類の応答を考えましょう。その応答をした理由についても意識してみて下さい。質問には隠れた意味があるかもしれないことに留意して，それらのメッセージを考慮して応答を練習しましょう。

- ヒカリ（8歳）：「先生，何歳？」
- アカネ（9歳）：「ずっとずっといつまでも，ここに先生に会いに来てもいい？」
- ハル（12歳。2歳の時に父親が家族を捨てた）：「パパ，いつか戻ってくるかな？」
- リョウ（5歳）：ままごとをしながら「おいしい？」
- マリ（11歳）：怒りながら怒鳴る。「なんでいっつも私の質問に答えないの？」
- マサ（7歳。児童養護施設から来ていて，自分のおもちゃを持っていない）：安くて簡単に入手できるおもちゃを手にして，懇願するように頼む。「お願い，お願い，お願い，これもらってもいい？」

応答について話し合いましょう。

B．質問に応答するロールプレイ

①質問に応答するロールプレイをしましょう。ペアになり，相手に子どもになりきって遊んでもらいます。子ども役がしてくるいろいろな形の質問に対して，さまざまな方法を使って応答してみましょう。体験したことを，PThと子ども，両方の視点から話し合いましょう。

②役割を交代します。PThに質問し，それに応答してもらうのがどのような感じが，子どもとして体験してみます。体験したことを，PThと子ども，両方の視点から話し合いましょう。

③子どもと質問に応答する練習をしましょう。心理療法を受けていない子どもと行います。他の人に観察してもらえるならば，質問に応答したことに対して，子どもがどう反応するかを書き留めてもらいましょう。自分の体験と子どもの反応を振り返ります。観察してもらったのであれば，感想を尋ね，体験について話し合いましょう。子どもに感想を聞くことができるのであれば，聞いてみましょう。

④可能であれば，ロールプレイを録画し，見てみましょう。

- 質問への応答を書き留めます。それは適切ですか？　もしそうでないなら，かわりにどのように言えたでしょうか？　どの種類の応答を使っていると思いますか？　それは，使うべきだった種類の応答ですか？　そうであってもそうでなくても，その理由は？
- 質問に適切に応答することができたはずなのに，そうしなかった時のことを書き出しましょう。どのように応答することができたでしょうか？　そのように応答しようと決めた根拠は何ですか？　なぜ初めは質問に適切に応答しなかったのだと思いますか？
- 子ども役は質問への返事に反応しましたか？　その反応はどういうものでしたか？　それは意図したものと一致していましたか？　そうであってもそうでなくても，それはなぜでしょうか？
- 声のトーンや顔の表情はどうでしたか？　受容的で，中立的で，一貫性のあるものでしたか？　そうであってもそうでなくても，その理由は？

C．振り返ってみよう

- 質問に応答するにあたって，うまくできたのはどのようなところですか？　難しいと感じたのはどのようなところですか？
- 質問に応答する技術を磨くために，今できていて続けていきたいことと，今後もっとできることはどのようなことですか？
- 質問にうまく応答できたのは，どういった種類の質問の時ですか？　なぜそうだったのだと思いますか？
- 質問に適切に応答していないと思うのは，どの種類の質問の時ですか？　なぜそうだったのだと思いますか？　それについて，何ができると思いますか？
- さまざまな状況で，質問に応答するのにどの種類の方法を使うかを意識的に区別し，決断できるようになるために，今後どのように進めていきますか？
- 子どもが質問してきた時に，どれくらい，肯定的・中立的・一貫した立場をとれましたか？

次はお待ちかねの「技法の統合」駅ですよ！

第12章　子どもからの質問を扱う　171

第13章

技法の統合

　この章は，これまで一つひとつ別々に学び，練習してきたすべてのプレイセラピーの技法を統合する練習をするところです。皆さんは今や，なぜ・どのようにさまざまな技法を使うのかをご存知なので，ここではどの技法をいつ使えばよいのかを学んでいきます。

　おそらく皆さんは，プレイセラピーは科学か職人技かという長きにわたる議論を耳にしたことがあるでしょう。この章では，プレイセラピーの職人技の部分を学びます。はじめに，あなたの左脳・新皮質が，認知的に適切で効果的な，子どもへの応答や関わり方は何かということを知っている今，右脳・辺縁系・間脳・脳幹が同様の体験をするのを手助けしましょう。

Ⅰ　技法の統合の体験実験

　ペアになりロールプレイをしましょう。相手が子ども役を演じ，あなたは以下の指示に従って順番に3タイプのPTh役を演じます。演じる時は，その3タイプの違いがわかるように，指示されたことを大げさに行って下さい。一つのタイプを演じ終わってすぐ次のタイプを演じてしまうと，前の体験が次のロールプレイに影響を与えてしまいます。各ロールプレイの間には短い休憩を1分ほど入れて，双方が前のロールプレイの役割から降りられるようにして下さい。小休憩中はロールプレイについての話し合いは控えましょう。三つのタイプがどのようなものか予測されないよう，子ども役をする人は，次の指示を読まないようにして下さい。

　タイプ1のPTh：侵入的，喋りすぎ，話を聞かない，おもちゃを勝手に動かす，すぐ手伝おうとする，何をするか勝手に決める，どう遊ぶべきか決めてし

まう，話を遮る，特定な感情に対して拒絶をする，質問攻めにする。

　タイプ 2 の PTh：関心・表情がない，反応しない，つまらなそう，参加しない，意見も何もない，明らかに早く終わらないかなーという雰囲気をかもし出している，もしくはずっと何もせず何も言わず微笑んでじーっと子どもを見つめる。

　タイプ 3 の PTh：適切な関心，話をよく聞く，笑顔，遊ぶかどうかや遊び方を決めるのは子どもに任せてその指示に従う（適切な要求であれば），不必要に手出しはせず子どもに選択権を与え，責任・指示等を任せる，子どもの行動・言動・感情の言語化を常に心がける，安全空間を保つ（制限が必要時には適切に置く）。

　なかなかたいした経験でしたでしょう？　二人で上記三つのタイプをやり終え，役を降りて吹き出したり笑ったりしてから，それぞれの体験を話し合いましょう。子ども役として，どの応答が気分よく，どの応答が嫌だと感じましたか？　それはなぜですか？　PTh 役としてそれぞれの方法で応答しながら，どの応答では気分がよく，どの応答が嫌だと感じましたか？　それはなぜですか？　子ども役と PTh 役のそれぞれにとって，なじみ深いもの，違和感のあるもの，自然なもの，心地悪いものはどれでしたか？　それはなぜですか？　他にも，感じた気持ちや体験はどのようなものであったか話し合いましょう。

　役割を交代して同じことを同じ順番・指示でしてみましょう。終わりましたら，先ほどと同じ話し合いをしましょう。

（Ⅱ）使う技法を選択する

　あなたはすでに，プレイセラピーの科学の部分（例えば，脳や発達の章）を旅してきました。プレイセラピーの職人技の部分は，この子どもにこの瞬間，何が最も効果的かというアセスメントに基づいて，どのように個々の技法を選び，統合するかという点にあります。その判断は，その子がワークしている課題やプレイセラピーの段階，あなたの理論的な志向，そしてあなたならではの人格と，PTh としてのあり方などに基づいてなされます（Ohnogi, 2013b）。

　どの技法をいつ使うかを決める際には，言うまでもなく唯一の正解というものはありません。さまざまなプレイセラピー理論があり，それ以上に多くの

第13章　技法の統合　173

PThのパーソナリティスタイルがあるので，適切で効果的な子どもへの関わり方や応答の仕方がたくさんあるわけです。何をどのように，いつ，どうしてそのやり方で応答したのか，に関する自分の理解が，ある応答を"正しい（もちろんそれが適切な応答であるとの前提で）"とするのに重要なことなのです。

技法の統合には，たくさんの方法がありえます。その中の主な二つのカテゴリーとしては，子どもとの応答の中で，ある特定の技法を選んで単独で使うことと，二つかそれ以上の技法を組み合わせることがあります。

1… 一度に一つの技法を使う

次にあげるのは，子どもの特定の行動や発言に対して，異なる技法を単独で使う例です。それぞれの技法にはさまざまな使い方がありますので，以下の例が各技法の唯一の例というわけではありません。

▶ **8歳のタケが怒った声と表情で「こうしてやる！　このバカ！」と言いながら人形を殴る**
- トラッキング：「タケ君はそいつをすごく強く殴ってるんだね」とタケに言う。
- 伝え返し：「こうしてやる！　このバカ！」と人形に言う。
- 感情の反射：「タケ君は彼にとても怒ってるのね」とタケに言う。

トラッキングと伝え返しと感情の反射の3技法の中から選ぶことに関して，利用の比率は通常，初めの頃はトラッキングをより多く使い，セッションが進展していくにつれて，感情の反射をより多く使うようになります。治療関係を築いていく初期には，主にトラッキングを使うことで表に見えている表面的な行動に注目し，治療同盟が形成されて子どもがプレイセラピーになじんでくるにつれて，より多く伝え返しをするようになり，問題をワークスルーする段階に進展してきたら主に反射を使うことで，潜在的な心の奥にあるプロセスへと注目先が移行します。

▶ **タケが「このバカにどうしてやったらいいかな？」と聞いてきた。声も様子も怒っているよう**
- 解釈：「このバカにどうしてやろうか考えようとしてるのね」
- ささやき法：「先生，何をしたらいいってタケ君に言えばいい？」とタケ

にささやく。

- 責任を返す：「自分でどうしてやったらいいか決められるよ」
- 質問を伝え返す：「このバカにどうしてやったらいいだろうね？」
- 最小限の励まし：「うーん」
- 質問する：「タケ君はどうしてやりたい？」
- 質問に答える：「砂に埋めるのはどう？」
- 無視する：タケの言うことを聞いていることを示すようタケを見つめながら，言語的な応答はしない。

この質問は不適切なものではないので，答えることを断る（例「その質問には答えません」）という応答は不適切です。

▶ タケがその人形を照明器具に向けて投げようとしている

- 制限を設定する（制限設定の①から⑥各段階の間でタケの応答を待ち，適切に反応しなかった場合にのみ次の段階に進む）。
- 気持ちと気持ちを引き起こした原因を反射：「タケ君はそいつがバカだからすごく怒ってるんだね」
- 制限を伝える：「それを電気に投げてはだめよ」
- かわりの行動を提案：「それをビーズクッションに向かって投げるか，小さい人形をおもちゃの電気に向かって投げることはできるよ」
- 結果を宣言：「それを電気に向かって投げるのをやめなければ，今から残りの時間は全部，その人形で遊ばないことを選ぶことになるよ」
- 結果を実行に移す：「それを電気に向かって投げることを選んだから，今日の残りの時間はその人形は使えないよ」（人形をとりあげる）
- 反射，結果を繰り返す：「それを電気に向かって投げることを選んだから，残りの時間それを使えなくなって怒ってるのね。次来た時に，もし使いたければまた使えるよ」

2 … 技法を組み合わせる

今度はいろいろな応答の種類の組み合わせについて考えてみましょう。次にあげるのは，ある子どもの行動や発言に対する技法の組み合わせのさまざまな例の一部です。組み合わせの可能性は無数にあり，複数の技法を他の適切で効果的な方法で組み合わせてみたり，経験して習熟したりするのはプロのPTh

第13章　技法の統合　175

であるあなた次第だ，ということを頭に置いておいて下さい。

▶ 先ほどのタケの言動・表情・行動・質問に対して

- トラッキングと伝え返し：人形に向かって「こうしてやる！　このバカ!!　ドス，ドス」と言う。
- トラッキングと反射：「タケ君は彼にとても怒ってて，だから殴る！」とタケに言う。
- 伝え返しと反射：「こうしてやる！　このバカ!!　僕はおまえに怒ってるんだ！」と人形に言う。
- トラッキングと伝え返しと反射：「こうしてやる！　このバカ!!　おまえに怒ってるんだ，ドス！　ドス！」と人形に言う。
- 質問の解釈と反射：「それにとっても怒ってるから，何かしてやろうとしてるのね」とタケに言う。
- 責任をささやき法で返すのと反射：「タケ君それにすごく怒ってるから，先生なんて言えばいいかな？」とささやき声でタケに言う。

制限設定をすれば，おのずとその中に感情反射も含まれるので，皆さんはその中で二つの技法の組み合わせを練習し，身につけていたのです！　制限設定と感情反射が組み合わさっている，先ほどの制限設定の例を見て下さい。留意すべきは，制限設定に焦点を置くことからそれてしまうかもしれないので，制限設定は通常，感情の反射以外の技法とは組み合わせないということです。

3… 技法の組み合わせの時にすべきこととすべきでないこと

1）できるだけ短い言葉で伝える

組み合わせの応答は必然的に言葉数が多くなり，子どもが混乱したり，耳に入らなかったりするので，言葉を短めにしましょう。「ドカッ！　おまえなんか嫌いだ，ムカつく！」というトラッキングと伝え返しと感情反射の組み合わせは，「タケ君はその人形をすごく強く叩いてて，それが大嫌いだって言って，怒ってるみたいだし，怒っているからそれを叩いたり，それに怒鳴ったりしてるんだね」などというよりも，はるかに良いです。

2）適切な応答を続け，効果のない応答を修正できるように，子どもの反応を注意

176　第Ⅱ部　プレイセラピーの技法とすすめ方

深く観察する

　タケが同意して頷いて，人形を揺さぶり続けたら，あなたの応答はおそらく的中で響いています。一方，タケが行動を止め，怪訝そうな顔であなたを見て，ため息をついてちょっとその人形を置いたら，あなたの応答は相当的外れであるか，タケがまだ自分に伝え返されたことを受け入れる心の準備ができていない時期なのかもしれません。

　3）子どもを質問攻めにしない

　「で，なんで彼がバカなの？」「どうして彼に怒ってるの？」「彼を叩いてていいのかな？」「誰のことを思い出す？」「誰かがあなたにこんなふうに意地悪したことあるの？」などは子どもをひどく嫌な気持ちにして反感を抱かせ，右脳のプロセスからその子を引き戻して，左脳の方へ行こうとするよう強いることになります。

　4）「でも」よりは「そして」を使う

　「先生が言った通りにしないから，怒ってるんだね。でも，それを先生に投げることはできないよ」という言い方よりも，「先生が言った通りにしないから，怒ってるんだね。そして，それを先生に投げることはできないよ」と言う方が，子どもは防衛的にならずにすみます。「ママがあなたに意地悪したって感じてるのね。そしてママのことがとっても大好きなのね」は，一見矛盾する両方の感情を認めて受け入れていますが，「ママがあなたに意地悪したって感じてるのね。でも，ママのことがとっても大好きなのね」という言い方だと，矛盾そのものに焦点があてられています。

　5）どの言葉に重きを置くか，声の強弱，トーンによって，自分の声の調子が強い非言語的メッセージを発していることを念頭に置く

▶ **ある言葉に焦点を置いた応答の例**（応答における意味の違いに注意）

- すごく頭にきたことに注目：「タケ君はここにいる時，すっごく頭にきたんだね」
- プレイセラピー部屋にいる時に頭にきたことに注目：「タケ君はここにいる時に，すっごく頭に来たんだね」
- その子が自分自身のニーズを知っていることに注目：「ここにいる時，自分が何をしたいかわかってるのね」
- プレイセラピー部屋にいる時には，子どもが何をしたいか知っているとい

第13章　技法の統合　177

うことに注目：「ここにいる時には，自分が何をしたいかわかってるのね」

▶ **応答における感情の例**

①子どもが大きなヘビのぬいぐるみを叩きながら怒っている様子

- 的確なトラッキングと反射：「こうしてやる，ムカついてるんだ！」と怒りながら言う。
- 不的確なトラッキングと反射：「まぁ，ヘビがすごく痛がってるわよ！」

②子どもが宝箱にあるたくさんのおもちゃを見つけて，無表情で「見て，こんなにおもちゃがある」

- 的確なトラッキング：「こんなにおもちゃがあるの，見つけたのね」と無表情に伝える。
- 不的確なトラッキング：「わお！　おもちゃがいっぱい！」と興奮気味に伝える。

アセスメントに基づいて行うべき選択をまとめると次のようになります。

- トラッキング・伝え返し・反射のどれをするか
- 子どもに，それともおもちゃに話しかけるか，子どもについて，あるいはおもちゃについて話すか
- どの感情（場合によっては複数）を反射するか
- 責任を返すか手助けをするか
- 質問にどのように応答するか
- 技法を単独で使うか，組み合わせて使うか
- 制限設定の必要はあるか
- どの言葉を使うか
- どの言葉に強調を置くか
- どのような声のトーン，表情，姿勢をとるか
- 文書の長さをどうするか

　留意すべきことは，この子どもにこの状況で，この問題に対して，プレイセラピーのこの段階において，その選択が最適と思われたから選んだのか，自分の逆転移によってそうしたのかを見極めることです。

＊アクティビティ

A．技法を組み合わせる

　さまざまな技法の選択，組み合わせの練習をしましょう。プレイセラピーセッション中の子どもによる以下の発言に対して，応答して下さい。

- 平均的知的水準と知識レベルをもち，"一般家庭"で育っている9歳のリクが，刀を手にして，顔をしかめて尋ねる。「これ何するためのもの？」
- 2回目のセッションで，7歳のカナが，プレイセラピー部屋に入りながら，ためらいがちに尋ねる。「私本当にこの部屋を使えるの？」
- 5歳のノブが喜びで目をキラキラさせながら言う。「ここにはいっぱい人がくるの？」
- おもちゃを組み立てるのに苦戦している6歳のゲンがひどく怒りながら言う。「これちゃんとできないよ！」
- 4歳のシオがPThに食事を"ごちそう"した後で，同意を求めているように「おいしい？」と聞く。
- 10歳のタクがプレイセラピー部屋の外を指差して，退屈そうな声で言う。「あっちに行きたいなー」

　いかがでしたか？　どの技法を選んで使いましたか？　いくつかを組み合わせて使えましたか？　どれがやりやすかったですか？　どれが難しかったでしょうか？　違う技法を練習するように意識して，さらに何度か応答を試みて下さい。

B．事例から技法を見る

　以下はプレイセラピーセッションから抜粋した具体例です。どの技法が選択され，組み合わされているかに注目して下さい。

　5歳のケンは早産で，心臓の問題を抱えて生まれた。乳児の頃は入退院を繰り返し，現在は身体的には健康。乳児期の病気のために他の子どもとの社会的経験が不足しており，幼稚園で対人関係がうまくいっていない。親は，これまでの病気のために過剰に心配してきており，好きなようにやらせる傾向がある。4回目のプレイセラピーセッション。

　ケン（K）：何も言わず，どのおもちゃも手に取らずに，おもちゃ棚の前に

第13章　技法の統合　179

立って見回している。

PTh：「何をしたいか考えようとしてるのね」（意図を解釈する／トラッキング）

K：「うーん」何も言わず，何も選ばずに見回し続けている。

PTh：「うーん」（伝え返し），（同じトーンで）

K：刀を手に取る。

PTh：「これかな」（トラッキング）

K：刀を戻し，人形を手に取る。

PTh：「いや，あれじゃなくて，こっち」（トラッキング）

K：人形を戻し，柔らかいバットを手に取って笑顔でPThに見せる。

PTh：「それでワクワクして，先生に見せてる」（感情反射，トラッキング）（微笑み返す）

K：「これ僕んちにある」

PTh：「ケン君ちにある」（伝え返し）

K：「これどこで買ったの？」

PTh：「ここのも同じ場所で買ったのかな〜？って思ったのね」（意図を解釈することで応答）

K：「うん，そうだったらすごい！」

PTh：「そうならカッコいいと思った」（感情反射）

K：「ママに，僕のをどこで買ったか聞いてくるよ」

PTh：「それが同じものだってことにワクワクして，今すぐママに聞きたくなったのね。終わりの時間になったら聞けるわよ」（制限を設定する）（通常の声のトーンで）

K：「でも僕，今聞きたい！」

PTh：「先生が今聞きに行かせてくれないからイライラしてるのね」（感情反射）（子どもの声のトーンと表情の中に見えたイライラを反射する）

K：「先生はすごい意地悪だ！」バットを床にたたきつける。

PTh：「ケン君は先生がほんとに意地悪な人だって思って，それを投げすてたのね」（伝え返しとトラッキング）（子どもの声のトーンと表情に見えた怒りを反射する）（バットは柔らかいもので，床の上に投げられたので，制限設定をする必要はない）

K：「そうじゃん！先生は僕のこと嫌いなんだ！」と泣く。

PTh：「先生に嫌われてると思って悲しいのね」（感情反射）（子どもの声の

トーンと表情に見えた悲しみを反射する)

K：「そうじゃん」

PTh：「ケン君のこと好きになってほしいのね」（感情反射）

K：「あたりまえじゃん！」とワニのぬいぐるみを取る。

PTh：「あたりまえじゃん！　（子どもと同じ声のトーンで）それを手に取った」（伝え返しとトラッキング）

K：ワニの口を大きく開け，それで PTh の腕をかむ。

PTh：ワニになりきって言う。「ケンのこと好きになってほしいから，こうするぞ」（感情反射とおもちゃの行動のトラッキング）

K：クックッと笑う。ワニで PTh の腕をかみ続ける。

PTh：ケンを見て言う。「面白いなぁ」（感情反射）ワニを見て言う。「カミ，カミ」（トラッキング）（ケンには微笑みかける。ワニに対しては真面目な顔で）

K：「かんでるんじゃないよ。チューしてるんだよ」

PTh：ケンを見て言う。「そっかー！　先生にチューしてたのね！」（伝え返す）ワニを見て言う。「私に，好きだよって言ってたのね」（感情反射）。（「そっかー！　先生にチューしてたのね！」と言う時には "そうだったのね！　わかったわ！" という表情で）

K：ワニに喋らせて「先生も僕のこと好き？」と聞く。

PTh：ケンにささやく。「なんて言ったらいい？」（ささやき法で質問に答える）

K：ささやき返して「うん！　もちろん！　何よりも，コアラのマーチよりも！って言って」

PTh：ワニに向かって「うん！　もちろん！　何よりも，コアラのマーチよりも！」（指示に従う）（ケンが言った通りに言う）

K：キャッキャと笑い，跳んだりはねたりして，ワニをくねらせ，鼻歌を歌う。

PTh：「嬉しい，ぼよよーん，くねくね」同じ節で鼻歌を歌う。（感情反射，トラッキング，伝え返し）（嬉しそうに言う）

C．練習

　先ほどの事例で自分は子どもに対してどう応答するか，練習してみましょう。各項目は何種類かの応答があってしかるべきものです。子どもと実際のセッションで会っているつもりで，どのように応答するかを立ち止まって考

えないで，心に思いついたそばからとにかく書き出してみましょう（あるいは録音・録画する）。すべてのやりとりを書き終えたら，冒頭に戻って，それぞれの応答について，いくつか違う応答を，じっくり考えて出してみましょう。どれが最も自分にしっくりきそうか確認しましょう。

D．さまざまなやりとりのロールプレイ

①ペアになり，相手に子ども役をしてもらいます。子ども役には，PThがさまざまな応答ができるような振舞いを具体的に組み込んでもらいます。トラッキングや伝え返し，感情反射，制限設定が必要となるような行動か発言，反応，やりとり，さまざまなタイプの質問や要求をしてもらいます。体験したことを，PThと子ども，両方の視点から話し合いましょう。

②役割を交代します。PThのさまざまな対応によって，子どもがどのような体験をするか味わってみましょう。相手が先ほど演じた子ども役とは違う行動を選びましょう。体験したことを，PThと子ども，両方の視点から話し合いましょう。

③子どもとさまざまなやりとりをする練習をしましょう。心理療法を受けていない子どもと行います。他の人に観察してもらえるならば，子どもがあなたにどう反応するかを書き留めてもらいましょう。自分の体験と子どもへの応答について振り返ります。観察をしてもらったのであれば，感想を尋ね，体験について話し合いましょう。子どもにも感想を聞くことができるのであれば，聞いてみましょう。

④可能であれば，ロールプレイを録画し，見てみましょう。

- 自分の応答をすべて書き出します。それは適切でしたか？　もしそうでないなら，かわりにどのような応答ができたでしょうか？
- 応答に傾向はみられますか？　それについてどう思いますか？　なぜその傾向があると思いますか？　どこかを変えてできますか？　できる場合，またできない場合，それはなぜでしょうか？
- 応答できたはずなのにしなかった場合について書き出します。どのように応答できたはずでしょうか？　そのように反応した理由は何でしょうか？　なぜ始めは応答できなかったのだと思いますか？
- 不適切に応答した場合について書き出します。なぜそのように応答したのだと思いますか？　かわりにどのように応答できたでしょうか？　そうすることを選んだ理由は何でしょうか？

- 子ども役はあなたの応答に反応しましたか？　どのような反応でしたか？　その反応は意図したものと一致していましたか？　そうであってもそうでなくても，その理由は？
- 自分の声のトーンや顔の表情はどうでしたか？　意図したものと一致していましたか？　そうであった場合，またはそうでなかった場合，それはなぜでしょうか？

E．振り返ってみよう

- 技法の統合は，何がうまくできましたか？　なぜだと思いますか？
- 技法の統合は何が難しいと感じましたか？　なぜだと思いますか？
- プレイセラピーの技法を向上させるために，今できていて続けていきたいこと，今後もっとできることはどのようなことですか？
- 最も焦点をあてたのは，どのタイプの行動／発言／反応／やりとりですか？　それはなぜだと思いますか？　変える必要があるものに対してできることは何だと思いますか？
- 応答しなかったとわかったのは，どのタイプの行動／発言／反応／やりとりですか？　なぜそうだったのだと思いますか？　それに関して何ができると思いますか？
- それぞれの子どもの行動／発言／反応／やりとりに対して，どの技術を使うかを意識的に区別し，決断することができるようになるために，今後どのように進めていきますか？
- 自分の声のトーンや表情にどれくらい気づくことができていましたか？　どの行動／発言／反応／やりとりが，意図している声のトーンや表情で応答しやすく，どれが難しかったでしょうか？　それはなぜだと思いますか？

　これであなたは6種の技法の旅路を歩き通してきました！

　次に，これら技法を使用しながら行う，アセスメントと初回面接についての駅に行きましょう。

第13章　技法の統合　**183**

第14章

アセスメントと初回面接

　ここまでの道のりで基本的な技法が身につき，いよいよアセスメントと初回面接について学ぶ準備が整いました！　多くの人は初回面接の前には緊張しますので，圧倒されないようにしっかり準備しましょう。それには左脳による知識的な準備と右脳による練習からくる準備が役立ちます。

Ⅰ　アセスメントとは

1…アセスメントの目的とアセスメントですべきこと

　子どもに初めて会う時に大きな部分を占める重要なことは，アセスメントです。初めて申し込みを受けた時から，終結のまさに最後のお別れの瞬間までずっと，PThは常に子どもと家族のアセスメントをし続けます。

　初回面接で子どもと会う前に，まず子どもや家族に関してもっている情報と，PTh自身の専門性と照らし合わせ，アセスメントしておきましょう。その子と親の抱える問題が，ある程度自分の専門的知識の範囲内だとアセスメントができたら，プレイセラピーセッションのための日程調整を進めます。職場の方針で，子どもの初回面接と親の初回面接を同じ日に行う場合，専門性に関するアセスメントはこの初回面接の間になされることになり，この時に治療を始めるかどうかの決断をし，同意をすることになります。この初回のアセスメントは極めて重要です。アセスメントが不十分だった場合，その子や親にとって，時間とお金をつぎこんだあげく，中断になってしまうだけでなく，精神保健の臨床家や治療全般に対する信頼を損ねてしまいます。また治療途中で見捨てられ体験をすることで，自分たちが好まれない，治療不可能な人だという

メッセージを与えてしまうことにもなりかねません。PThは専門家として，目の前の子どもと家族のアセスメントを，治療の開始に先立って，与えられた情報に基づいてしっかりしておきます。

　こうした見極めのために，あらかじめ何が問題で，誰がそれを問題であると考えているのかという情報を手に入れることが必要です。何が問題かについては，関わっている人数や，PTh（もしくはインテーク担当）が子どもとの初回面接の前に誰と話したかによって，いくつかの違った認識があるかもしれません。胎児期や出産時も含んだこれまでの成育歴に，少しでもトラウマを負った経験があれば，それは重要な情報です。あらかじめ得た情報は子どものアセスメントを始める時の土台として用いられます。PThが問題をどう理解しているかは，初回面接の冒頭で，その子がなぜ治療にくることになったかを話し合う時に，子どもと分かち合う情報にもなります。この話し合いに対する子どもの応答と反応もまた，アセスメントに役立つ情報の一部となるのです。

　子どもと初めて会う時には，その子の問題，性格，家族や他の人との関係性，強み，弱さ，遊びのレベル，さまざまな発達的なレベルをアセスメントします。親が描くわが子の姿というのは，実際の子どもの姿からかけ離れていることもままあります。うちの子は天使のようで何も問題がなく，他の人の犠牲になったと語られたものの，あなたの目の前にいる実際の子どもはずる賢く卑怯な子かもしれないし，人の姿をした悪魔のように語られたものの，実際会ってみたら快活で元気いっぱいの子かもしれません。初対面なので，いつもと違う振舞いをしているのでしょうか？　それとも親が子どもに対して歪んだ捉え方をしているのでしょうか？　ある問題や強みは限られた状況の中でしか現れないのでしょうか？　この食い違いは，親，子ども，彼らの関係性などをじっくり考える上で重要な情報となります。

　初回面接の間，PThは治療目標と，誰を治療に参加させるかを含む介入の方略について多様な発想をもつためにアセスメントをします。これは初回面接の最後に子どもと家族に伝えます。治療が進むにつれてアセスメントは深まっていくので，治療目標や介入の方略も更新されていく可能性があります。

　アセスメント段階の長さとその内容は，理論的な背景によって異なります。子ども中心プレイセラピーのようにごく短く，決まった型のない場合もあれば，エコシステミック・プレイセラピーのように多様な評価の形式や手続きに

第14章　アセスメントと初回面接　*185*

従い，詳細にわたってなされる場合もあります。PTh の働く職場では，アセスメントにおいて期待されていることについてのガイドラインが決まっていることでしょう。ガイドラインの有無に関わらず，たとえ一定の形式によらないものであれ，アセスメントは治療の過程を通してずっと行いましょう。アセスメントの結果，自分が訓練を受けてきた範囲を超えるような，さらなる定式的なアセスメントが必要であることが示唆されたならば，それができる人に紹介することが必要です。定式的なアセスメントを組み込む時には，必ずそれらを非定式的なアセスメントによって得られた，その子やその子の環境にまつわるすべての情報と照らし合わせて解釈します。

2…アセスメントのヒント

次にあげるのは，PTh が初回面接で非定式的なアセスメントをする時に自分に問うべき質問です。

- 親は子どもにプレイセラピーのことをどのように知らせており，子どもはそれをどう理解しているか？
- 親は子どもが治療を受けることをどのように捉え，それはその子にどのように影響を与えているか？
- 子どもの外見は？　服装や髪型，背の高さや体重，表情や姿勢など。
- その子は待合室やプレイセラピー部屋の中でどのような感じか？
- その子は自分の親や，待合室での他の人とどのように関わっているか？
- 誰が子どもと一緒に来ているか？
- その子は PTh に対してどのように反応するか？（プレイセラピー部屋で，最初のプレイセラピーの後で，親の前で，PTh と二人きりの場面でなど）
- その子は，プレイセラピーや部屋が紹介された時点で何をするか？
- 現在の時点でその子はどの発達段階にいるか？（遊び，認知，感情，言語的理解力，言語的コミュニケーション，身体的な動き，愛着など）

くれぐれも忘れないでいただきたいことは，必ずアセスメントをしてから治療をすること！　です。

186　第Ⅱ部　プレイセラピーの技法とすすめ方

Ⅱ 治療同盟の確立

アンナ・フロイトは治療の初期段階を予備段階と述べ，この時期に子どもは自分の葛藤への洞察を得て，分析家とのよい関係を築き，分析に入る心構えができるとしました。分析家の役割は，受け入れがたい内的なファンタジーや外的な環境との葛藤と拮抗している，子どもの意識的な自我と同盟を組むことです。子どもとPThの間の信頼関係や協力に基づいて機能している関係性を治療同盟と言い，現在は，ほとんどのプレイセラピー理論でその確立に重きを置いています。治療同盟は1回目の面接のまさに初めから，治療を通してゆっくり育っていきます。治療同盟が形成されるにつれて，子どもが自分自身を見つめる能力も，PThの支えとともに高まっていきます。

治療同盟を形成することに関して，Bromfield（2016）は，「愛着は早くから，しかしゆっくりと育っていく。そこに近道はない」と述べました。この心の絆（治療同盟）が形成される速さは，子どもによって異なります。

PThは，子どもが心理的に今いる場所につき添い，PThの期待や予定によって子どもが何か"させられ"ないことが，治療同盟を築くための一つの確実な方法です。子どもが遊ばず，話もしなくても，その子がしていること，考えていること，感じていることに心を寄せて理解するようにします（「このお部屋全体をよく調べようとしてるんだね」「何がしたいか一生懸命考えてるのね」「ここにいて自分が居心地いいかどうか，よくわからないんだね」）。

子どもが防衛的になる・用心する・試す・警戒してしまう場合は，その気持ちをそのまま受け止めて支えます。直接的・間接的にセッションにいたくないそぶりを見せていたら，説得したり表現していることを無視するのではなく，言葉にして，あなたが受け止めたことを子どもに伝えます。しんどいと感じている子どもが，「私，今は本当に，先生とここにいたくないの」と言ってもいいんだということがわかったら，「この人は私が感じている嫌な気持ちや考えは何でも聞いてくれようとするし，理解しようとしてくれるんだ」と考え始めるでしょう。

Ⅲ 初回面接ですべきこと

1 … 初回面接の目標

　子どもは大人によって治療に連れてこられます。そのため，プレイセラピーの第一印象を良いものとすることは，これから何が起ころうとしているのか明確にし，それが安全な状況で起こるのだと安心を与えるという観点からも，自発的に自分自身の治療にくる大人以上に必要となります。問題がどういうものであれ，子どもがその問題に結びつく自分の考えや気持ちを表現，理解，まとめ，ワークスルーできるように，安全を感じられるようにします。安全感を作り出すことは，アセスメントと並んで，初回面接における主な目標の一つです。

　初回面接の目標のいくつかは，その後続く継続面接での治療全体にわたる目標と同じものです。以下に最初の「こんにちは」から作業されるべき目標のいくつかをあげます。

- プレイセラピー中，プレイセラピー部屋の中で，PTh に対して安全感を感じている。
- PTh に，あらゆる気持ちや考え，適切な行動について理解され，受け入れられていると感じる。
- 評価・強制・自分の要望や願望を表現することを制限されないと体験している。
- プレイセラピーの時間をどう過ごすかについて，自分で決め，自分の責任でコントロールしていると感じる。
- 治療的な関係性を築いていることを体験する。

　通常，親には，ここは何をするところで，なぜここに行くのかを，あらかじめ子どもに知らせておくよう伝えてあるので，その子はわかって来ていると想定します。現実は，多くの親が子どもに何も知らせていなかったり，まったく違うことを伝えていたり（「ママのお友達の家に行くよ」「遊び場に行くよ」），罰と

188　第Ⅱ部　プレイセラピーの技法とすすめ方

して子どもを脅していたり（「悪いことするからお仕置きしてもらいに行くよ」）します。プレイセラピーに入る前に，子どもが正しい情報をもっていることを確かめ，明確にする必要があります。

2… 初回面接で子どもと話し合うべきこと

初回面接では，なぜその子はプレイセラピーに来ているのか，その子自身はどう理解しているか，問題となっていることについて必ず子どもと直接，話し合います。子どもはただ「遊び」に来ているのではなく，「セラピー」するために来ているということを思い出して下さい。問題について初めから話し合わないことは，子どもに対して，その問題は恐ろしすぎて話せない／PThにその能力がない／気にかけていない，といったメッセージを与えてしまい，治療目標の設定を損なったり，治療同盟が形成できなかったり，妥当なアセスメントの妨げになったりします。子どもと親ではまったく別の捉え方をしているかもしれず，この違いをはっきりさせること，この違いそのものが葛藤の原因の一部かもしれないことを話し合うのが大切です（「じゃあ，パパはガク君が弟を叩くことが問題だと思っていて，ガク君はパパがバカちんだってことが問題だと思ってるのね。そもそも，ガク君とパパで問題と思ってることが違うってことが問題なのね」）。

もし子どもが親が示したことを否定し，親から聞いた話とまったく違う問題の捉え方を言い出したり，あるいは問題ないと否認したとしても，子どもに"本当の"治療の理由を直面化することはしません。子どもの今いる段階を受け入れ，子どもや家族を深く知るようになるまでは"本当の"理由はわからないからです。もし子どもがその問題にまつわる話題を避けるようであれば，相手がどう反応するのかわからないのに，よく知らない人に問題を打ち明けるのは難しい，と感じているかもしれない子どもの気持ちを反射します。

3… PThの役割と関係性をはっきりさせる

PThは，子どもから，問題を手助けできる人として見えなくてはなりません。子どもが自分は理解されていると感じるためには，PThのことを専門家として信頼できると感じていることが必要です。大人が自分のセラピストについてあれこれ想像を膨らませるのと同じくらい，子どもも想像を膨らませます。それは，親が子どもにプレイセラピーに行くことについて説明した時から始ま

ります。よくあることとして，子どもが大人に関して嫌な体験をしていたり，親が脅してプレイセラピーに怖い気持ちをもたせていると，子どもはとても怖いPThを想像しているかもしれません（意地悪そうな目，口が耳まで裂けていて，速い足でどこまでも追いかけてくる！）。子どもの「恐ろしい怪物」のような想像とは逆で，PThは子どもをもっと幸せに，暮らしやすくするお手伝いをするためにここにいるのだ，ということを認知的にも体験的にもはっきりさせることが大切です。

4… 問題は解決できるという信念を伝える

問題はPThだけではなく，子どもを含めたチームで解決するのだということを明確にします。自分の人生に関わる力をもち，コントロールでき，責任ももっているというメッセージを伝える必要があります。これは子どもが積極的に自分の問題をワークスルーする動機づけになり，自己肯定感や自信を高めることにつながります。

5… プレイセラピーのプロセスを説明する

具体的には，時間や頻度，守秘性，これから取り組み解決に向かうべき問題，セッションでは何をするのかとなぜそうするのか（脳の発達に基づいて遊びを使うこと）などを含みます。これらの説明は，子どもの理解力のレベルに合わせて提供されます。制限はこの時点では具体的に詳しく説明する必要はありません（子どもがすでに制限を設定する必要があることをしない限りは）。制限設定に関してこの時点では，プレイセラピー部屋についての最初の説明として「どのような気持ちや考えも受け入れられるし，ほとんどの行動は受け入れられる」ということが伝えられていればそれで十分です。

Ⅳ 初回面接の具体的な流れ

では，待合室での最初の出会いを具体的に見ていきましょう。以下は，初めて子どもに挨拶し，プレイセラピーやプレイセラピー部屋やおもちゃを紹介する時に何をどのようにするかという概観を，親と子ども，それぞれ別にPThの担当がつくという設定で描いたものです。

190　第Ⅱ部　プレイセラピーの技法とすすめ方

▶ **子どもの名前を呼んで挨拶**：目の高さになり，アイコンタクトをとり，微笑み，自己紹介する。

　　PTh は微笑んで，子どもをまっすぐに見つめながら待合室に入っていきます。彼女は子どもの正面で，目の高さになるようひざまずいて言います。「あなたがテツ君ね。私は林先生，テツ君のプレイセラピストよ。はじめまして」。

▶ **親に，言葉と動作の両方で話しかける**

　　林先生は親に向き直り，「こんにちは，矢吹さん。よくいらっしゃいました（親に初めて会う場合は「私は林と申します。テツ君の PTh です。どうぞよろしくお願いします」）。この間ずっと笑顔でいます。

▶ **プレイセラピー部屋に行く**：自分と子どもが一緒にプレイセラピー部屋へ行くことを，子ども本人と親に知らせる。

　　林先生は，テツの方を振り返り，「テツ君と先生は今からプレイセラピー部屋に行くよ」。

▶ **終わったら親が待合室で待っていることを伝える**：養育者が自分を待っていてくれると知ることは，不安な子どもにとって特に安心感を高める。

　　「お父さんとお母さんは，私たちが戻ってくるまでここで待ってるからね」。林先生は，親に向き直り，「テツ君は私と一緒にプレイセラピー部屋に行きますので，お二人はこちらでお待ち下さい。45分たったら戻ってきます」。

▶ **子どもと一緒にプレイセラピー部屋に行く**：待合室から案内する時は，プレイセラピー部屋に行きたいかどうか聞くような質問形（「プレイセラピー部屋に行きたい？」「プレイセラピー部屋に行くけどいいかな？」）で話さない。質問形で誘って子どもが「いやだ」と言ったら，待合室にい続けるか，希望を無視して無理やり行かせるかのいずれかになってしまう。最終的には治療を始めるためにプレイセラピー部屋に行かなくてはならないので，不安に感じているようであればその不安を認めて，プレイセラピー部屋に一緒に行くのだと伝える（「プレイセラピー部屋に行きましょう」「さぁ，プレイセラピー部屋に行く時間だ

よ」)。

　テツは心配そうにして，母親のそばに寄り，動きません。林先生がテツに言います。「テツ君，お父さんお母さんから離れるのが心配なようね。知らない人とどこかへ行くのは怖いもんね。ママもパパもここで待っていて，テツ君が戻ってくるまでどこにも行かないよ。（親を見て）そうですよね？」。テツは親の顔を見定め，林先生が言ったことが本当だとわかりました。

　移動を促すタイミングは子どもの不安レベルによって違う。行くのを渋っているようにみえる場合は，そこから移るのに十分な居心地よさを感じられるまで待合室で子ども（とその親）と治療同盟を築き続ける。親と離れたがらない場合には，親にも一緒にプレイセラピー部屋に来てもらう。部屋の前に来てもまだ親と離れるのが難しければ，子どもが離れてもいいと思える安全感をもてるまで，初めのうちだけ親にプレイセラピー部屋に一緒にいてもらう。あらゆる手を尽くしても子どもが拒否し続ける場合でも，プレイセラピー部屋に連れて行くために身体的な介入をすることは避ける。プレイセラピー部屋に行くことや，プレイセラピーを受けること，PThの前で過ごすことを，無理やり強制されることや自分ではどうにもできないことと結びつけてほしくないからである。

▶ **関係性を築きながら，プレイセラピーとそのプロセスについて説明する**：
プレイセラピーはどのようなものだと思うか，PThが何をするのか，自分はどのような問題を抱えているのか，それに対してどうしたいかなどを尋ねる。その後，子どもが答えたことに対して同意・付け加え・修正をしながら，プレイセラピーやPThについて説明をする。続いて，親や学校（他の紹介元）から聞いている問題についてのPThの理解を伝える。最後に，プレイセラピーの目標を話し合い，構造の説明をする。

　テツとプレイセラピー部屋に入ると，林先生が言います。「ここがプレイセラピー部屋よ。ここではどのような気持ちを感じてもいいし，何を考えてもいいの。テツ君がしたいことはほとんどできるのよ」。林先生は，テツの反応を確かめてから，続けて言います。
林先生（H）：「テツ君，ちょっとの間，このビーズクッションに座ろう。テツ

君は8歳だってママから聞いてるよ。今日ここに来ることについて，ママや
パパからなんて言われたか教えてくれる？」

テツ（T）：「先生が僕を助けてくれるだろうって」

H：「そう。じゃあ，何か手助けが必要なことがあるのね」

T：「ないよ。それはパパがそう言ったの」

H：「あぁ，パパはテツ君に助けが必要って思ってるけど，テツ君はそう思って
ないのね」

T：「うん。ママはいつも僕に怒鳴ってるけど，それはシンが悪いからなんだ
よ」

H：「弟のシン君が悪いから，ママはテツ君をいつも怒鳴ってるんだ」

T：「うん。シンはいっつも悪いことするんだ」

H：「じゃあ，助けが必要なのはシン君だって思ってるんだ」

T：「そう！」

H：「わかった。先生がママとパパに聞いたことをお話しするね。テツ君がいつ
も理由もないのにシン君を叩いて，そのことをパパとママは心配してるって
聞いたよ」

T：「僕はただ，シンが言うこときかないから叩いてるだけだよ！」

H：「わかった。テツ君はシン君が言うこときかないから叩いてるだけなのね，
そして，シン君に頭にきてるのね。そして，シン君を叩くってことでママは
怒鳴るしパパにはテツ君のせいだって怒られるのね。そうするとよけいにテ
ツ君は頭にくるし，きっと悲しくもなるのでしょうね」

T：「うん。ずるいよ！」

H：「あのね，先生はそんなふうに困ってる子どもやママやパパを手助けする
人なの。しょっちゅう怒ったり悲しくなったり怒鳴られたりするのは楽しく
ないよね。先生は，そういう嫌な気持ちを減らして，気分よく，もっといい
気持ちでワクワクなれるお手伝いをするのよ」

T：「そしたらママはシンを叩くからって僕を怒鳴らなくなるね」

H：「そしたら，シン君に頭にきたり，叩いたりしなくてもよくなるから，ママ
はテツ君を怒鳴らなくてよくなるね。私はテツ君とママ，パパと，みんなが
いつも怒らなくてすむようにお手伝いできるよ」

T：「わかった。でも，ママは薬は絶対使わないって約束したんだよ。僕注射大

嫌い！」

H：「テツ君は注射が大嫌いなのね！　その通りよ。先生は，薬も注射もしません」

T：（ほっとした様子）

H：「ほっとしたね。ここではおもちゃを使ったり，遊びを使ったり，少し話したりするのよ。テツ君のゲッ〜！　という気持ちを減らしていい気持ちを増やすためにね。人って，幸せじゃない時は，脳（頭を指差す）の中が，引っついて取れない嫌な気持ちでいっぱいになってしまうものなの。遊ぶと，嫌な気持ちを脳の外に追い出すことができて，かわりにいい気持ちを入れておけるようになるのよ」

T：「えっ？　先生も僕を怒鳴るのかと思ってた。遊んだりするんだ？」

H：「テツ君は先生が怒鳴らないで，かわりに遊ぶって知ってとっても驚いたし，ほっとしたのね」

T：「うん！　遊んで僕の脳がいい気持ちになるってことでしょ？」

H：「遊んで脳がいい気持ちなるようにするってことにワクワクしてるのね」

T：「学校みたいに毎日来るの？」

H：「毎日来たくてワクワクしてるのね。ここには毎週１回，金曜の３時に来るのよ。毎回ここで45分間一緒に過ごすの。今日みたく先生が待合室に迎えに行って，また一緒に待合室に戻るよ。テツ君のパパとママがそこで待ってるからね」

T：「わかった。僕たち今から遊べる？」

H：「遊ぶのが待ちきれないのね。いいよ，今日はあと30分あるよ」

　初めてプレイセラピー部屋を紹介する時は，「ここでは感じたいことや考えたいことを，どのようなことでも感じたり考えたりしていいし，したいと思うことがたくさんできるよ」などと伝えます。あらゆる感情や考えは受け入れられ，表現されることが歓迎される一方で，それらの感情や考えを表現する上では，受け入れられる行動と受け入れられない行動の区別がある，ということを示唆しています。「したいことは何でもしていいよ」などと言わないように慎重になります。不適切な行動や危険で破壊的な行動に対して制限が設定されたら，その言葉が嘘になってしまいます。したいことは何でもできると言われ，

後になって受け入れがたい行動に対しては制限が置かれたら，混乱したり不信感をもつことがあります（受け入れがたい行動を制限しないという選択肢は**ありません**）。それはPThのせいということになるので，言い方には気をつけましょう。

▶プレイセラピーを始める！：林先生とテツはセッションの終了時まで，プレイセラピーを続けます。

初回面接での基本的な態度と技法

　技法の数々を初回面接の待合室から使います。PThが会話のテーマを設定するなど指示的になるのは，プレイセラピーのプロセスについて説明する時と子どもが来所した理由を確認する時だけです。

　多くのプレイセラピー初心者は，子どもをなんとか遊ばせようとしがちですが，子どもが自分から遊び出すまで待ちます。子どもが遊ばずに，プレイセラピー部屋やPTh，プレイセラピーのプロセスやプレイセラピーのおもちゃなどをよく調べてみるための時間を必要としている場合，それを受け入れ，それに寄り添うことが必要です。特に愛着の問題で治療を受けにきた子どもの中には，PThが怖い存在かどうか"試す"必要がある子もいます。PThはさまざまな手段を通して（表情，声のトーン，身体の向きや姿勢，態度，言葉などで）自分が安全な人間であること，プレイセラピー部屋が安全な場所であること，プレイセラピーでの関係性が信頼と受容に基づいて作られていくことを伝えます。

　それまで大人を対象にしてきたPThは，言葉を介しての治療に慣れ親しんでいるため，子どもに話をすることを期待する傾向があります。遊びと非言語的な表現が，子どもの主なコミュニケーション手段であることを思い出しましょう。子どもが話したい時まで待ちます。

　同様に，プレイセラピーでは楽しく過ごすのだと子どもを説得しません。子どもは自分自身の経験を通して，それがいかに素晴らしいかを理解していきます。もし子どもが遊びも話もしない場合は，「お部屋全部をよく調べているんだね」「何をしようかなって迷ってるんだね」などと声をかけ，「ここのおもちゃのこと，きっと好きになると思うよ」「すぐ遊び始めていいんだよ。待たな

くていいからね」などとは言いません。

　PTh が子どもとの初回面接に対して緊張するのと同じくらい，子どもも不安に思っているのです。子どもを安心させようとして，実は自分自身を安心させていることのないよう気をつけましょう。もし子どもが言葉や態度でプレイセラピーの場にいることへの嫌な気持ちを表現したら，常にそれを受け入れましょう。PTh が子どもの態度や言葉に傷つくよりも，子どもの方がずっと PThの言ったことや言わなかったこと，したことやしなかったことによって傷つきやすいということを覚えておきましょう（PTh がセッション中の子どもの言動に傷つきやすいのであれば，子どもへの治療の前にまず，スーパービジョンや自分のセラピーで逆転移の問題に取り組む必要があります）。

　見知らぬ大人と二人きりの部屋で，大人が黙ったままいることやじっと見つめてくることは，子どもにとって怖くて居心地が悪いものです。子どもが“何かをしている”とか“何かを言っている”のでなかったとしても，態度や沈黙で自分の気持ちや考えを伝えてきています。その子が何を伝えてきていると思うか言葉にし，子どもの動きの乏しさや沈黙に対して“応答する”，専門家としての責任があります。セッション中，何をしても子どもがあまりに不安を感じているように見える場合は，その不安を減らす責任があります。

　ある週は特に言葉が多く，翌週黙っていたり，ある週に心から遊び込んだ子が翌週まったく遊ばなくても，あるがままを受け入れることが大切です。子どもは，遊ぶ・遊ばない，話す・話さない，動く・動かない，PTh と関わる・関わらない，どちらでもいいのです。一方で，PTh はいつも子どもを観察し続け，関わり続けなくてはなりません。

　子どもは，初回面接の時の方がそれ以後の継続面接の時よりたくさん質問するかもしれません。これは多くの理由によりますが，一つは PTh が何者なのか，プレイセラピーのプロセスがどういったものかを理解しようとしているからであり，関係性を築こうとしているためです。質問への応答の仕方の原則で初回面接にも当てはまることは，その質問の本当の理由にもよりますが，ほとんどの場合，質問に直接的に答えないということです。

　PTh に何かしてくれるよう／決めてくれるように頼むことによって，この先生との関係では自分にどういうことが期待されているのかを確かめようとするかもしれません。第 1 回目から責任を返していきます。子どもにかわって何か

196　第Ⅱ部　プレイセラピーの技法とすすめ方

してあげる，決めてあげることで子どもがプレイセラピーに"なじみやすく"しようとするのは，適切でも効果的でもありません。

　制限は，制限をする必要のあることをした瞬間から始めます。会ってそれが最初にしなくてはならないことだったとしても，仕方ありません。初めて子どもに挨拶しようと待合室に入った時に，その子が待合室の本をあたり一面に投げていたら，「こんにちは，テツ君，私は林先生よ。ここの本をそこらじゅうに投げて楽しそうだね。ここの本は投げてはいけないの。かわりにいろいろな方法で楽しめるよ」と言います。

　プレイセラピーが自分のためにある時間だというメッセージが，子どもに伝わることが必要です。初めてのセッションがいい意味で，いつもと違った奇妙な感覚を与えたとしたら，しめたものです。十中八九効果的で適切な初回面接を行ったということなので，自分を褒めてあげましょう。

＊アクティビティ

A．初回面接のロールプレイ

①初回面接のロールプレイをしましょう。ペアになり，相手には初めてプレイセラピーに来る子どもになりきってもらいます。体験したことを，PThと子ども，両方の視点から話し合いましょう。

②役割を交代します。初めてプレイセラピーに行く子どもがどのような体験をするか味わってみましょう。PThと子ども，両方の視点から話し合いましょう。

③可能であれば，ロールプレイの様子を録画し，見てみましょう。

●初回面接をどのように行っていたか書き留めます。どのように自己紹介しましたか？　待合室からプレイセラピー部屋までの移動をどのように行いましたか？　親とはどのように関わりましたか？　プレイセラピーのことをどのように紹介しましたか？　子どもの問題についての自分の理解をどのように伝えましたか？　子どもとどのように治療同盟を築き始めましたか？　自分がするべきだったと思うことと実際とを比べてみましょう。うまくできたこととできなかったことを振り返りましょう。初回面接をどのように改善できるでしょうか？

第14章　アセスメントと初回面接　197

- 自分のやりとりや応答は適切でしたか？　必要すべての基本技法は使えましたか？　できなかったとしたら，かわりにどのようにできたでしょうか？　はじめにそのように言ったりしたりしたのは，なぜだと思いますか？　今後，改善するために何ができると思いますか？
- アセスメントについてどう思いますか？　なにが役に立ち，なにが役に立たないでしょうか？　初回面接の中でそのアセスメントをどのように活用できましたか？　子どもやセッションについて考える時間をもった今，違うアセスメントの考えが浮かびましたか？　行ったアセスメントの中で，子どもが現していたものというよりも，逆転移によるものはありますか？

B．振り返ってみよう

- 初回面接（待合室から退室後まですべてを含む）において，うまくできたことは何でしたか？
- 初回面接において，難しく感じたのはどのようなところでしたか？
- 初回の出会いを生産的に改善するために，さらにできること，今していることで続けていきたいことは何でしょうか？
- 子どもをアセスメントすることについて，うまくできたことは何でしたか？
- 子どもをアセスメントすることについて，難しく感じたのはどのようなところでしたか？
- 子どもをアセスメントする技術を向上させるために，さらにできること，今していることで続けていきたいことは何でしょうか？

　さぁ，ようやくプレイセラピーを行うのに必要なすべての基本的な技法についての情報を手に入れ，練習も無事体験できましたね。いよいよ，プレイセラピーの旅の中で，子どもの治療に重要かつ必要な要因のすべてをまとめるところへと歩みを進めましょう。環境（親，学校，病院など）と連携しPTh（あなたのことです！）やプレイセラピー環境の物理的な構造（プレイセラピー部屋，おもちゃ，構造など）を考えることです。

プレイセラピー実践に必要なことがら

第 15 章

親への対応

　私は，治療の際には同じ PTh が子どもと親の両方に会うのがもっとも効果的だと信じているため，そのようにしています。とはいっても，日本ではほとんどのプレイセラピーでは，子どもと親はそれぞれ別の担当者が会います。この章は，こうした PTh に役立つように書かれています。もしあなたが"常に"子担当であったとしても，本章の情報はプレイセラピーを効果的に機能させるために役立ちます。子担当と親担当，両者が知恵を合わせ，並行面接の状況を生かし，共同して働くことがより効果的です。適応すべき場所では，親子が一緒，および別々の状況においてどのようにしたらよいか，それぞれにコメントしています。

Ⅰ 親との作業がなぜ大切か

　親?!　養育者?!　読者の皆さんの中には，こう考えただけでうんざりする人や，「親についての章が必要なの？」と不思議に思う人，「そうそう！　親との作業は大事」と頷く人もいるでしょう。大半の方が，大人と，子どもに対する心理療法との大きな違いは（言葉より遊びを使う他に），ほとんどの子どもが治療に来る時には，少なくとも一人の大人がその治療過程に関与していることだと実感しているでしょう。この大人とは，親，親戚，学校の先生，医療関連者，ご近所，大人の"友達"，他の専門家，施設のスタッフを含む養育者まで，さまざまです。子どもは一般に自分でプレイセラピーを探して来談する手段や動機，自由，知識をもっていません。大人が心配／イライラ／関心をもつなどして，また脅される／啓発される／怖くなるなどして，治療を始めます。同様に，続けるべき／続けてもいい／終結するなどを決めるのも，関わっている大

人であることがしばしばです。養育者はプレイセラピーの費用を提供したり，セッションへの送り迎えや日程調整，子どもの日常生活に治療がどのように役立っているのか／いないのかという情報，子どもの情報（胎生期や出産時の様子，家族や友達や他者との関係性，学業面の能力，身体的な健康状態，さまざまな状況での行動など）といった，実際的な手段も提供します。子どものプレイセラピーに親（以下，親と記した時は子どもの養育に主な責任をもつ大人すべてを含む）を参加させることは，良い点を増やし，起こりうる悪い点を減らす効果があります。

　プレイセラピーにおける調査研究は，親が子どものプレイセラピーに関わった時にはより治療が効果的になることを示しています（Bratton et al., 2005）。親が治療に関わる方法は，PTh の理論的志向，その子どものニーズや問題，家族力動や愛着のアセスメントによってさまざまな形態がありえますが，すべての理論において，どのような方法であれ治療過程に親を加わらせています。親の関与の程度や，あり方は，日程調整という最低限の関わりから治療過程への全面的な参加まで，さまざまです。親をプレイセラピーの治療に参加させる方法としては，フィリアルプレイセラピー（親子療法），セラプレイ，家族プレイセラピー，親子－乳幼児プレイセラピー，親子同調療法，見て・待って・感嘆する（Watch Wait and Wonder），親子一緒にするプレイセラピーセッションなどがあります。

　私の個人的な信念と経験からは，プレイセラピーの遊びの一部分を親と子どもが一緒に行うよう組み立てるともっとも効果的です。PTh と親の間の協力的なチームワークが変化へのサポートをもたらします。子どもの変化はしばしば，その親や家族の変化に伴って起こります。親子間の愛着に問題がある場合，親子同時のセッションは助けになるだけでなく必須です。親子同時のセッションは，そのセッション内で愛着関係を良いものへと再構築し，強化し，その相互作用のスタイルがセッションの外にも持ち越され，般化されます。PThの言葉かけや振舞いは，親の適切なモデルになり，親自身も恩恵を受けます。私の場合は，親はプロセスの全行程，つまり第1回目から終結までの参加が必要であることを，最初の段階で明確にしています。

　親となしうることとして，子どもの発達，遊び，脳についての心理教育，養育スキルの教育と練習，他機関の関係者（学校，病院など）との連携，子どもに

202　第Ⅲ部　プレイセラピー実践に必要なことがら

影響を及ぼしている家族力動や夫婦関係を検討して変えること，自分の子ども
をよりよく理解し受け入れること，親への情緒的な支援，親自身の専門的な心
理支援の必要性の認識，他機関への紹介などがあります。親が新しい養育スキ
ルを活用できるようになり，親子関係や家族力動に変化をもたらすために，親
子の相互作用／親が子どもと遊ぶ様子／親間の相互作用／親の提言や助言の活
用／子どもの親への反応の観察を行い，親子とともに，言葉による，あるいは
一緒に遊ぶセッションを行うことで，子どもとの適切なやりとりの手本を親に
示します。

　PTh の中には，親や大人全般との作業に抵抗を感じるために，親との作業を
しない人もいます。制限設定と同じように，何らかの形での親との作業なくし
てプレイセラピーはない，と言っても過言ではありません。適切な親の関与が
ある場合は，子どもだけに行うプレイセラピーよりもはるかに効果的です。

Ⅱ 親をアセスメントする

　親が子どもをプレイセラピーに連れてくる理由はさまざまです。親自身が人
生のどこかで，心理療法において良い体験をしたことがあるのかもしれませ
ん。学校から，すぐに何か手を打たないと退学させると言われたのかもしれま
せん。わが子の不適切な行動に手を焼き，イライラとストレスでお手上げなの
かもしれません。わが子の発達が大丈夫かどうか不安で，相談したくなったの
かもしれません。かかりつけの小児科医に，身体的問題を呈しているけれども
原因が見つからないので，プレイセラピーを紹介されたのかもしれません。

　その親がプレイセラピーを求めている理由は何でしょうか？　わが子にもっ
と幸せになってほしいから？　わが子や問題を厄介払いしたいから？　家族以
外の誰かをなだめるため？　誰かに"わが子をしっかりさせてほしい"と願っ
ているのでしょうか？　治療にくることによって"よく見られたい"と思って
いるのでしょうか？　子どもを"変人をみる専門家"に診せることで，罰した
り脅したりしているのでしょうか？

　親が，今の時点で子どもを連れてこようと決めた理由は何ですか？　特に，
子どものその問題が以前からあった場合には，何がきっかけに今連れてくるこ
とになったのでしょう？　自然に解決するという望みを諦め，専門家の助けが

第15章　親への対応　203

必要だと認めたからですか？　家族力動や夫婦の力動が変化したのでしょうか？　虐待的な親であることが発覚したのでしょうか？

　親が問題についてどのように語るかをみれば，子どもにとって彼らを親にもつのがどのような経験なのかがよくわかります。感情的すぎたり，言うことすべてに過剰反応していますか？　情緒は平坦で非常に論理的に応答し，どこか冷たい感じがしますか？　話が取り留めもなく続いたり，話題があちこち飛んだりしますか？　重要な出来事や体験を矮小化したり，話し合うことをためらったりしますか？　冗談を飛ばしてばかり／皮肉っぽい／懐疑的／防衛的になりやすい／攻撃的等でしょうか？

　その親は，治療への意欲がどれくらいありますか？　人に勧められてあるいは，指示されて来たのですか？　自分が悩んでいる，うまくいかなくてイライラしている，心配で，あるいは期待を寄せて，望んで来たのでしょうか？　心理的な支援を信用していますか，懐疑的でしょうか？

　問題を引き起こしている無意識のメカニズムは何ですか？　あまりにも依存的なその子は，子ども時代に孤児になったシングルの父親にとって，実は望ましいことなのかもしれません。慢性疾患をもつその子は，親にとって，親に怒りの感情をぶつける子よりも扱いやすいのかもしれません。娘の成績不振は，親の目を夫婦の不和からそらさせているかもしれません。

　これらの質問はすべて，親のアセスメントをする上で重要な情報を提供してくれます。ちょうど，子どものことを，治療の前・最中・後もアセスメントするのと同じように，親に対してもそうしましょう。親がどのような人物であるかは，治療の進め方を決める上での鍵となります。

Ⅲ　親の気持ち

　通常，親が子どもをプレイセラピーに連れてくるのは大変勇気がいるものだということを，心に留めておくことが肝心です。多くの親は，専門家の助けを求めることは，わが子の子育てに“失敗した”と認めたように感じます。そう感じる前提として，親は，育児とは自然にたやすくできるもので，人からの支えなど必要ないはずだ，と思っているということです。私たちは，子育てが誰にでもたやすく簡単にできるわけではないこと，多くの人がどのような形にせ

よサポートを得ることで助かることを知っています。それは決して，養育に失敗したということではありません！　それを知らない親にとっては，PThに初めて連絡をとることは怖いことかもしれず，罪悪感を抱いたり，防衛的になりがちです。

　効果的でうまくいくプレイセラピーへの近道の一つは，親が，受け入れられた，わかってもらえた，望みがもてる，理解されている，認められている，励まされ支えられている，と感じることです。治療の中断への近道の一つは，親が，PThに無視された，のけものにされた，責められた，脅された，良し悪しを決めつけられた，批判された，わかってもらえない，拒否されたなどと感じることです。自分が好かれ，大事にされていると感じると，親はより好ましい人として振る舞い，そうすると，親の防衛的な構えが軽減し，助言にも喜んで耳を傾け，中断や欠席も減るのです。

　親が子どもを情緒的に傷つけていると思われる時には，PThは親を責めたり，嫌いになりがちです。親自身が，不適切またはネガティブな養育を受けた"犠牲者"として生きてきたということも多々あります。親を好きになろうと努力できれば，彼らに思いやり深くいることが可能です。また，PThが子どもにとって重要な人である場合，子どもを，大好きなPThと，世界で一番愛している親との間で板挟みにするのは極めて反治療的なので，そうならないよう心がけます。

　親は，子どもの人生においてもっとも重要な人であり，子どもに対して最も大きな影響力をもっています。PThは，その子の人生のほんの短い期間，週に45分間をその子どもと過ごしますが，親は，その子の誕生から生涯にわたって，その子の生活に終始関わっているのです。親が提供する情報は，それが単なる事実（誕生時，発達，家族歴など）であれ，主観的な認識（関係性，性格など）であれ，受け入れましょう。子担当であれば，子どもの親がセッションに来るたびに，肯定的に接するよう心がけましょう。

　親の罪悪感から生じるPThへの嫉妬と反感は，親が治療を妨害したり，中断したりする2大要因です。親が嫉妬を抱いているとしたら，何かを変える必要があります。プレイセラピーの主な目標の中には，親子関係を強化し，よりよい子育てのスキルや自信を親に与えるということもあるので，親はPThと子どもの関係に嫉妬を抱くはずがないのです。PThが親に適切な注目と思いや

りを与えていれば，親は PTh を信頼し，わが子が PTh によい感情をもつこと
を嬉しく思い，PTh がわが子にしている対応や関わりを自分もしたくなり，率
直になって，子育てスキルや遊び方，適切な関わり方を学ぶことに意欲をもち
ます。

Ⅳ 親との作業の進め方

　たいてい親は最初に電話やメールで，PTh に連絡をとります。その際，親の
要望が本当にあなたとの面接を要するかどうか（他の情報を求めていることや，
その問題があなたが治療で扱える範囲外である場合もある）を見極めるため，子ど
もと会う前に親との初回の相談・アセスメント面接の日程を決めます。

1 … 初回の相談面接の目的

　親との初回相談面接の目的には次のようなものがあります。

- 子どもや主訴に関する情報を集める。成育歴（発達），性格，強み，弱み，
  問題解決能力，対人関係のパターン，学習スタイル，学校での行動や出来
  具合い，トラウマ体験，家族の歴史，夫婦関係，家族力動，文化的な考慮，
  相談歴，等。
- ラポールを形成する。
- プレイセラピーを親に説明し，プロセスの概観を示す。
- 守秘義務とその例外について話し合う。
- プレイセラピー部屋とおもちゃを紹介する。
- 親面接の実際的な面（話題，頻度など）を説明する。
- 自分で扱えるケースかどうかを見極める。
- 親が PTh に聞きたいことを質問し，PTh を見極める。親に，PTh との作
  業がしやすいか，してみたいと感じるかを確かめる機会を提供する。
- この家族を扱えない，もしくは親が PTh とはやりづらい場合には，他の
  選択肢を提案し，紹介する。

　私は，親だけとの90分の相談面接から治療プロセスを始めます。いつも，両

親揃って初回の相談面接に参加するように求めます。その意図は，親に対して，これは家族皆が関わるだけの重要な出来事なのだというメッセージを与えることです。親は，どちらもその子どもの生活に欠かせない役割を担い，その子を育てるにあたって協力しあう必要があります。わが子の心理的健康と幸せは，両親が協力して取り組むことであり，家族の問題だと意識してもらうことは極めて重要です。両親がこのことを最重要事項として扱っていることがわかると，子どももそう扱うようになります。主たる養育者ではない親も参加することで，子どもが嬉しくて興奮することはよくありますが，それは，両親がわざわざ時間を作ってプレイセラピーの場で一緒に過ごすくらい，自分は大切な存在なんだと実感するからです。

　子どものペースを尊重するのと同じように，辛抱強く親のペースを受け入れましょう。親とラポールを形成することは，彼らが変化を起こすことができるために必要不可欠です。親はまず PTh に安心感と信頼感を抱く必要があります。それが"今すぐに即効解決を"と要求する親であっても，提案や助言に先立って，まずはしっかりした治療的関係を築くべく応答しましょう。どのような提案も，親との関係性が築き上げられた後だとはるかによく受け入れられます。このラポールの形成は，初めて電話やメール，対面で親と接した瞬間から始まります。

　親の心配と問題の捉え方が，子どもの見方とかなり違うこともしばしばあります。そのような時は特に，親と子の両方の視点を理解し，治療計画に組み込むことは極めて重要です。子どもと親が共に PTh は自分の味方だと感じていると，治療はずっと早く，うまく進展します。

2… プレイセラピーの説明

　プレイセラピーの説明は，親が"自分が関わろうとしていること"を知るために必須です。どのように説明されるかが，親がプレイセラピーを受け入れようとするかどうかに影響します。プレイセラピーの定義は変わらないものの，さまざまな情報での裏付け，言葉使いや具体例を使った言い回しは，伝える相手の期待や認知的レベル，ニーズに合わせたものにします。以下に，2組の異なるニーズと期待をもつ親へ，プレイセラピーを説明する際の具体例をあげます。どちらもトラウマ体験による症状をなくすためにプレイセラピーを行いま

すが，基本的な情報は同じでも，説明の長さや使う用語，焦点，提示の仕方が
まったく異なるのがおわかりになるでしょう。伝える時には笑顔をお忘れな
く！

　夫婦とも大学教授の佐藤夫妻が，7歳の息子タツが交通事故に遭って以来学
校で集中できなくなったことについて心配している場合，タツが以前のように
集中できるようになるために，プレイセラピーによっていかにトラウマ体験を
ワークスルーできるかを説明するとよいでしょう。専門的な用語を用いて研究
結果や脳への影響の情報を盛り込むと，こうした親にはよく頭に残るでしょ
う。

　「事故の後，タツ君が集中力がなくて学校でうまくいかなくなったのをお二人
とも，とても心配してらっしゃるのですね。多くの場合，子どもが何かとても怖
いことを体験すると，脳が自己防衛モードに入ります。脳は，潜在的な脅威に対
して闘ったり逃れたりできるように，自動的にエネルギーをかき集めます。脳の
左の部分"考える脳"と脳の上位にある大脳新皮質は，論理や考え，話すこと，分
析，理解，意識的なことを司り，たくさんのエネルギーを使います。脳の右の部
分"感じる脳"と，脳の下位にある脳幹や中脳，辺縁系は感情や感覚，抽象的なこ
と，非言語，無意識的なことを司り，瞬時に反応してそれほどエネルギーを使い
ません。脳が危険を感知すると，一時的に，脳の下位や右の機能に費やすエネル
ギーを確保するために，脳の上位や左の機能が大幅に低下するのです。右の脳に
集まった情報は通常は，脳梁という橋を渡って左の脳に送られ，脳の右側で感じ
た感覚や気持ちは左部分によって処理され，理解したり言葉にされたりします。
この橋もトラウマ的な出来事の間は，一時的に閉じてしまい，脳の右側に集まっ
た情報が左側へ移行しません。そのため，子どもは気持ちや，何か感じたことを
うまく言葉にできなかったり，理解できなかったりするのです。

　脅威がなくなったと脳が判断した後は，左脳と橋の両方の機能が戻ってきます
が，トラウマの記憶は右脳に残ります。トラウマの記憶が右脳にこびりついてい
るので，それが意識上に出てこようとしてエネルギーを消耗し，同時に，その恐
ろしい記憶を無意識の領域に留めようとするためにもエネルギーが使われます。
タツ君が学校で集中するのに左脳を使おうとしても，それに必要なエネルギー
は，トラウマ記憶を留めておくために右脳で使われてしまっているのです。トラ

208　第Ⅲ部　プレイセラピー実践に必要なことがら

ウマ記憶を脳の外に取り出すためにもっとも効果的な方法は，脳のその部分に直接働きかけることです。遊びはまさにその役割を果たします。遊びは，言葉とは違って，脳の広い範囲，右脳の無意識的，非言語的な感情や感覚ともつながります。遊びを治療的に用いることで，交通事故によるタツ君の心理的なトラウマの悪影響を脳の外に出すことで直接取り除き，以前と同じように学校で集中できるように手助けします。

　治療に遊びを使うのが有効なもう一つの理由は，子どもは大人のように言葉を使うのではなく遊びを通して自分自身を表現するからです。発達的に，子どもは，自分の感じたこと，したいこと，体験したことを言葉で語るやり方を学習している途上の段階です。言葉で子どもの１日について尋ねても『まぁまぁだった』という返事しか出てこないかもしれませんが，遊びで表現する機会を与えれば，算数で苦戦をして，親友と喧嘩してすごく嫌な気持ちだったけど，その後漢字クイズがうまくできて，友達とも仲直りして気分が良くなったということがわかります。遊びを治療的に使うことは，タツ君が学校で集中できるようになる手助けとして，もっとも効果的かつ迅速で，発達上適切な手段なのです。」

　高校を「勉強が苦手」という理由で中退した田中さんが，権威のある人には圧倒され腰が引けてしまいがちに思われる場合，ジェスチャーを使ってわかりやすい言葉で，紙に描いたりおもちゃを使ったりもしてプレイセラピーを説明するのがよいでしょう。田中さんの心配していることは，７歳のリナが交通事故に遭って以来四六時中自分に向かって叫ぶことです。

　「リナちゃんが交通事故以来いつもあなたに対して叫ぶことで，とてもご心配だし，イライラもたまってらっしゃるのですね。なぜリナちゃんがそうするかはわからないとおっしゃいましたね。交通事故の影響がありながら，おそらくリナちゃんも，どうして自分がそうするかよくわかっていないのでしょう。小さな子どもにとって，自分がなぜそうするのかとか，自分がどのような気持ちだからそうしているのかを知るのは難しいことが多いのです。よくわかっていないだけでなくて，子どもはまだ言葉でそれを理解したりお話したりする力がありません。特に小さな子どもは，大人のように言葉ではなくて，遊びで自分を表します。なので，なぜリナちゃんがママにいつも叫ぶかを理解して，そうしないですむよう

に助けてあげるために，遊びを使うことができます。特別な方法で遊びを使うと，物事を理解する機能を補っている左脳と気持ちを感じる機能を補っている右脳が両方ともうまく働いてくれるので，脳にひっかかっている交通事故体験の嫌なムカムカ気分を取り除いてあげることができて，ママにいつも叫ばなくてもすむようになります。ここで，その特別な遊び方を田中さんにお見せしますので，リナちゃんと3人で一緒に練習しましょう。」

　同い年の二人は同じトラウマ体験をし，同じ症状を現していますが，佐藤夫妻は，タツが親に叫び散らすようになったことに関してどちらも心配しておらず，田中さんは，リナが学校で集中できなくなっていることは気にかけていないので，各親が気にしていないことには，初回親面接では，あえて説明の際には触れません。

3… その他の情報の説明

1）守秘義務

　ご存知の通り，セラピストには，セッション中にクライエントが話したことについて，第三者に開示することはできない"守秘義務"があります。このことは子どもとの治療にも当てはまります。遊びを通してであれ言葉を使ってであれ，プレイセラピーの場でなされたすべての表現は，PThと子どもの間の機密情報として考え，子どもの同意なしに誰かに伝えてはいけません。

　守秘義務については，まず最初に親に説明します。親はわが子の言うことなすことすべてを教えてもらえるものと期待します。自身が心理療法の経験がある親ですら，守秘義務は親には適用されないと思い込みます。守秘義務に関して全面的に受け入れる親から完全拒否する親まで，人それぞれです。守秘義務というルールを理解し同意しても，それを守るのが難しく，子どものみのセッションの後に，PThに質問したり子どもを質問攻めにして，具体的な情報を得たいと思う親もいます。いくら重要性や必要性を説明しても（もちろん，治療的なやり方で，親の不安への理解を伝えながら）親が守秘義務を受け入れない場合，その家族と面接することは断った方がよいでしょう。なぜなら，PThが情報を伝えなければ親はPThを信頼しないでしょうし，守秘義務を破れば子どもがPThを信頼できなくなるからです。

守秘義務の条項は親に対しても当てはまるので，親との間で話されたことを親の同意なく子どもに打ち明けることはありません。もし親とPThの間で子どもに対して秘密をもてば，子どもに「先生も他の大人たちと同じだ」と不信感を抱かれるかもしれないので，秘密をもたなくてもすむように，不適切なことではない限り，私は，親が私と話したことについて親から子どもに，私のいる場かもしくは家庭でオープンに話すように勧めています（私のいないところで話したことは，私に報告してもらいます）。

2）面接の頻度

最良の治療効果が得られるのは，週1回，同じ曜日の同じ時間にすることだと親に説明しましょう。一貫性と見通しがあることによって，意識的・無意識的にも，その時間に課題について作業する"スイッチ"が入るようになります。同時に，日程調整や動機づけ，経済上などの都合によっては，毎週・同じ曜日・同じ時間に来られないかもしれないので，当面の日時設定などについて話し合いましょう。この時に，キャンセルに関する規定についても話し合うのを忘れないようにしましょう（例えば，私の場合，48時間以上前にあらかじめ電話・メール・留守電で連絡を入れれば，キャンセルもしくは再調整してもその分の費用がかからない規定です）。

3）親がプレイセラピーについて子どもに説明する

子どもの初回面接の前に，親が子どもにプレイセラピーについて説明することが大切です。子どもは，前もって自分に何を求められているかわかっている時の方が，ずっとうまく物事に取り組みます。親が説明することで，これから起こる出来事について考え，心の準備をする機会が与えられ，それによってコントロール感をもつことができます。皆さんは，気持ちの準備ができず癇癪を起こしている子どもと会った経験があると思います。それどころか自分も，予期せぬ日時の変更に直面して，不安になった経験があるかもしれません。多くの癇癪や不安は，子どもであれ大人であれ，変化やこれから起こる出来事に対して，頭も心も準備する機会をもつことで避けることができます。子どもとの初回面接では，どうして自分が来談したと理解しているのかを確認して下さい。そうすることで，親がその子にプレイセラピーの何をどう説明したか，その子が親から聞いた情報をどのように消化したかの洞察が得られます。

子どもにプレイセラピーの何をどう説明すればよいかについての例を親に示

すと，親の不安を減らし，子どもと話し合う時の役に立ちます。以下は，親に参照用の文書を送る時の例です。

木村様

金曜日にいらっしゃることについて，カイ君と話し合っていただくことにご同意下さり，ありがとうございます。

以下はカイ君にお話しする際の一例です。カイ君がわかりやすい話し方や言葉，木村様が重要だと思われる内容などに変えていただいてかまいませんので，ご参考になさって下さい。

「カイ，学校でいじめられてとても嫌な気持ちになってしまったわよね。悲しかったり，ムカついたり，怖かったり，たくさんの嫌な気持ちがあるのよね。ママとパパは，カイには嬉しかったり楽しかったり安心していてほしいから，カイが嫌な気持ちでいっぱいなのはとても悲しくなってしまうの。

カイがもっと嬉しい，ワクワクする，楽しい，みたいないい気持ちをたくさんもって，嫌な気持ちが少なくなるように助けてくれる先生をママとパパが見つけたの。その先生はママやパパにも，カイの助けになるようにいろいろ教えてくれるんですって。先生のお名前は林先生よ。林先生は，何か変えたいなーと思っているたくさんの子どもやママやパパを助けてくれる先生なの。今週の金曜日の4時に（カイ君がわかるようカレンダーや時計を使ってみせてあげて下さい）カイとパパとママと3人で先生のところに行って助けてもらえるか聞いてみるのよ。そこにはおもちゃがたくさんあって，それを使ってお喋りできるみたい。学校の先生ではないから，そこではお勉強はしないの。あと，先生は，注射とか痛いことは絶対にしないから心配しないでねって」

カイ君がこれに関して質問があるようでしたら，答えられる範囲で結構ですので，話をしてあげて下さい。わからないことは後日こちらにいらした時に私に聞いていただければ返答いたしますので，カイ君にはその旨お伝え下さい。なお，この話し合いはカイ君が必要としているのであれば何回でもして結構ですし，ご両親とカイ君と3人で話し合いの場を設けるとよいでしょう。

では，今週の金曜日，11月26日午後4時にお待ちしております。何かわからないことがございましたら，ご遠慮なくお問い合わせ下さい。

212　第III部　プレイセラピー実践に必要なことがら

4）心理教育

初回の相談面接では，親への心理教育やアドバイスはしないようにしましょう。それをするだけの十分な子どもの情報がないだけでなく（まだ子どもに会ってもいないのですから），親はたいてい，それまでに"聞いてもらった"ことで前向きな気持ちを感じていると同時に，すでにプレイセラピーの情報で頭がいっぱいになっています。アドバイスを本当に"信じる"ことができるためにはPThを信頼する必要があり，したがってまず第一に治療同盟がしっかり形成されなくてはなりません。

4… 親との継続の相談面接で話すこと

親との相談面接は，子どもとその家族の治療の間ずっと行います。親面接をどのようにするかは家族のニーズに基づいて評価しましょう（頻度，面接のタイプ，内容，誰が来談するかなど）。子どもと来談する人は，その子の主な養育者役割を果たしている人になるので，さまざまな関係性の人がありえます（祖父母，叔母叔父，子どもがたまにしか会わない離婚した親など）。継続面接の目標は，共感的な支援とラポールを維持するための傾聴と励まし，子どもの治療の進展について最新情報の聞き取り，家庭やその他の場所で子どもがどう機能しているかの情報取得，必要があれば治療目標の修正，子どもの発達についての心理教育，子どもの行動を扱うための提案，親自身のセルフケアに関して，他の専門家への紹介（言語聴覚士，作業療法士など），終結についての話し合い（転居する場合は，新しい場所でプレイセラピーを継続できるよう紹介）などです。

子どもを同席させない完全に分離した相談面接は，親が深い話や，子どもに影響はあるが聞かせるのは不適切な話（配偶者の浮気や性生活の困難，ギャンブルによる深刻な借金など）をします。私は，毎回のプレイセラピーセッションの一部として，親子が一緒に参加する相談面接の時間を設定し，子どもを同席させない親だけの相談面接は，必要性や希望に応じて1〜2月ごとに定期的に設定します。

毎回の相談面接の中で，子どもの進展について分かち合うことが大切です。親にはプレイセラピー以外の場での変化を報告するよう求め，PThは観察したことと，子どもや親，関係性における進展や変化の分析を伝えます。わが子にプレイセラピーがどのように役に立っているかのフィードバックを，親が得ら

れるということが大切です。PTh に対して好感をもっていても進展があるという印象が得られないと，親が自分の子にプレイセラピーを継続させるには不十分になってしまいます。これは，経済的負担や時間の制約，治療への意欲が課題となっている場合には特にそうなります。

なかには，メールや電話，ファックスや手紙で連絡をとりたがる親もいます。予約の確認や変更，簡単な近況報告などの短い連絡なら可能ですが，心配事についての話し合いや情報収集は対面セッションの方がよいです。これは，親が境界線を引くこと，感情を抱えることが困難である場合には特に当てはまります。

養育スキルに関する心理教育を行うのは，親と PTh との間に肯定的な治療的関係が形成された後の方がよいです。実際の観察を通して，親への心理教育は必要ないと判断した場合は別ですが，通常は養育スキルに関する妥当な心理教育を親に行うことが，プレイセラピー実践の標準的な要素の一つとなります。

スキルを教える場合，親が確実にそのスキルのことを理解してうまく利用できるようにするために，1度に教えるのは一つのスキルに留めましょう。親が教わったスキルを実際に試みて，確実に自分のものにするために，親子同席の場面でそのスキルを紹介し，次のセッションまでに親子に宿題として出すとよいでしょう。親・子別担当の場合，親担当は親子の愛着を育むスキルを親に教えます。親面談中に親に教え，ロールプレイで練習するスキルの多くは，トラッキング・内容の伝え返し・感情の反射などの，プレイセラピーで子どもに使うスキルです。

子どもの PTh としての境界線を保ち，親の心理療法をしないように気をつけましょう。もし親の個人的な治療が必要であると判断した場合には，必ず他の臨床家に紹介します。いかなる理由であれ，もしあなたがその親の治療をすると決めた場合には，その子どものプレイセラピーを適切かつ治療的に終結し（自分が親担当であれば別の親担当へ引き継ぎ），必要があれば他の PTh にその子を紹介します。

5… 親とのプレイセラピーセッション

親子の治療のもう一つの主な部分は，プレイセラピー面接で親と実際に遊び

を使うことです。トラッキング・内容の伝え返し・感情の反射など，遊びの使い方や子どもへの適切な応答・やりとりの仕方のお手本を示し，遊び方と子どもへの応答の仕方や関わり方を教え，親が子どもと遊んでいる間に子どもに使う同じ技術で親に対してやりとり・応答することが可能です。

6… 他機関との連携の依頼

学校や病院，もう一方の親（離婚した場合）と連携することが，もし必要かつ重要であるなら，そして親に依頼されたのであれば，第三者に情報開示する権利がPThにあることを示す同意書に，サインしてもらうことを忘れないようにしましょう。どの程度の情報を第三者と共有するのか説明と探索をし，親の理解と同意を得られていることを確認します。私は，ルールとして，連携する相手から情報を得ることと，必要で役立ちそうな時には適切な助言を与えること，同時に，子どもや家族から直接得られた具体的な情報については，どのようなことも共有しないということを伝えます。他のすべてのことと同様に，私は子どもにも（2〜3歳でも）このルールを知らせます。それは，その子がこのことを承知して，必要があれば作業の機会をもてるようにするためです。たとえ具体的な情報は少しも共有しないのだとしても，ある子どもや家族の治療をしていることを同意なしに開示することは守秘義務を破ることになるので，クライエントや家族からまず許可を得ます。

＊アクティビティ

A．親とのやりとりのロールプレイ

次の三つの場面を他のPThと交代でロールプレイし，プレイセラピーで親とやりとりするのがどのような感じか味わいましょう。PTh役，親役の両方を演じてみましょう。体験について話し合いましょう。
- 親との初回面接：内容の伝え返しや感情の反射の技法を使ってやってみましょう。親と治療同盟を築き始めることができるかどうかみてみましょう。
- 親へのプレイセラピーの説明。
- プレイセラピーの中での，遊びを使った親子一緒のセッション：親と子

第15章　親への対応　215

どもと遊ぶ・あなたが子どもと遊ぶのを親が観察する・子どももあなた
も親も全員一緒に遊ぶ，の3パターンができます。このロールプレイは
他に2～3名必要になります。

B．振り返ってみよう

- 親と作業することをどのように感じますか？　どうしてそう感じたので
  すか？　そのことについてどう思いますか？　それを変えたいと思いま
  すか？　そう思う／思わないのはどうしてですか？　もしそれを変えた
  いのであれば，どのようにできますか？
- 親との作業にあたって，ぶつかりそうな困難は何ですか？　どうしてそ
  れが起こりそうだと思うのですか？　それに対して何ができますか？
- 一緒に作業をしやすそうなのは，どのような性格の親だと思いますか？
  それはなぜですか？　それは効果的に治療する上で役立つもしくは障害
  になりそうですか？　なぜそう思うのですか？　もしそれが障害になり
  そうだとしたら，それに対して何ができますか？
- 一緒に作業をするのに抵抗を感じるのは，どのような性格の親だと思い
  ますか？　それはなぜですか？　それは効果的に治療する上で役立つも
  しくは障害になりそうですか？　どうしてそう思うのですか？　もしそ
  れが障害になりそうだとしたら，それに対して何ができますか？
- 子どもをサポートする人として親と作業することと，親に心理療法を行
  うこととの間にしっかり境界線を設けることをどのように区別できます
  か？

本章で，PThと親の間の協力的ないい関係が，効果的なプレイセラピーにつ
ながることがおわかりいただけたと思います。次は，プレイセラピー部屋・お
もちゃ・構造の探求へと歩みを進めましょう。

216　第Ⅲ部　プレイセラピー実践に必要なことがら

第16章

プレイセラピー部屋・おもちゃ・構造

I プレイセラピー部屋の条件

予算を気にせず部屋をデザインできるなら，完璧なプレイセラピー部屋としての条件は，防音性，大きさや形，窓の有無，壁や床の素材や色，置く家具や設備などがいろいろと決まっています。実際のプレイセラピー部屋は，PTh の理論的な志向や，居心地のよさ，治療のスタイルに基づいて，経済的，実際的な制約の範囲内で決まります。PTh が行っているプレイセラピーが，どの理論に基づいているかによって部屋の大きさは影響され，こじんまりした部屋の場合もあれば，教室くらいの大きさの部屋，その中間など，動けるような広い空間を必要とするものもあれば，より狭い場所で行われるものもあります。

ほとんどのプレイセラピー理論においては，PTh と子どもの関係がもっとも重要なので，プレイセラピー部屋そのものは，プレイセラピーが最終的にうまくいくための二次的な要因です。プレイセラピー部屋が病院で病臥中の子どものベッドの上であったり，生活保護を受けている家庭の子どもの自宅で，セッション中はきょうだいが"無理やり"外へ遊びに出される六畳一間であったりすることもあるでしょう。

経済的な理由で移動が難しい家族のため，子どものところまで持参できる，持ち運び用のプレイセラピーキットを持っている PTh もいます。英国のプレイセラピー協会の創始者である Ann Cattanach（2003）の"プレイセラピー部屋"は，そこがプレイセラピーが行われる場所だということを示すために床に広げる 1 枚の青いマットでした。言うまでもなく，その"プレイセラピー部屋"で多くの子どもを成功裏に治療しました。同じように，スクールカウンセラー

217

で，自由に生徒にプレイセラピーを行える立場にあったとしても，常時同じ部屋を使えないこともあるので，持ち運び用プレイセラピーキットを携帯して，その時に使える部屋があればどこでも利用する，ということもあります。

　災害後の状況においては，専用のプレイセラピー部屋などはもちろんのこと，使える場所が限られている，あるいはないことがしばしばです。使える場所があればどこでも使い，箱を置いて壁にするなど物理的な境界を作ります。その場所は，屋外になることもあり，大勢の人々に囲まれた場所になることもあります。

　私のプレイセラピー部屋は，私が PTh としても一個人としてもどのような人間であるかをよく反映しており，とてもカラフルです。明るい色を見るともっとも心地よく，安らげるので，カーペットも家具も，小物類はすべてとても明るい色にしてあります。親や大人は興味津々，圧倒されたり，気分が高揚したりし，中高生くらいの子は初めは驚いて，喜んだり怪しんだりし，もっと年少の子どもはこの明るさをおかしいとも悪いとも思わず，“普通”と感じているようです。私の部屋の色は，クライエントの反応を治療的に用いるのにとても役立っています。木製のフローリングの上には，カラフルなカーペットを特注して敷き詰めています。クライエントが靴を脱ぎたいか脱ぎたくないかを選べるようにしているため，靴のヒールから床を守る必要があるのです。1枚1枚組み合わせて使える小さな四角いカーペットなので，クリーニングや交換の時に簡単にはがすことができます。このように，重要な実際上の理由があるために，床に関しては，私は勧められているビニールタイルやむき出しのコンクリートとは，あえて正反対のことを選んで行っています。

　プレイセラピー部屋の見た目に関わらず，PTh と子ども両方の心理的・身体的安全が確保されなくてはなりません。PTh か子どものいずれか，あるいは両方が，絶えず不安に感じ，安全とは言えない部屋の様子に脅かされ，警戒しているのであれば，プレイセラピーを効果的に行うことは難しくなります。深刻な虐待を経験した子どもが大きな音を怖がるのであれば，この子とのプレイセラピーを，近所の工事の大きな騒音が聞こえてくるような部屋では行わない方がいいです。あなた自身が高所恐怖症なのであれば，高層ビルの最上階では治療を行わない方がいいです。

　基本的に，プレイセラピー部屋は子どもにとってまた来たくなるところ，

PTh にとって心地よいところであるべきです。そして，治療を行うのは関係性とプレイセラピーのプロセスなのであって，いかに素晴らしい部屋かではないことを常に覚えておいて下さい。

Ⅱ　プレイセラピーのおもちゃとその選び方

　読者の皆さんはすでに治療が理論優位でなされるものであって，技法優位でなされるものでもないということをおわかりと思います。それと同時に，理論的基盤は一貫しているべきでありながらも，プレイセラピーの実践はそれを行う PTh 独特のものとなります。その PTh のパーソナリティがプロセスに反映されていくからです。治療に基づいた柔軟性には，プレイセラピー部屋に用意されるおもちゃの種類も含まれます。とはいえ，プレイセラピーのおもちゃを選ぶにあたっては，考えるべき重要な基本的条件があります。

1 … おもちゃを選ぶ時の基準

　Landreth（2002）はおもちゃを選ぶ時に，どのような役割を担うのかを明確にするために次の8つの質問に対し，答えが「はい」であれば，そのおもちゃや用具は用意すべきと述べています。①創造的な表現の幅を広げるか？　②感情の表現の幅を広げるか？　③子どもの興味をひきつけるか？　④表現的で，探索的な遊びを促進するか？　⑤言語化をしないでも探索や表現ができるか？　⑥所定の枠組みがなくても，うまくいくか？　⑦曖昧な遊びができるか？　⑧どんどん使っても大丈夫な，しっかりしたつくりか？

　以上の8つの質問に加えて，私は，プレイセラピーで使うおもちゃを選ぶ際に，以下の考慮すべき二つの基準がさらにあると考えています。

- 子どもの発達に合っていて，簡単に使えるものか？
- 子どもが日々体験していることを投影できるように作られているか？

　Landreth は，これらの8つの基準に従えば，次の7つのプレイセラピーの本質的要素を促進するようなおもちゃを選べる，と主張しました。各要素に私の説明も付け加えています。

第16章　プレイセラピー部屋・おもちゃ・構造　219

▶ **子どもとのよい関係の構築**：適切なおもちゃを使うことで，子どもと子どもが表現していることへの理解が深まり，明快なコミュニケーションといい関係が導かれる。

▶ **幅広い感情表現**：わいてきたある感情を表現する必要がある時，それにふさわしいおもちゃがあることでそのプロセスが促進される。

▶ **現実の生活体験の探索**：現実の生活状況を表現する機会は，その状況の中で起きた圧倒されるような感情を減らしていく助けとなり，感情を扱いやすくする。

▶ **制限に対する現実検討**：境界を試すことによって，閉じ込められた感情の表現が可能になる。

▶ **肯定的な自己イメージの発達**：統制・コントロール体験はよりよい自己イメージを育てる。多くの子どもは，プレイセラピーに来た時点では，一時的であれ長期的であれ，自信をなくしている。

▶ **自己理解**：さまざまな感情を表現し，受け入れてもらうことによって，自己理解がより深まる。

▶ **自己コントロール感**：自分のペースで自己決定することは，自己コントロール感を育てる。

2… 理論とおもちゃ

　以上の基礎を踏まえた上で，PTh が基礎としている理論によって，用意しておくおもちゃや遊びの素材の種類や量は変わってきます。処方的・力動的・子ども中心・アドラー派・ユング派・認知行動的プレイセラピーは，すべての子どもが，自分の問題を表現しワークスルーするのにもっとも役立つと思うおもちゃや素材を選べるように，ありうるすべてのテーマをカバーすべく，幅広いおもちゃと遊び素材を置いています。テラプレイ・ゲシュタルト・エコシステミック・発達的プレイセラピーは，すぐにその場で使える最小限のおもちゃと図画工作素材しか置かず，あらかじめ，それぞれの子どもにもっとも効果をあげるとアセスメントしたおもちゃを選んでおくことが多いです。そこで与えられるおもちゃや図画工作素材の種類は，前者の PTh が用意したものとは違ったものとなります。

3 … 最適なおもちゃを選ぶ基本的ルール

おもちゃは注意深く選ぶべきであり，手当たり次第に集めればいいというものではありません。プレイセラピーのおもちゃとしてふさわしくもなく，効果もないものもあります。どのような種類のおもちゃがどれくらいの量あればよいのかは，治療的な志向性・子どもの年齢・子どもの抱えている問題・プレイセラピー部屋の大きさ・経済的な制限・逆転移の問題に基づいた PTh の好みなどの要因によって決まります。おもちゃはプレイセラピーにおいてとても重要であり，一つ一つのおもちゃやおもちゃ全体の治療的価値は，プレイセラピー部屋に置かれる前に考慮すべきことではありますが，よいプレイセラピーというものはおもちゃだけによっているわけではありません。もっとも重要なのは，特別なおもちゃではなく，関係性とプロセスです。

一般的なおもちゃは，子どもの創造性を発揮し，ファンタジーを使うことを可能にするので，特定の人気キャラクターではないおもちゃの方がプレイセラピーに適しています。普通の男性の人形は，良い男や悪い男，あるいは両面ある男として表現されるかもしれず，さらには男でもなく，人ですらないかもしれません。一方，人気キャラクターの場合には，そのキャラクター設定に沿って遊びが表現される可能性がとても高くなります。プレイセラピーで初めて手にとって，子どもが「何これ？　見たことない」と言うおもちゃの方が，「あ，○○だ！」という反応を招くようなものより好ましいのです。

おもちゃや遊びの素材の発達的な幅について，広く考えるようにしましょう。さまざまな発達年齢の子どもが，退行的な遊びをして自分を表現するために，幼い子ども用のおもちゃを必要とすることもあります。いろいろな年齢層の男の子，女の子，性別問わず使えるおもちゃを，誰でもすぐに使えるようにしておくことが肝心です。

自分の気持ちや心理的問題に集中できるよう，プレイセラピーのおもちゃは機械やコンピューター処理のものではない方がいいでしょう。機械仕掛けのおもちゃは，子どもの意識はそれをうまく動かすことに集中してしまい，ファンタジーや創造性から遠のいてしまいます。同じように，子どもはコンピューターゲームや電子おもちゃに夢中になり，PTh とやりとりしたり，自分の問題を扱ったりするのを忘れ，治療の時間ではなく，"遊びの時間"にしてしまいま

す。コンピューターゲームの話の筋を持ち込む必要がある子どもは，そのゲームの場面を遊びでやってみることで，実際のゲームで遊ぶのとは違って，効果を得られます（近年はコンピューターゲームも効果的に使用可能という説もあります）。

プレイセラピーのおもちゃを選ぶ時には，部屋の現実と自分の逆転移を常に念頭に置きましょう。あるおもちゃを置くのが難しいような部屋なら（例えば，ガラスのライトのある小さな部屋では硬いボールは使えない），そのかわりとなるおもちゃが同じ治療的効果をもたらします。PThがある動物が苦手な場合，そのおもちゃを置くと不安になり，プレイセラピーに集中できなくなりそうなら，そういうものは入れない方がいいでしょう。プレイセラピー部屋の中にあると自分の気分が落ち着かなくなるようなおもちゃは，たとえ他の誰もが置いているものであろうとも，入れません。

私はあらゆる年齢の人を診るため，汚れては困る服を着ることが多く，ソファは革張りで，床には先述のようにカーペットを敷いています。そのため，絵具があるのは居心地悪く，衣服の種類や家具やカーペットを変えるか，絵具を持たないかを考えて，後者を選びました。その代わり，十二分な量の色鉛筆と絵を描く用のマーカーやクレヨンを用意してあり，服やソファ，カーペットにそれがついたとしても，それは私だけに責任があることだとわかっており，それに違和感はありません。これまで25年以上プレイセラピーを行ってきたなかで，自分の衣服を何かで汚されるという不運な事故はなく，ソファについているペン跡は，メモをとる大人がうっかりつけてしまったものばかりです！

4 … おもちゃの種類

持っておくべきだと私が考えるおもちゃのタイプは，下記の7つのカテゴリーに分類できます（各カテゴリーに該当するおもちゃをいくつか具体的にあげますが，あげたもの以外が該当しないわけではなく，これに限られるわけでもありません）。なお，同じおもちゃでも，子どもによって，あるいは同じ子どもでもその時々によって違う意味をもつことがあるので，多くのおもちゃは数個のカテゴリーにまたがります。

▶ 慈しむもの：関係性や，世話をする，愛着に関わる問題を探索し，ワークスルーできるもの。社会的な相互作用に基づいた問題のワークスルーは，これら

のおもちゃや創作遊び用の素材を使ってなされる。ドールハウスと家具，赤ちゃん人形と赤ちゃんにまつわるもの（毛布，哺乳瓶，ガラガラなど），人形や人間のパペット，家畜と獰猛でないぬいぐるみ・パペット・ミニチュア，おもちゃの料理道具や食べ物など。

▶ **治すもの**：現実あるいは想像上の情緒的・身体的傷つきを治し，修復することに取り組めるもの。自分が壊れてしまっているという気持ちや出来損ないであるという気持ち，バラバラになった感覚に関係する体験（事故による身体的損傷や虐待，災害）のワークスルーができるもの。医者セット，大工セット，救助専門職（医師，看護師，警察，消防士など）の人形やパペット，魔法の杖など。

▶ **攻撃的なもの**：恐れや怒り，攻撃性など，特にトラウマに関わる問題の探索とワークスルーに取り組めるもの。肉食動物のぬいぐるみ・パペット・ミニチュア，武器（ピストルやナイフ，刀など），兵士や軍隊や兵器や軍用車両，防護グッズ（盾，帽子，お面など）。

▶ **空想遊びに使うもの**：自分自身を主な素材として使い，ごっこ遊びで"ただ，ふりをしているだけ"というように安全に，さまざまな気持ちや関係性，ファンタジーや役割の表現を促進するもの。ジュエリーや靴や帽子などを含むドレスアップ用衣装，魔法の杖，調理器具と飲食用具と食べ物，大工道具，家事道具（アイロンとアイロン台など）。

▶ **創造的表現のためのもの**：創造的・抽象的・具体的なやり方で，行動だけでなく感情や考えを表現するために使える素材。何か目にみえるものを創り出すのに使う素材の他に，さまざまな感触の素材，紙粘土や油粘土，クレヨン，色鉛筆，マーカー，紙，のり，はさみ，セロハンテープ，ホチキス，絵具，切り抜き用の雑誌，ビーズ，羽飾り，毛糸，使用済みガラス瓶，段ボール箱など。

▶ **怖さを表現するもの**：通常の発達内での不安・環境的・状況的・トラウマ的な体験によるさまざまな不安のワークスルーに役立つもの。モンスター，ゾンビや骸骨，身体の一部（耳・鼻・脳など），お化け，危険なイメージのある動物（例えば，恐竜，サメ，ワニ，竜など）。トラウマを経験している子どもの場合，もしその物がトラウマ体験の一部であったり，その子の不安の元として考えられるのであれば，通常は怖くないと思われるおもちゃもこのカテゴリーに入る（病院での痛い治療を経験してきた子どもであれば医者セット，食べ物を使った性的虐待を受けた子どもには食べ物のおもちゃなど）。

第16章　プレイセラピー部屋・おもちゃ・構造　223

▶ **現実の生活で使うもの**：現実生活での状況やそれにまつわる気持ちを描写
し，表現するのに使えるようなおもちゃ。すでに述べてきたカテゴリーのおも
ちゃの多くがこれに当てはまる。ドールハウスと家具，人形や人間のパペッ
ト，動物のパペットやミニチュア，料理道具や食べ物，乗り物，建物，木，など。

5… おもちゃの設置

　たいていの PTh は，子どもが何がどこにあるかわかるように，おもちゃや
遊び素材を置く場所を決めていて，使った後に定位置に戻すようにしていま
す。こうすることで，おもちゃ，素材，部屋が一貫性をもち構造化されて保た
れ，自分の問題に取り組むにあたって安全で安心な場となります。また，おも
ちゃを探さなくてすむので時間の節約にもなります。この定位置は，通常，お
もちゃのカテゴリーやテーマによって決まります。例えば，人形は人形の箱の
中へ，乗り物は乗り物の箱へ，動物は動物の箱へ，といった具合です。こうす
れば，子どもはどのおもちゃがどこにあるかわかり，使い終わった後どこに戻
せばよいかわかります。場所から場所へとプレイセラピーキットを持ち運ぶ場
合，スーツケース内におもちゃを小分けにして定位置に納め，子どもの前に出
す時には決まった並び順で並べます。

6… 壊れたおもちゃの扱い

　多くのおもちゃが何年も使ううちに，たまたまであれわざとであれ，壊れて
しまうのは避けられないことです。通常は，壊れたおもちゃは取り除いて，新
しいものに換えます。子どもが欠けた部品を探したり，壊れたおもちゃを直す
のに時間をかけてしまい，自分の問題に取り組むための貴重な時間やエネル
ギーが損なわれてしまうからです。ただし，ある特定の壊れたおもちゃをその
ままにしておくことに治療的な効果がみられる場合もあります。例えば，ひど
い交通事故に遭い，入院と手術を受けたことによる心の傷を負った子どもがい
ました。彼の自己イメージは"傷を負って壊れている"というものでしたので，
チャンバラごっこで折れた刀を彼が自分でくっつけて直そうとする試みは，
"修復してまた良くなる"ことができる，という意味で，極めて治療的価値を
もつものでした。この子にとっては，他ならぬこの刀が新しい刀に取り換えられ
なかったということが重要だったのです。もし取り換えられていたら，それは

自分も同じように交換可能なのだということを意味していたでしょう。

7… 子どもの文化的背景に特有なおもちゃ

異なる文化的背景をもつ子どもを治療する時には，その文化に特有なおもちゃを入れるように努めましょう。違う国から来た子どもだけでなく両親の国籍が異なる子や帰国子女，日本の各地域，さまざまな経済状況を背景に来た子どもは，異なる文化的な規範や経験，期待をもっています。大人がその文化特有の言葉を使って自分の文化に関連することを表現するのと同じように，子どもも自分の文化に関連するおもちゃが用意されているとよりたやすく自分を表現できます。農場に住んでいる子どもには家畜，山の中で育った子どもには自然のミニチュア，津波に遭った子どもにはボート，宗教的葛藤をもつ子どもには仏像と十字架が必要かもしれません。ただし，おもちゃはプレイセラピーがうまくいくための多くの構成要素の一つでしかなく，主たる治療要因ではないので，置けるおもちゃに制限がある場合には，皆が使えるおもちゃをもつことに専心しましょう。

8… 乳幼児のためのおもちゃ

本書では乳幼児へのプレイセラピーについては扱っていませんが，その年齢層の子ども向けのおもちゃについて一言触れておきます。発達上安全で，丈夫かつ扱いやすい大きさのおもちゃが必要であること，多くのものを探索のために口に入れるので使うたびに殺菌しなければならないことから，私は乳幼児（0〜2歳）専用のおもちゃセットを別に保管しています。大きい子どもの退行的な遊びで使えるおもちゃは，通常のおもちゃ置き場に入れてあります。

Ⅲ プレイセラピーの構造

1… 構造はなぜ必要か

プレイセラピーの構造とは，治療の枠組みのことです。プレイセラピーで，必要不可欠である適切な構造と制限を設定せず，子どもがやりたいようにさせてしまう結果，おもちゃを散らかしたまま帰る，終了時間を過ぎてしまう退室

渋り，開始時間の遅れ，部屋が日によって一貫していない，誰に対して何を開示しうるかについての混乱，等が多々起きます。これらは境界と一貫性に欠けた悪い見本となり，プレイセラピーへの信頼や安心感にも悪影響を及ぼします。

　プレイセラピーの構造は，プレイセラピーを心理的治療として効果的にします。構造の主な重要性は，一貫性を保つところにあります。一貫性と予測可能性は，情緒的・心理的・身体的安全をもたらします。子どもを育てる時にはルールや限界設定が大切であり，守られている感覚をもたらす安全な枠組みの中でこそ，自由に自分のしたいことができるのと同様に，プレイセラピーにおいてもルールや限界設定は重要で，成功に導くために絶対に必要なのです。構造があってこそ，プレイセラピーに関わるすべての関係者が同じ船に乗り，同じ方向を向いて，最終目的地にたどり着くために皆で協力することになるのです。なお，適切かつ現実的である具体的な構造は，プレイセラピーが行われる場所に応じてさまざまであることに留意下さい。

2 … セッションの始まりと終わり

　セッションを時間通りに始め，時間通りに終えることはとても大切です。一貫性と予測可能性は親子ともに，情緒的・心理的な安心感と信頼感をもたらします。皆さんだけのために特別な時間を用意するほど，あなたたちは重要なのですよ，というメッセージを家族に伝えることにもなります。これは，望まれていない，愛されていないと感じている子どもや，同じような無価値感をもっている親にとって，特に重要です。適切な境界と制限を設定するよいお手本にもなり，適切な境界設定を経験していない子どもや，この部分が十分にできていなかった親には特に重要です。開始時間が遅れた場合，不安や不信感，あなたたちは大切ではないというメッセージ，境界に関する悪い例を示す，などの逆効果を親子に与えることになります。PTh がその子のためにルールを破るのを目の当たりにしたら，子どもは，自分だけでなく他の人のためにも PTh はルールを破るだろうと理解します（アキのセッションを次のマリの時間まで延長したら，アキは，自分のセッションの時にも前の人のセッションが長引くだろうと思う）。セッション直後に別のクライエントの予定があるかどうかに関わらず，あらかじめ決められた時間にセッションを始め，終える重要性を認識して下さい。

3… セッションの日時

一貫性と予測可能性をもたせるために，セッションの日時は同じ曜日の同じ時間にすることが望ましいです。プレイセラピーは毎週月曜日の3時だとわかれば情緒的な安心感をもてます。セッションを行うために特定の日時を決めることは，その問題が重大に扱われることを表しており，その解決が実行に移される予定であることを意味しています。そうは言っても，日時の一貫性を保つことは，さまざまな理由によって現実的でないこともあります。その場合，子どもでも目で見てわかる予約票のようなものを渡すと助けになります（持ち帰れるカレンダーの日付に○をつける，時計の絵に開始時間の針の位置を描くなど）。この例外として，事前の予約がなくても面接が行われる状況（手術を行う前病室内で，など）があります。

4… セッションの場所

一貫性を守るということにおいて，場所は重要です。毎回同じ部屋を使うことが可能であれば，そこで行います。複数の部屋があっても，ある子どもが使えば治療的に有効だと思うおもちゃや素材が，特定の部屋から持ち出せないもの（温水の出る水道など）で，同じ治療的効果をもつものが他の部屋にない場合は，その特定の部屋を，その子の固定したプレイセラピー部屋とする必要があります。"同じ場所"でプレイセラピーが行われるという一貫性は，それがたとえ"プレイセラピー部屋"ではなかったとしても，現実的な範囲で守ることが重要です。病院でその子どもの使っているベッド，子どもの自宅のリビングの同じ場所，児童養護施設の特定の部屋，などです。

5… 守秘義務

守秘義務については第15章で述べたように，初回親面談で伝えますが，それに加えてその条項とそれにまつわる具体的なルールについての話を，必ず治療の初めに，関わる当事者全員のいるところでします。

「タカ君，お母さん，お父さん。プレイセラピーには守秘義務というものがあって，タカ君と私が二人っきりの時にしたことや話したことは，私は他の人に言っ

てはいけないことになっているの。それはお父さんにもお母さんにも言ってはいけない決まり。なので，お母さんやお父さんにいろいろなことを私がばらしてしまう心配はないからね。タカ君がお母さんやお父さんに何か教えたかったらそれは自由だし，何も教えたくなかったら，それも大丈夫。お母さんもお父さんもタカ君に，『何したの？ 何話したの？』と質問攻めにしないと約束してくれたからね。タカ君はお母さんやお父さんに話したければ話してもいいし，話したくなければ話さなくてもいいからね。自分で決めていいのよ」。

このルールにも次のような例外があります。自殺企図や薬物乱用，有害な性的行動のように，自分を傷つける危険性（希死念慮，試しドラッグや飲酒，安全な性行為の場合，守秘義務を破るかどうかは要アセスメント），他人を傷つける危険性，児童虐待などです。これについても，初回のアセスメント面接の場で説明します。

「今言ったルールについて，もうひとつあります。それは，タカ君が自分や他の人を傷つけている時や，他の人に傷つけられている時。そういうことがあるってわかった時には，最初にタカ君に，そのことをお母さんやお父さんに教えるってことを言ってから，タカ君と一緒にお母さんやお父さんに話すからね」。

ある情報を開示すると決めたことについて子どもと話し合う時には，まずその開示が必要かつ有効であり，開示しないことは治療に有害である，あるいは大幅な遅れをもたらす，というアセスメントに基づいて行われます。開示することについて子どもの同意を得たら（あるいは，子どもは同意しないが開示する義務がある場合，開示について子どもと話し合いがなされたら），次は，何を，誰に，誰から，いつ，どのように話すのかを話し合う必要があり，なるべくならそれにも同意を得られることが望ましいです。子どもがその開示の場に居合わせることができるなら，具体的にどのようなことが開示され，その反応がどうであったかわかるので，さらに良いです。これはまた，子どもにとって，開示されたことに対して何かを付け加える，修正・否定・同意する機会にもなり，受け手とさらに話し合う機会も得られます。なお，子どもを危険にさらしている加害者が親の場合は，子どもと話し合う時には，このことを開示する相手は

228　第Ⅲ部　プレイセラピー実践に必要なことがら

児童相談所や警察であると伝えます。

6… 片付ける？　片付けない？

　子どもにセッションの最後に部屋を片付けさせるか，子どもが帰った後に PTh が片付けるかというテーマは，理論的志向や個人的な好み，時間の制約の問題です。自分で片付けさせるべきではないとする理論では，それは話すことによる大人の治療で，言語化したその言葉を"片付け"させるのと同じことだと考えます。この立場の PTh は，子どもにおもちゃをしまわせるのは不必要であり，子どもに悪影響を及ぼすと考えます。

　また違う立場の人は，子どもにおもちゃを片付けさせる，あるいは PTh と子どもが協力して片付けることは，治療関係に有益で，子どもがさまざまな気持ちや考えを表現する・しない・片付ける・片付けない，といったことを選択し，行動に移す能力を養うことにも役立つと考えています。おもちゃを誰がどのように片付けていくかについて子どもが任されることで，達成感やコントロール感，セッションを閉じていく感覚を経験するとし，自信や自己信頼につながる自己責任を学んでいくとも考えています。セッションの終わりの片付けも，プレイセラピーの一部であると考えます。すでにおわかりかもしれませんが，私は後者です。

　前者の考えを支持するのであれば，セッションの終了数分前のお知らせをした後，時間になったら，遊び終わったままの状態で子どもと PTh が両方とも部屋を出て，次の子どもが来る前に PTh が責任をもっておもちゃを片付けることになるので，片付けるための時間の余裕をもつことが大事です。慌ただしさ，子どもが"散らかしていった"ことへの"憤慨"，無意識のうちの自分のイライラを次の子どもにぶつけないようにします。

　子ども一人でおもちゃを片付けさせるか，協力して行う立場であれば，片付け前にカウントダウンをすることで，十分な時間を確保できます。片付け始めてからセッションが終わるまでの時間は，子どもが治療のプロセスを閉じていく（ワークスルーする）のにかかる時間次第で長くも短くもなります。セッション中にワークスルーを終え，おもちゃを素早く効率よく片付けられる子どもの場合，片付けの時間は最小限になります。逆に片付けにのんびり時間がかかる・もたもたする・片付けている最中に新しいおもちゃで遊ぼうとするので，治

療のプロセスを閉じるために割り当てられた時間だけでなく，片付け時間まで使ってプロセスを閉じていく子の場合は，片付けにあてる時間の長さはさまざまになり，片付けが長引くほど自分の遊ぶ時間が減るのだと理解するまでは，治療の初期にはセッションの3分の1ほどが片付けにかかることもあります。

　ほとんどの子どもは，自分一人で片付けをした経験，知識，能力ももっています。多くの子どもは，PThと協力するより，自分で片付けることを選びます。自分にとって大事な順番で，決まった儀式的なやり方で片付けたいからです。セッション中にワークスルーをし終え，セッションが終わったらおもちゃを素早く片付けられる子どもには，セッションが終わるまでの分数を知らせます。「ヒロ君，終わりまであと3分あるよ」。自分で作業と片付けの時間配分ができず，片付けも心理作業の一環として使う子には，片付けと片付けに取りかかるまでに必要な時間を予測して，まず「カナちゃん，お片付けタイムまであと10分あるわよ」，そして10分たったら「カナちゃん，さあ片付けの時間よ」と声をかけます。

　プレイセラピー部屋の外で，自分で片付けをする機会をもたずにきた，部屋から出たがらない，片付けをしたがらない，PThを試している，などの子どもは，片付けに多くの時間を割く必要があります。それにはどれくらいの時間を必要とし，子どもがプロセスを閉じていくのにどれほどかかるのかを計算し，セッションの終わりまでの時間と片付け時間の始まりの両方を告げます。「ハヤト君，今日はこれでおしまいで，お片付けのために15分あるよ」。このような子どもには，たいていは協力して片付ける方が現実的です。なかには，自分の好きなようにやらせるといつまでも片付けられない子もいるからです。「ナッちゃんは何を片付ける？　先生に何を片付けてほしい？」。

　協力して片付ける場合，その指示の仕方にはいろいろあります。競争的な遊びが好きな子どもには，どちらの方が早くきちんと片付けられるかやってみるのがとても効果的です。「ナオちゃん，誰がこのおもちゃをきちんと早く片付けられるかやってみよう。どれを片付ける？　私はどれをすればいいかな？用意，ドン！」（片付ける間，運動会でおなじみの，オッフェンバックの「天国と地獄」のメロディを一緒にハミングするとうまくいくことが多いです）。

　なかには自分で全部片付けると永久に時間がかかるのではという子もいますが，もしそれが発達的な要因によるものであれば，片付けの全責任をもたせて

230　第Ⅲ部　プレイセラピー実践に必要なことがら

あげた方が治療的な場合もあります。これに対応するためには，より多くの時間を要します。私が診ていた脳梁欠損で生まれてきた12歳の男の子は，ゆっくりした動きで，考えるにも長い時間がかかりました。彼が自分で使ったパペットを片付けるのには最低でも10〜15分必要であり，帰る際に上着を着たり靴を履いたりするのにはさらに5分かかりました。この子の場合，決まった順番で，儀式のように魚型のかごにパペットをしまう体験ができるということ，"パペットが居心地いいか確かめる"時間をたっぷりとりながら，「バイバイ」「また来週ね」とパペットとかごに声をかけて，かごを決まった置き方で置くということが極めて重要でした。責任をもつ感覚や，コントロールし統制できている感覚だけでなく，意思決定すること，パペットに向けて感情表現することが，彼にはとても治療的だったのです。

　次のクライエントがいるいないに関わらず，片付けのためにセッションを延長しないよう注意しなくてはなりません。毎回，セッションの終わりまでに片付けることが難しいけれども，その子には片付ける能力があり，そうすることが治療的に有益だと考えるのであれば，時間を超過しないように，片付けに割り当てる時間を見直す必要があるでしょう。どうしても片付けるのが難しい子どもには，制限設定の技法を使いましょう。「ケン君は，私たちの時間をまだ終わりにしたくないから，片付けようとしないのね。もし今日は片付けないことを選ぶんだったら，先生が片付けたおもちゃは全部次のセッションでは使えなくなるよ。どっちにするかケン君が選んでね」。私が25年以上プレイセラピーをする中でこの選択肢を与えた時に，片付けないでおもちゃが次回使えなくなる方を選ぶ子どもにはまだ出会ったことがありません。

＊アクティビティ

A．守秘義務を説明するロールプレイ

　①プレイセラピーの守秘義務を親子に説明するロールプレイをして下さい。2〜3人で組んで，組んだ相手には説明に対して質問をしてもらい，それにさらに応じましょう。

　●やりやすかった，やりにくかったことは何でしたか？　どのような気持ちになりましたか？

第16章　プレイセラピー部屋・おもちゃ・構造　231

●今できていることを続け，難しかった部分を改善するにはどうすればよいですか？

親子役の人と体験と反応について話し合いましょう。

②役割を交代します。プレイセラピーの守秘義務を説明される親子の体験をしましょう。

●子ども役の時の体験はどうでしたか？　親役の時は？

PTh役の人と体験を話し合いましょう。

B．プレイセラピー部屋，必要なおもちゃと構造について考える

下記項目を検討・書き出したのち，話し合って下さい。

●プレイセラピー部屋の理想を書き出して下さい。実際の自分のプレイセラピー部屋と照らし合わせましょう。変えたくて変えられるもの，変えたくても変えることのできないもの，変えたくないもの，変えなくてはいけないけれど変えたくないもの，にどう対応しますか？

●プレイセラピーで必要と思われるおもちゃリスト，適さないと思うおもちゃリストも作成して下さい。リストを照らし合わせ，各リストに記述したものがそこに入るべきか検討しあって下さい。あるべきなのにないもの，あってはいけないものが各リストに発見された場合，なぜある／ないのか，書き留めて下さい。

●実際のあなたのプレイセラピー用おもちゃや素材を検討し，必要なおもちゃがあるかどうか確認して下さい。確認した結果，必要なのにない，不要なのにあるものがありましたか？　それにどう対応しますか？

●プレイセラピーの構造に関しての考えを書き留めて下さい。セッションの時間枠，予約日程，場所，守秘義務，片付け，はどうなっているといいと思いますか？

●実際の自分の構造と照らし合わせて下さい。理想と実際が一致している分野，していない分野は，なぜそうなっているのだと思いますか？　一致しているものはどのように続け，していないものはどのように変えることができますか？

次はPThとしての自分，に関してです！

第17章

プレイセラピスト，逆転移，文化，セルフケアとスーパービジョン

　PTh には一般的にどのような性格が必要かつ望ましいか，逆転移がどのように治療に影響を与えるか，文化に対してどのような認識をもつべきかを理解しているか，は極めて重要です。自分がプレイセラピーの専門家としてふさわしいか，プレイセラピーに影響を与える可能性のある信念や先入観がどのようなものか，子どもや家族と自分自身が共に受けている文化的な影響に気づいているか，をみるために，こうした資質と自分について検討しなければなりません。PTh は自分が何者であるかという気づきを通して，性格や信念のプラスの面や役に立つ部分を強化・有効活用でき，目下表れている文化的影響をも含む逆転移の問題に取り組むことができます。こうした作業を通じて，有能な PTh としての適性度を高めるために，自分に不足している資質を身につける取り組みができます。そのためには，初心の PTh には必須であるスーパービジョンを効果的に活用します。さらに，ほどよくバランスのとれた精神と身体を維持するために，自分をいたわり，仕事に誇りをもつことを忘れてはいけません。

　さぁ，自分が何者であるのか，もう少し詳しくみてみましょう。旅のこの部分は楽しみでもあり同時に怖さもあるかもしれません。

Ⅰ　プレイセラピストにとって必要な資質

　プレイセラピーのすべての構成要素の中で，効果的なプレイセラピーを提供するためのもっとも重要なものは PTh その人です。プレイセラピーは PTh と子どもや親との間の関係性に基づいて行われるので，その PTh がどのような人であるかが，どれくらい効果的なプレイセラピーができるかの鍵となるのです。自分の性格や癖，反応の傾向，対人関係のスタイル，好き嫌いなど，自分

233

についてさまざまなことを把握していることが大切です。

どのようなタイプの人がよい PTh になるのでしょう？　PTh になるための動機に良し悪しはあるのでしょうか？　幼少時の経験が鍵となるのでしょうか？　子どもの時に幸せであると，あるいはトラウマを体験しているとよいのでしょうか？　子育ての経験は必要でしょうか？　理想的な PTh になるために望ましい資質はたくさんあります。そのような理想的な完璧さを達成することはできないことを前提に，この分野の専門家として影響を及ぼしそうな，いくつかの鍵となる要因を見ていくことにしましょう。

まず，PTh はほどよいバランスで子どもを好きであることが必要です。他の何よりも子どもを全面的に愛していて，大人は"あまり好きではない"のは心配です。「子どもは大人と違って純粋だ」という人もいますが，それはイエスでも，ノーでもあります。多くの子どもは大人のように世の中の現実にまつわる苦難をまだ経験していないため，純粋無垢な存在かもしれません。とはいえ，子どもは"天使"ではなく，意地悪で思いやりのない考えや気持ちを抱くこともあります。子どもがプレイセラピー中に"いつもいい子でいる"場合は，おそらく起こるべき必要な情緒的・心理的な治療とワークスルーが起きていないのでしょう。PTh が子どもに"純粋で無垢な存在"でい続けるよう要求し，「大人が悪い」と考えていたら，それはその子がゆくゆくは大人になっていく自然な発達の過程に逆らうことになるため，子どもを手助けすることはできません。子どもはさまざまな気持ちや考えを，いろいろな行動や発言を通して表現し，それは否定的であったり，時には PTh に向けられたりもします。それがあるべき姿です。

PTh が子どもに対して，温かく思いやりのある気持ちをもつことが必要であるのは当然ですが，その肯定的な気持ち**だけ**をもち，否定的な考えをもつことが**まったくない**場合，それは心配なことです。PTh が，子どもに対して肯定的な感情**だけ**もっていると捉えていたら，治療中に引き起こされる自分自身の負の感情を受け入れることが難しくなるだけでなく，子どもや親の否定的な気持ちを受け入れないことにつながります。

PTh はうまく遊べなくてはなりませんが，それは子どもに関わるのに十分なだけ，遊びを十分にいいものとして認識できる程度に，また遊びを使ったコミュニケーションを理解でき，専門家として楽しめる程度に，です。世界一の

遊び手である必要はありません。思い出して下さい，プレイセラピーは"遊ぶこと"と同じではありません。自分がしていることは"セラピー"なのだということをいつも念頭に置いておきましょう。PTh は，遊びを使ってその場に立ち会い，子どもを承認し，理解し，解釈し，ワークスルーを助け，支えるために存在しています。遊びを用いることによる子どもの表現や自己理解を受け止め，子どもが遊ばない時にも子どもを受け入れます。PTh は子どもを楽しませるためにいるのでもなければ，自分自身が積極的に遊ぶためでもありません。

　言葉をうまく使うことができるということも重要です。寡黙な PTh も，言葉を矢継ぎ早に繰り出す PTh も，言葉をうまく利用できていません。PTh の側が沈黙することは，退屈さや子どもへの関心のなさ，批判的な見解や怒りを子どもに暗示します。矢継ぎ早に解釈や質問をすると，子どもの頭を通り越してしまいます。また，子どもの発達的な言語レベルに合わせて，その子向けの言語を使用することが極めて大切です。そのため，子どもの話し言葉を理解し使える必要があります。子どもが「うぜえ」「超死んだ」「やばい」といった言葉を使ったら，その意味するところに気づくだけでなく，受け入れることが大切です。それらの言葉は，PTh 自身の言葉（「うるさい」「調子が悪い」「すごくいい」）に修正するよりも，もっと豊かな意味をもち得るものだからです。

　子どもが言葉を使わないことを選んだら，その選択を受け入れます。子どもに言葉を使ってやりとりするよう"要求する"ことは，子どもに治療者に合わせるように"強制"するのと同じで，子どもを受け入れていないことになります。あなたが英語よりも上手に日本語を話せるにもかかわらず，語学の練習時間でもないのに日本語を普通に話せる誰かから，英語でやりとりするよう要求されることを想像してみて下さい。欲求不満がどれだけたまり，落ち着かない感じになるでしょうか？　言わんとすることが，どれくらいきちんと通じるでしょうか？　その相手が本当にあなたを理解し，受け入れようとしてくれていると感じられるでしょうか？

　PTh は賢くなければなりませんか？　はい。ただし高い IQ や学業成績という意味ではありません。子どもが表現していることの具体的な意味と象徴的な意味の両方を理解できる能力をもち，左脳と右脳，脳幹・間脳・辺縁系・新皮質を統合してすべてを使うことのできる「賢さ」が必要です。それは，プレイセラピーや関連分野の研究の最新情報を把握していること，自分の感覚や感

第17章　プレイセラピスト，逆転移，文化，セルフケアとスーパービジョン　235

情，ファンタジーを活性化できることも意味します。例えば，子どもが一つの
ソファから別のソファへ，ソファの間の床に触らないよう繰り返し飛び移る遊
びをしています。そうした子どもは，何らかのトラウマを負っています（津波
をかろうじて生き延びた子，出生時に心不全で危うく死ぬところだった子，深刻な性
的虐待を受けた子など）。脳全体を使用し，「賢く」観察していると，この遊びは，
世界を安全な場所と危険な場所があるところとして捉えており，同様に，危険
が自分を捕まえようと潜んでいるという恐れや，自分で自分の身の安全を守れ
るという希望や期待を示していることがわかります。それを，子どもが単に
ジャンプしてソファを行き来しているだけとして捉えていると，子どもがトラ
ウマをワークスルーしているという事実を完全に見逃してしまうでしょう。同
時にそれは，身体を使った遊び心のある活動で，小さなリスクを帯びている興
奮のために，また家庭では禁じられているために楽しい，という面もありま
す。その楽しさがあるがゆえに，安心して辛い経験のワークスルーができるこ
とを理解できる「賢さ」が，PThにあることが重要です。

Ⅱ 逆転移を含む自分の気持ちを適切に扱う

　「私がこの子をうちに連れて帰ったら，きっと幸せな人生を送れるだろう」「こ
の親は嫉妬心からいつも治療を邪魔してくる」「嫌だなぁ，あの子にまた会わなく
ちゃ」。

　大人のクライエントに対する逆転移も大変ですが，子どもとの関係における
逆転移はその比ではありません。感情が上下左右，さまざまな方向に，極端か
ら極端に振り回されることを体験します。思いもよらない自分の信念や先入観
が何かの拍子に引き出されたり，子ども時代の記憶が呼び起こされたり，自分
の親や子どもとの関係性についての気持ち，子どもや親に関する自分の信念が
引き出されることがあります。脳全体が興奮して大わらわになります！　倫理
的かつ効果的な方法でプレイセラピーを行っていることを確かなものにするた
めには，絶えず自分の潜在的な逆転移とその引き金に気づいており，必要な時
にはそれを扱わなければなりません。

　子どもが好きで，子どもを大事にするPThが，不当な扱いを受けたと思わ

れる子どもに直面すると狼狽した気持ちになります。同じく，子どもとは"このようなものであるはず"というイメージをもっていると，それに合わない子どもに会うと，その時もまた困惑します。なかには，自分の子ども時代の深い意識的・無意識的な記憶があり，それを"思い起こす"ような子どもや親子関係に関わったり，あるいは自分とまったく違う子どもや親子関係を前にした時に，その記憶を刺激される人もいます。こうした反応はすべて逆転移です。

　逆転移は転移と同様に，肯定的・否定的なものがあり，治療的に活用することができますが，適切に扱わないと，転移以上に治療にとって有害となります。また，逆転移は転移と違って，子どもに強制・期待・抑圧することなく，PTh によって扱われなければなりません。

　私たちはさまざまな気持ちを感じます。気持ちが拒否された，寂しい，不当に扱われた，誤解された時どのように感じるか，見捨てられたり虐待を受けたりトラウマを体験していなくてもわかります。自分にあるこれらの感情への気づきを通して，子どもの気持ちを理解し，同調することが不可欠です。子どもを心理的に"抱えること"ができるということは，プレイセラピーで表現されている心の痛みに忍耐強く立ち会うことができるということです。気持ちに同調し，抱える時に過剰に同一視しないように気をつけます。その子の痛みはその子のものであり，PTh 自身の痛みではありません。PTh の痛みもまた，その子の痛みではありません。その子の痛みが PTh 自身の痛みになってしまったことで，恐れを感じすぎて効果的に子どもの気持ちを扱えなかったり，その子の痛みを和らげようとして子どもを慰めるのは反治療的です。PTh はいつでも，子どもと自分の間に心理的な境界線を明確にもっていなくてはなりません。

　PTh が，子どもやセッションについて感じることはたいてい，その子が①人生や，②遊びの中で体験していること，③その子の転移，④その子と PTh との関係性，そして⑤ PTh の逆転移，という 5 つの組み合わせからきます。次のような状況を考えてみましょう。PTh はセッションの間，その子といて不安と落ち込んだ気持ちを感じています（セッション中の PTh の感情）。子どもの生活のことを考え，その子の生活が不安で抑うつ的なものと理解します（子どもの生活体験）。子どもの遊びを見ると，不安と抑うつを表現しています（遊びの中での子どもの体験）。この子は自分の親に対してしてきたのと同じやり方で，不安と抑うつ的な関係性の中で PTh に反応し，関わっているのだと認識します（子

第17章　プレイセラピスト，逆転移，文化，セルフケアとスーパービジョン　237

どもの転移感情）。最近の PTh とこの子との間では，不安や抑うつ的なやり取り
が続いています（子どもと PTh の関係性）。PTh は，自分の子ども時代，不安や
落ち込んだ気持ちを感じた時があったことを思い出します。そうした気持ちは
この子とのセッションによって呼び起こされました（PTh の逆転移）。子どもと
のセッション中，そしてセッション前後に体験するこうしたすべてのことの根
拠を区別できることが大切です。この例では，以下のように考えてみて下さ
い。PTh が感じた不安と抑うつのうち，どれくらいが子どものもので，どれく
らいが自分のものだったのでしょうか？　子どもの頃不安や抑うつを感じたこ
とはもちろんあるでしょうが，誰でもときどき感じる程度のものでしかなく，
それよりも，この子は明らかに不安と抑うつ的な症状を現しているように PTh
は感じますか？　それともその逆で，その子は多くの子どもが見せる範囲内の
不安や抑うつを表しているのに，PTh がセッションの中で何かに対して過剰に
反応して，そう見えているのでしょうか？　この区別によって，PTh の感じて
いる不安や抑うつを考慮しながら，次になすべきことが決まります。

　PTh になりたいと思う動機づけはなんでしょうか？　子どもを救うため？
自分がよい大人であることを証明するため？　子どもが苦手であることを克服
するため？　子どもが大好きだから？　この理由が，その人がどのような治療
を実施するかに影響を与えるので，理由の如何に関わらず，それを自覚してい
ることが大切です。子どもの“世話をする”ことができるように，プレイセラ
ピー部屋に子どものために大量のおやつを用意しているでしょうか？　子ども
を楽しませて喜ばせようと懸命になっているでしょうか？　子どもを手助けす
る感謝の証明として，子どもに“良くなる”ように要求するでしょうか？　ク
ライエントを通して自分のニーズを満たそうとしていないかどうか，認識しな
くてはなりません。愛される必要があるのであれば，それは友達や家族に求め
るべきで，クライエントに求めるべきではありません。怒りの表現を苦手とし
ているのであれば，セッションの外でそれを扱う必要があり，クライエントに
いつも機嫌よくいるよう強制してはいけません。

　自分の感情的，心理的状態に影響を及ぼす生活環境を自覚しましょう。あな
た自身の生身の人間らしさが，その瞬間に PTh としてどのようにいるかに影
響を与えます。愛犬が亡くなって悲しんでいますか？　配偶者があなたの誕生
日を忘れたことで怒っていますか？　初めての妊娠で不安になっていますか？

いくら頑張ったところで，環境から完全に影響を受けない人など一人もおらず，それはPThとて同じことです。PThは，セッション中に感じるすべての気持ちを子どもだけに由来するものとみなさないよう注意し，自分の恐れや混乱，喜びや興奮が過去の経験や現在のセッション外のことによるかもしれないことを認識することが大切です。この自分の振り返りを通じて，PThは不適切かつ非倫理的にクライエントを利用することなく，自分で喜びや解決や満足感を得るために必要な歩みを，面接外で適切に進めることができます。

　PThが部屋をどのように計画して作り上げるか，そこにどのようなおもちゃを用意するか，セッションがどのように構造化されるかに関しては，ある程度PThの人となりが反映されます。どういった活動が許容され，何が制限されるかは，そのPThの逆転移を示唆します。先に紹介した"安全と危険"のソファの飛びはね遊びにおいて，PThが強い否定的な逆転移感情——「飛びはねたらソファが壊れてしまう」「階下の人にとって騒音になる」「セッション外でもこの行動を汎化してしまうかもしれない」「怪我をしたら危ない」「もし親が知ったらどう思うだろうか」——をもっていたら，おそらくこれは，子どもが安全と危険の課題に取り組むことができる活動にはなっていなかったでしょう。

　自分がその子にとって親よりも大事だと思うことがあれば，それは逆転移の問題です。親は子どもにとって情緒的に最も重要な人であるはずです。悲しいことに，虐待やネグレクトをする親であっても，子どもにとって不適切なモデル（犯罪，薬物依存症，自傷行為など）である親であっても，そうなのです。それほどに親とは子どもにとって，情緒的に極めて重要なのです。PThの役割は，子どもが直面している課題に取り組み，ワークスルーできるよう手助けすること，また，将来成長した時に課題に取り組むことのできる内的な強さを育む手助けをすることにあります。もう一つの重要な役割は，親が子どもにとってよりよい親でいられるよう支えることです。PThは子どもの親にとってかわるためにいるのではなく，その親子間の肯定的な愛着関係を育み，回復させる手助けをするためにいるのです。

　プレイセラピーの目標の一つは，子どもが自分自身を好きになるよう手助けすることです。これは，ゆくゆくは子どもが周りの人を好きになれることにつながります。そのためには，まずPThが自分を好きでなくてはいけません。PThが自分を好きになるやり方を知らず，それがどのような気持ちかを知らな

第17章　プレイセラピスト，逆転移，文化，セルフケアとスーパービジョン　**239**

い限り，子どもが自己受容し，自己愛を獲得するプロセスを支え，導くことは困難です。自分を好きになることが難しいと感じているなら，それをワークスルーするために自身の治療を求めることが，効果的な PTh でいるために非常に重要です。

Ⅲ 文化を認識する

　読者の多くは，「文化を認識するって，多民族国家の人がすることなのでは？」と驚くかもしれません。文化的な類似性や違いは，人種や民族のみならず至るところで見つかります。社会経済的な地位，宗教，育ち，伝統，性別，住んでいるところ，世代など，すべての要因が文化を作り出します。これらの文化的な要因は，PTh や，担当する子どもが，世界や人や自分自身をどのように見ているかにも影響を与え，その子が環境や状況にどのように関わり合い，反応するかにも作用します。それぞれに影響を及ぼしている文化的な要因を認識することは，子どもと家族に適切で効果的な治療を提供できる上で必須のことです（Gil & Drewes, 2004）。

　文化的要因と影響を認識していることによって，誤診や不適切な治療を避け，治療同盟がうまくいく可能性が増します。子どもや家族のある特徴が，彼らの文化からすれば標準的なことなのか，彼ら家族のみに特有のことなのかの見極めは重要です。その子どもが小さくなって穴の開いた服を着ているのは，生活保護を受けているひとり親家庭の子だからでしょうか，それとも親からネグレクトされているのでしょうか？　子どもと親が同じ部屋で寝ているのは，彼らの家が伝統的なアジアの家の間取りだからでしょうか，それとも世代間境界の混乱や性的な境界線の問題があるのでしょうか？

　文化の影響を考える際には，文化を一般化しないことも大切です。それぞれの家族はさまざまに違っていて，一人一人もまた違います。さまざまな情報源から情報を収集し，一人または一家族だけの話をうのみにしないように気をつけます。私はたくさんの日本人ではない親から，日本人の元配偶者から“日本での普通の子育てのやり方”を教わった話を聞きます。「日本では 7 歳未満の子どもは自転車に乗らないから，娘にも自転車を買うべきではない」「日本では母親は子どもを抱きしめない」「日本人は朝シャワーを浴びないから，息子に

240　第Ⅲ部　プレイセラピー実践に必要なことがら

も許すべきではない」など，実際には日本の一般常識とは言えない，日本人の元配偶者の個人的な信念にすぎないものがたくさんあります。

　クライエントの文化を認識できるようになる上で，PThが自分の文化を認識することが欠かせません。クライエントは，PThとは違った経験をしてきているので，生活や対人関係においてまったく異なるものの見方や期待をもっているかもしれません。自分が「普通だ」とか「普通でない」と考えていることについて，自分自身の偏見や偏りを知っていることが重要になります。自分のもつバイアスを知っていることが，意識的・無意識的に子どもや家族をアセスメントし，関わり合い，反応し，介入する仕方に影響します。

　それぞれの文化における遊びに対する考え方によって，治療に遊びを使って関与することの受け入れられやすさや，子どもがどれくらい遊びを通した自己表現をできるかが異なります。治療の中で遊びが使われるのは自然なことと思う家族もいれば，たじろぐ家族もいるかもしれません。プレイセラピーでは治療には**必ず**遊びを使うので，それについて家族を"説得"するために，教育や訓練，モデリングをどれくらい提供するかには大きなばらつきがあります。プレイセラピーを始める**前に**，遊びについての家族の信念をアセスメントすると，ずっと楽に物事が進むでしょう！

Ⅳ　セルフケアとスーパービジョン

　対人援助の分野の専門家は，自分に対し特に注意を払い，気を配る必要があります。トラウマの経験と記憶は扁桃体にしまわれ，さまざまな感覚や感情と結びつきます。トラウマを経験した子どもや家族を治療することは，必然的にPThの右脳・左脳・新皮質・辺縁系・脳幹・間脳すべてをも揺さぶるきっかけとなります。扁桃体と海馬のそれぞれ両方の記憶に結びつく感覚や感情も刺激されます。PThの脳の反応とともに，誘発された逆転移が，二次受傷を拡大させます。代理受傷トラウマの増大と逆転移反応の両方をうまく処理し，これらを減らす努力を意識的に行わなければ，自分自身を燃え尽きる危険にさらし，クライエントに適切な治療を提供する能力にマイナスの影響を及ぼすことにもなります。これらの否定的な影響を扱い，対抗するためには，親に対するセルフケアに関するアドバイスすべてがPThにとっても適切であり，いずれ

第17章　プレイセラピスト，逆転移，文化，セルフケアとスーパービジョン　241

も PTh 自身のセルフケアに組み込むことができます（旅行，友達と過ごす，マッサージ，絵を描くなど）。スーパービジョンやサイコセラピーも PTh のセルフケア処方の選択肢です。

初心の PTh はできる限り，PTh のスーパービジョンの経験をもつ PTh からスーパービジョンを受ける努力をしましょう。それはスキルや技法，解釈の指導を求めるためだけではなく，子どもの（そして親の）転移や，PTh 自身の逆転移を扱うためでもあります。きちんとしたスーパービジョンを受けずにプレイセラピーをしようとすると，プレイセラピーがうまくいかなかったり，PTh 自身が体調を崩したり燃え尽きたりしてしまうこともあります。

可能な限り，子どもと親との臨床経験をもつ（願わくば PTh である）スーパーバイザーにつきましょう。ここまで述べてきたように，子どもの治療は大人の治療とはそれはそれは異なったもので，子どもを治療する訓練や経験，知識の不十分な臨床家は，遊びを通して表現されるニュアンスや象徴を注意深く見ることや，子どもと親を治療することによる PTh への情緒的影響を，よく見ることが難しい可能性があることは，おわかりになるでしょう。PTh であるスーパーバイザーとそうでないスーパーバイザーとの大きな違いの一つは，プレイセラピーのスーパービジョンにおいて遊びを使う能力の有無です（Drewes & Mullen, 2008）。プレイセラピーのスーパービジョンにおいて遊びを使うことは，スーパーバイジーが脳の右脳と左脳，脳幹・間脳・辺縁系・新皮質と縦横無尽に活用することを手助けします。

とはいえ，スーパーバイザーとスーパーバイジー，お互いの治療対象が異なっていても，素晴らしいスーパービジョンを提供する臨床家はいます。PTh としての能力があっても，うまくスーパーバイズする能力や巧みさに欠ける人もいます。誰かにスーパービジョンを受け始め，それが助けにならないと感じたら，それをスーパーバイザーに知らせ，スーパーバイザーがあなたの役に立つようなやり方ができない／したがらない時には，自分のニーズに合うスーパーバイザーを探しましょう。クライエントによって，心地よく作業でき，支えられていると感じるセラピストがそれぞれ異なるように，人によって心地よく共同作業ができたり支えてもらえるスーパーバイザーは，それぞれ異なります（スーパービジョンであり，自分のセラピーではないということを明確にして下さい。自分のセラピーが必要な時にはスーパーバイザーとは別の人を探す必要がありま

242　第Ⅲ部　プレイセラピー実践に必要なことがら

す）。近年はスカイプなどを利用し，離れた場所からでもスーパービジョンを
受けることができるので，ご自分に合ったよいスーパーバイザーとのスーパー
ビジョンを諦めないで下さい！

Ⓥ プレイセラピストとしての誇り

　自分が PTh であるという自覚と誇りをもちましょう。驚くべきことに，心
理学の領域においても，子どもの治療は「簡単」で，「本物の治療」は大人とし
かできないと，子どもの治療を一段低く見ている人が大勢いるようです。大学
院の心理学の教授やクリニックの先輩から，「まず教育相談所で働いて，臨床
経験をいくらか積んだら，"本物の"大人へのセラピーができますよ」と言われ
た人もいるかもしれません。あなたはこの本でプレイセラピーの旅を歩んでき
たので，すでにそれが事実からほど遠いことにお気づきですね！　ほとんどの
人は，子ども時代の経験がその人の人格や成人期に影響を及ぼすことを知って
います。それならばどうして，子どもの情緒的，心理的な幸せのために治療す
ることが，大人のそれより重要でないことがあるでしょうか？　大人になって
子ども時代の記憶や振り返りを通して後になって作業をするより，今この場
で，困難を体験している子どもを直接治療する方が，ずっと意味があるのは明
らかではないでしょうか?!　たとえ初任の PTh であっても，子どもの発達や
プレイセラピーの理論や技術を学んだのであれば，そのような知識を学ばずに
きたセラピストより，適切かつ効果的に子どもを助け，治療する方法を知って
いるということに自信をもって下さい。自分が知っていること，知らないこと
に気づいていると，自信をもって自分の知っていることを活用し，足りないと
ころを埋めるべく知識を得る手立てをとることができます。あとは経験と，よ
いスーパービジョンから得られます。

＊アクティビティ

A．PTh としての自分の内面を見つめるためのアクティビティ
　①いろいろな種類のミニチュアおもちゃを用意しましょう。
　②治療をしていて難しいと思う子どものことを考えましょう。もしまだ治

第17章　プレイセラピスト，逆転移，文化，セルフケアとスーパービジョン　243

療を始めていないのであれば，自分にとって治療が難しそうな子どもを想像して下さい。

③その子を表すミニチュアを一つ（もしくは複数）選びます。あなたを表すミニチュアを一つ（もしくは複数）選びます。

④あなたが治療の中でのお互いの関係性をどう捉えているかを表すような位置関係に，その子とあなた自身を表すミニチュアを置きます。

● なぜその子を表すのにそのミニチュアを選んだのですか？

● なぜあなたを表すのにそのミニチュアを選んだのですか？

● 両方のミニチュアの置かれ方をどう思いますか？

⑤次に，その子の親のミニチュアを選びましょう。

⑥その親のミニチュアを，子どもとあなたのミニチュアと一緒に関係性を表す位置に置きます。

● なぜ親を表すのにそのミニチュアを選んだのですか？

● すべてのミニチュアが置かれた様子を見てどう思いますか？

⑦今度は，治療過程に影響を及ぼしそうな他の人々のミニチュアを選びます。その子どもに関わる人（きょうだい，親戚，学校の先生，友達など），職場の人（精神科医，他の PTh，受付の人など），あなた自身と関わる人（家族，友達，この分野の他の専門家，自分のスーパーバイザーなど）。

⑧それらのミニチュアを，すでに並べたものと一緒に関係性を表す位置に置きます。

● なぜそれらのミニチュアを選んだのですか？

● すべてのミニチュアが置かれたところを見てどう思いますか？

どうですか？　自分やこの子について感じていることで，自分でも気づいていなかったことがありましたか？　自分でも知っていた自分について，またこの子への感じ方をあらためて確認しましたか？　自分について，そして子どもについてどう感じているかについて，体験したこと，実感したことをどのように感じていますか？　この情報を，この子どものプレイセラピープロセスを展開するために，どのように活用できると思いますか？

B．自分自身について考えてみる

次の質問についてじっくり考えてみましょう。自分の応答を書き留め，保存しておきましょう。PTh である限りは，ときどきこれらの質問を参照し，新たに応答をし，自分の成長ぶりを比較してみましょう。

244　第Ⅲ部　プレイセラピー実践に必要なことがら

1．PTh としての自分

- 自分がすでにもっている，理想の PTh としての特徴，もち味はなんでしょう？
- プレイセラピーを進める手助けとして，それらの特徴をどれくらい活用できると思いますか？
- 自分に足りないものは何でしょう？
- 自分がすでにもっている部分を伸ばし，足りないものを獲得するためにどのようなことができると思いますか？

2．自分の逆転移

- 自分に起こりそうな逆転移は何ですか？ 親や養育者に対するものも含めて考えて下さい。
- そうした逆転移はどれくらい治療プロセスの妨げに，あるいは助けになりそうですか？
- 自分の逆転移のよい影響を増やし，悪影響を減らすために，何ができると思いますか？

3．文化

- 文化の認識や影響についてどのように捉えていますか？
- 異なる文化的背景をもつ人々の類似性に気づきやすい傾向がありますか？ 異質性に気づきやすい傾向がありますか？ 両方ある，もしくは両方ないですか？
- 自分のもっている文化的特徴・偏見はどのようなものですか？ どれがプレイセラピーで役立ちますか？ それはなぜですか？ どれが妨げになりそうですか？ それはなぜですか？ それについて何ができますか？

4．セルフケア

- 自分自身に二次受傷がたまってきたことを示すいくつかの兆候は，どのようなものですか？
- 自分に役立つと思われるセルフケア処方の選択肢として実施できる，少なくとも10個の情緒的なアクティビティと10個の身体的なアクティビティのリストを作りましょう。自分一人でできる活動と，人と一緒にする活動（家族で夕食を食べるなど，相手がいないとできないもの）を含むようにしましょう。

- 現在のセルフケアの必要度に関わらず，一人で行う情緒的活動，人と行う情緒的活動，一人で行う身体的活動，人と行う身体的活動を，今から5日間以内に，少なくともそれぞれ一つずつ実行して下さい。
- それらの活動をやってみてどうだったか，どう感じたかを簡単にメモしておきます。

5．スーパービジョン

- どのようにプレイセラピーのスーパービジョンを活用する予定ですか？
- 何が助けになりそうですか？
- それについて何が難しそうですか？
- どうやってそれを解消しますか？

これらの自分の応答と体験のすべてについて，話し合いましょう。

C．逆転移のロールプレイ

①ペアになり，相手にあなたが自覚している逆転移について，引き金となりうるさまざまな行動や言動を，子どもになりきって演じてもらいます。まず，自分がどのように反射的に反応するか，情緒面，言葉，行動による反応を見てみましょう。それらについて話し合います。

②同じロールプレイを再度，今度は反応や応答を意識的に決めて，治療的な方法でやりとりするようにして行います。最初とは違いましたか？子ども役とPTh役の両方がどのように感じたかを話し合います。

③役割を交代して同じことを行います。

　いかがでしたか？　元気づけられた人もいれば，安心した人，やる気がわいた人，一方では，深く考え込む人，悲しくなったりイライラしてきた人もいるかもしれません。不安になったり，落ち込んだり，自信喪失したりという気持ちを相当強く感じている場合，自分のサイコセラピーを始めるとよいかもしれません。今，右脳から左脳に転送されたかもしれないこれらの気持ちや記憶，考えや信念について，取り組む手助けになるでしょう（そして，これは良いことだ！　ということを自分に思い起こさせて下さい）。

246　第Ⅲ部　プレイセラピー実践に必要なことがら

第18章

終　結

　「お別れはすごく苦手。それについては考えたくない」と嫌がる人,「やった！　プレイセラピーがうまくいった時のことだね！」と喜ぶ人……ほとんどの PTh は，終結と聞いた時に何らかの反応をするでしょう。それにもかかわらず，プレイセラピーの本でこの位相について書かれていることはほとんどないのです。そうなってしまう理由は，学校が休みの時にプレイセラピーを"お休み"したり，突然の中断によって時期尚早な終結を経験したり，多様な形での"仮の終結"を経験することが多いからかもしれません。終結が計画されたものであれ突然なものであれ，PTh は可能な限り，子どもや家族がプレイセラピーが助けになったという感触を得て去ることができるように，そして肯定的なお別れを経験できるようにする責任があります。

（Ｉ）なぜ終結のプロセスを実施することが大切なのか

　プレイセラピーで出会う多くの子どもが，遺棄や拒絶，トラウマ的な分離体験，死による喪失，突然の失踪，二度と会えないことに気づかないふりをしている離別など，人生で否定的な別れを体験しています。このような子どもは，関係性，または関係性のある段階が閉じる感覚を抱くことができるような，肯定的な別れを体験することで大きな恩恵を得ます。終結が計画的であれ中断や突然のものであれ，子ども（と養育者）が，肯定的な終わりおよび個別化と，否定的な喪失や遺棄との違いを区別できるように手助けすることが，極めて重要です。

　終結の位相はプレイセラピーが成功裏に完了する際に不可欠でありながら，子どもにとっても親にとっても，そして PTh にとっても難しい場合がありま

247

す。プレイセラピーの終わりというのは，計画されたものであれ，予測できない事情（PThの病気，親の仕事による突然の転居，自然災害など）によるものであれ，最終的には訪れるものです。プレイセラピーは“永遠”ではなく，そうあるべきでもありません。治療の目標が，問題が成功裏に減少し，全体的にみて子どもと家族の幸せが増すことなのであれば，治療の開始から数カ月にせよ数年内にせよ，いずれ終わりを迎えるでしょう。のちの発達段階になってから，プレイセラピーや心理療法に戻ってくることが有効な子どもや家族もいます（幼少時代の性的虐待をプレイセラピーでうまく治療できた子が，第二次性徴期やデート場面が生じる思春期に支援が必要になるなど）。また，時おり治療のお休みをはさみながら，継続的な心理的支援が必要と思われる子どもや家族もいます（脳の損傷があるために感情コントロールが困難な子どもなど）。しかし，後者のケースは例外的なことで，通常は終結のプロセスが治療の一部としてなされるべきで，後者のケースでも一時的な分離のプロセスが治療の一部としてなされなくてはなりません。

　プレイセラピーを終わらせるにあたって，PThに“見捨てられた”と怒りを感じる，“自由になる”と感じて嬉しくほっとするなど，ほとんどの子どもや親は，いい気持ちと嫌な気持ちが入り混じったさまざまな気持ちを感じます。終結の「終」と「結」という二つの漢字が示すように，終結とは“結ぶことで終わること”です。お別れのプロセスの経験と，治療効果の認知的な理解とを統合するのは大切なことで，それによって終結のプロセスの作業中も今までの治療の効果を維持することができるようになります。

　プレイセラピーは，終結でもって完結する治療の成功を目標としながら，いずれ訪れるプレイセラピーの終わりを念頭に置いて始めます。この目標に到達するためには，PThと子どもとの間の（そしてPThと親との間の）支持的で理解のある関係が形成される必要があります。プレイセラピーの結末は，たくさん努力して，多くの時間を費やして，大切に育んできたこの特別で肯定的な関係を閉じることを意味しています。なぜ，もとから終わらせるつもりでいながら，わざわざこんなにも素晴らしいものを作り上げるのでしょうか？　そこから生じる幸せや価値を味わいながらあるものを手放すこと，次もいい関係性を形成できるだろうという期待や望みをもって，手放すことで次のことを得るための機会をもたらすことに価値があり，意味があるからです。肯定的な関係

248　第Ⅲ部　プレイセラピー実践に必要なことがら

と，その関係性が肯定的に終わることが起こりうるのだということは，子ども
が実際に体験することで現実となり，自分の捉え方，他者と世界への見方を変
えていきます。

　子どもは，PThとの関係を形成する過程を経なくてはならないのと同様に，
この関係性の終わりのプロセスも体験しなければなりません（PThも同様）。関
係性を終わらせるのは悲しく難しいことかもしれません。けれども，お別れの
過程は，子どもと親に，意思決定をコントロールしている感覚をもたせ，プレ
イセラピーやPThがいなくても自力でやっていける強さの感覚，終えていく
プロセスを支援され，新しい人生の幕開けを尊重してもらう感覚を与えるよう
なやり方で行うことができます。この終結のプロセスを通して，現在の役に立
つ行動と比べて役に立たない，それまでの行動を再検討することができ，有意
義な関係の終わりを経験することができるのです。肯定的な終わり方では，子
どもがプレイセラピーを価値あるものとして認識し，その子が青年や大人に
なって助けが必要になった場合に，治療に戻れる道を作っておくことができま
す。終結のプロセスはPThにとっても，これまで会っていた子どもと家族と
のプレイセラピーを心理的に閉じていくことにもなります。

Ⅱ 終結の準備

1… 終結について話す

　理想的なのは，PThと子どもと親が同時に，プレイセラピーの終結という結
論に至ることです。実際には，PThがアセスメントに基づいて，もしくは予期
せぬ事情によって決めたり，親が不満や予期せぬ事情によって取りやめたり，
行かないと言う子どもに親も同意したり，などの場合があります。終結につい
ては少なくとも2回，子どもとは別に親と話し合う必要があります。1回目は
プレイセラピーが始まったばかりの頃で，2回目は子どもが（そしてその家族
が）治療を終える準備ができたとアセスメントした時です（もしくは，早期中断
がやってくるという現実がある場合）。

　別れのプロセスをすることなく突然中断が訪れるような事態を避けるため
に，プレイセラピーを開始したすぐの時期に，親と終結について話し合ってお

く必要があります。これが、子どものいない場で、親と終結について話し合う初めての場面です。適切な手続きを経ることなく治療の終結を経験すると、子どもは自分が何か気に障ることをしたのかもしれないと解釈したり、PThはもう自分と会いたくないんだと受け止めるかもしれません。親がPThや子どもの同意を得ずに中断を決めてしまった場合、たとえ1回でもお別れのためのセッションがもてるかどうかは、大きな違いをもたらします。親があらかじめ適切なお別れのセッションが重要であるという知識をもっていると、その子がPThとのお別れやプレイセラピーをどのように内在化するかの機会が与えられるという点でまったく違ってきます。それは、あらゆるセラピーや一般的なお別れをどのように内在化するかにも関わってきます。

2… 終結を決める指標

　子どもが治療を終える準備ができているかどうかのアセスメントでは、終結を決める指標となるポイントがいくつかあります。観察と、子どもや親からのフィードバックを受け、全般的な変化と改善、子どもがセッションを利用するやり方の変化、子ども自身の変化や他者との関わりにおける変化を確認します。

▶ **問題とされていた行動の変化**：きょうだい喧嘩が減って、母親に向かって怒鳴ることはもうみられないでしょうか？　学校で、以前よりもよく集中して取り組んでいるでしょうか？　自分がどのような人かについて肯定的な気持ちを感じ、前より笑顔がみられるようになり、自信が増して見え、自分をより高めるような行動をとり、自己肯定感が高まったように見受けられるでしょうか？　人前での自慰行為がなくなり、抜毛が止まったでしょうか？　かんしゃくが減ってきて、トラウマの症状がなくなったでしょうか？

▶ **プレイセラピー内やPThとの関係性の変化**：遊びは年齢相応で、まとまりがあり、発展的ですか？　遊びは表現豊かで、不安や気がかりのないものですか？　セッション中のPThや親とのやりとりや振舞いは、前向きで自主性のあるものですか？　その子とPThの間には信頼しあえる関係がありますか？もともとの治療目標やその後の目標は達成されましたか？　プレイセラピーに来るのが楽しみで仕方なかった子が、回数を減らしてと頼んだり、ここで何か

250　第Ⅲ部　プレイセラピー実践に必要なことがら

をするよりももっと他に"良いこと"があることをそれとなく匂わせたりしているでしょうか？

▶ **生活状況の変化**：親や学校の先生，他の関係者や子ども自身から聞く最近の様子は前向きで，もともとあった課題はもはや問題とは思われないほど改善していることが伺えますか？　その子や，待合室での親子のやりとりは発達年齢的にふさわしく，全体的に温かくて思いやりがありますか？　MMPI など正式なアセスメント指標の結果をプレイセラピー前と今とで比較した時，肯定的な要素が増加して，否定的な要素が減少していますか？

　Gil と Crenshaw（2015）は，終結を予期する際には次の基準が考慮されるべきと述べています。①目標は達成できているか，②他に改善が必要な根本的な問題はあるか，③子どもと家族は引き続きサポートが必要か，④必要な場合は，この形態のサポートが適しているのか，⑤治療関係にあるもので家族内で複製する必要があるか。

　Landreth（2002）は，自分の要求や責任・感情・行動・人との関わりを理解し，表現するにあたってより自立的にのびのびとしていられること，自己や他者へのバランスのとれた受容と寛大さが遊びや振舞いの中に見受けられること，などを終結決断要因としてあげています。

3… 親と終結を検討し，子どもに伝える

　プレイセラピーに通わなくてもよい準備が整ったと判断したら，まず親と終結の可能性について話し合います。これが子どものいないところで親と終結について話し合う2度目の機会となります。多くの親は，もう必要ないと感じているので，終わることにためらいなく同意します。経済的負担と時間的制約が終わることでほっとする人もいます。一方でプレイセラピーが終わるとまた問題が起きて，治療前の状態に戻ってしまうのではと心配になる親もいるかもしれません。そのような親の心配に理解を示し，支持的に対応します。積み重ねてきた肯定的な変化は，ここ最近ずっと一貫し定着しつつあること，それは子どもだけでなく，親としての彼らにも当てはまるのだということを親に気づかせることは，大事なことです。わが子の成長はチームみんなの努力の賜物であり，自分もその重要な一員であるということを親に思い出してもらい，PTh か

ら自立できるよう励まし，プレイセラピーが終わることを希望やワクワク感，安堵や達成感とともに受け入れていくことができるようサポートします。

　親が終結の計画に同意するとすぐに，次は子どもに知らせて話し合い，作業をすることになります。どれくらい前もって子どもに最終回を知らせるべきなのかは，どのくらい別れに対応できるか（過去の別れの経験とそれに対する反応），PTh との関係，プレイセラピー期間，発達年齢などによります。通常は 3 〜 8 週間が適切であり，短すぎたり長すぎたりしないよう気をつけます。期間が長すぎるとお別れの不安を大きくしてしまったり，幼い子どもの場合は混乱したりし，期間が短すぎるとお別れに向けた心の準備を十分するだけの時間がとれません。

Ⅲ 終結の手続き

　終結も遊びと象徴を使って行われます。楽しさ，安心感，心理的距離は，別れのプロセスをなしうるために重要です。終結は肯定的であれ否定的であれ，強い感情を引き起こし，その気持ちの大半は PTh に向けられたものであり，子どもは安全にそういった気持ちや考えを表現し，ワークスルーする自由をもち続ける必要があります。

　終結は非構造的・構造的な遊びを通してなされます。別れの問題を自然に自分でワークスルーできる子には積極的な介入は必要なく，ひとたび "この日にプレイセラピーが終わる" という同意と理解が得られた後は，別れの作業にまつわるようなアクティビティの提案，終結に関しての話題をもち出すことすら必要ありません。そうでない子どもは手助けが必要なので，構造的な別れのアクティビティを終結プロセスにあてられたセッションの中に組み込みます。それは，非構造的な遊びを通してだけでは別れの作業ができない子どもの助けになり，分離のプロセスを積極的にし，この状況をコントロールできている感覚を体験させます。

　いずれの場合も，その子（とその親）は，自分のペースで来るべき別れをワークスルーする必要があります。応答や反応，関わり方や態度などは，その子やその親とのプレイセラピーを通してずっとやってきたやり方と違わぬようにします。

252　第Ⅲ部　プレイセラピー実践に必要なことがら

この時点までプレイセラピーの一部であったおもちゃが，終結のプロセスにおいても，もっとも効果的に利用できるおもちゃです。終結のプロセスの期間に，新しいおもちゃをプレイセラピー部屋に導入しないで下さい。新しいおもちゃを購入したのであれば，その子のお別れのセッション中は，そのおもちゃをプレイセラピー部屋の外に出しておくようにしましょう。

　その子がどのようなプロセスを必要としているかによって，さまざまなアクティビティを通じて，終結期にいろいろなテーマについて作業することができます。例えば，終結の見通しをもつ準備（カレンダー作り），喪失の課題に取り組む（思い出の箱作り），理解・知識・スキルをしっかりしたものにする（コラージュ作り），達成感の強化や自尊心の育成（自分のプレイセラピー本作り），今後起こりうる，あるいはすでにある葛藤や困難に対処する準備（幸運のお守り作り），などです。

　子どもが終結に関して表現する肯定的・否定的な気持ち，どのような気持ちもすべて受け入れ，理解を示し続けることが大切です。子どもの別れに対する気持ちを無理に"いい気持ち"に変えようとしてはいけません。悲しみや怒りを示すことを予想していたのに，すっかり元気で，終結を喜んでいるようにさえ見えたとしても，その子に"悲しみや怒りを実感させよう"，などとはしません。

　最終回の最後の瞬間まで，関係性を一定して一貫性のあるものに保つようにします。涙や世間話，ハグやプレゼント，さよならパーティなどは，それが子どもから提案された場合には適切ですが，PTh からは提案しません。別れに基づく PTh のニーズは，他の逆転移感情の場合と同様に，子どもとの治療以外の場で扱い，満たされるべきです。プレイセラピーの間ずっとある決まったやり方（毎回入室時にハイタッチ，退室時に「今の気持ち」を表情ポスターから選ぶなど）をしてきたのであれば，それは最後の最後まで続けます（その子がもうしたくないと意思表示しない限りは）。

　終結を伝えた後に，すでに卒業した行動やワークスルーした行動に後戻りすることがあります。このような終結への反応は，それが一過性のものであれば，正常で問題ではありません。親や他の大人が驚いて過剰反応しないように，あらかじめこのような傾向を伝えておく必要があります。大人に，そうした心構えをもたせておけば，起こりうる退行に対処する助けとなり，子どもが

第18章　終　　結　253

安心できるようになって退行行動がみられなくなります。退行が数週間続くようであれば，その子にこの時点で取り組むべき課題があるのを見逃していた可能性もあるので，その時は終結の計画を見直すべきかもしれません。

　子どもによっては，セッション数を，毎週1回から隔週に1回，そして3週間に1回，1カ月に1回と徐々に減らしていくのが，分離と個体化に役立つかもしれません。また，子ども（や家族）のニーズに基づいて，終結後の1カ月後，3カ月後や半年後にフォローアップセッションを設定することもあります。

　最後に，子どもに，必要になった時にプレイセラピーをまた利用できること，どのようにPThに連絡すればよいかを伝えることは，望んだ時には支援があり，見捨てられたわけではないことを再保証し，人生の新たな発達段階で問題がもち上がった時にさらなる治療を必要としそうな子どもにとっては，有用なことでもあります。

Ⅳ　プレイセラピストにとっての終結

　別れはほとんどの人にとって強い感情をもたらし，PThもその例外ではありません。子どもの多くは，PThが終結を知らせると少し不安を見せ，最後の別れのセッションが始まると悲しみを見せます。終結を伝えた時の子どもの反応や最終回の最後での子どもの行動は，時にはPThにとって驚きや落胆，ともすればエゴの傷つきとしてさえ感じられることもあります。子どもに終結を伝えた時に，嫌がるだろうと予想していたのに，「うん，わかった」とあっさり応え，本当に大丈夫そうだとわかった時，どう感じるでしょうか？　最後のお別れの言葉を言った時に，涙を流してぎゅっと抱き合うことを予期していたのに，実際は平然と「じゃあね」とドアから出て行ったとしたら，どう感じるでしょうか？

　終結は，PThの抱える別れの課題の引き金になることがよくあります。子どもの終結への反応に対する逆転移だけでなく，別れに対する個人的な感情，考え，体験や記憶の両方が刺激されます。それらを自覚し，その反応が子どもの終結のワークスルーを助けるのに妥当で役立つものかを確かめるよう，気をつけることが重要です。

✱アクティビティ

A．終結のロールプレイ

①終結のロールプレイをしましょう。

すでに親との間で終結について話し合い，合意しているものと仮定します。ペアになり，以下の終結の三つの違う場面をロールプレイしてみましょう。

● 子どもに終結の決定を知らせる

● 終結プロセスの作業をするセッションの一部

● 子どもとの最終回の終わり際の 5 分間

それぞれのロールプレイの後で，体験したことを，PTh と子ども，両方の視点から話し合いましょう。

● 何がよかったと感じていますか？　なぜそのように感じたのだと思いますか？

● 子どもとの実際の終結セッションの時にも，そう体験できるためにはどうすればよいですか？

● 何が難しかったですか？　なぜ難しかったのだと思いますか？　それに関して何ができますか？

②役を交代してロールプレイをし，話し合いましょう。

③今度は中断についてロールプレイしましょう。

親が突然，避けられない理由からプレイセラピーの終わりを知らせてきた，あるいは予期できない事態が生じて治療の終了が避けられなくなったと仮定します。どういう理由で中断になるかは，PTh 役が決めます。最後の回までに，あとどのくらいのセッションがもてるかも決めて下さい。決めた設定で以下の二つの終結場面をロールプレイしましょう。

● 子どもに突然治療を終えることになったことを知らせる。

● あと何回セッションがもてるかによって，別れのプロセスをどのようにしていくか子どもと話し合う。もしこれが最後のセッションとするならば，別れのプロセスを始める。

④次は違う中断の理由で，ロールプレイをやってみましょう。

⑤先ほどとは異なる期間設定で，中断のロールプレイをやってみましょう。

それぞれのロールプレイの後で，体験したことを，PTh と子ども，両方の視点から話し合いましょう。

第18章　終　結　255

- 何がよかったと感じていますか？　なぜそのように感じたのだと思いますか？
- 実際の終結セッションの時にもそう体験できるためには，どうすればよいですか？
- 何が難しかったですか？　なぜ難しかったのだと思いますか？　それに関して何ができますか？

⑥役を交代してロールプレイをし，話し合いましょう。

B．振り返ってみよう

- プレイセラピー以外での別れに対しての気持ち，考え，体験にはどのようなものがありますか？　これまで，そうした別れにどう対応してきましたか？
- 通常の別れに対する反応や行動が，終結にどのように影響を与えると思いますか？
- 自分の反応が，終結プロセスに良い影響を与え続けることをどのように確保できると思いますか？　自分の反応が，終結プロセスに悪影響を及ぼさないことを，どのようにして確実なものにできますか？
- 終結期に自分が出会う恐れのある困難には何がありますか？　それに対処するために何ができますか？

　プレイセラピーへの旅の終結?!　そうです，皆さんこれで終わりです！　とうとう，プレイセラピーという旅へのお別れに到着しました。すべてのお別れと同様，おそらく悲しく感じている人，嬉しく思う人，不安になる人，怒っている人もいるかもしれません。多くの方は，いい気持ちと嫌な気持ちが入り混じっているかもしれませんね。皆さんが，この旅が終わりを迎えることを認める重要性を認識していますように。

　最後に一つ，旅の終わりを迎えるためのアクティビティをしましょう。このプレイセラピーの旅の始まりに，絵を描くアクティビティをしたことを覚えていますか？　同じことをしますが，今回は，これまでの旅を経験してきた視点から行います。

　紙と絵を描くものを準備して，プレイセラピーの旅の絵を描いて下さい。

どのようにこの絵を描くかはご自身で決めて下さい。ただし，次の3点は必ず旅の絵に描きこんで下さい。

● 旅の出発と終点。
● 旅の間助けになった・役立ったこと（物，人，場所，気持ち，思い出，その他何でも）三つ。
● 旅の妨げになったこと（上記同様）三つ。

今度は，今描いた旅の絵に関して，次の質問に答えて下さい。そして話し合いましょう。

● どのような体験でしたか？　乗り越えてきたハードル，身につけた強さ，得てきた支援，取り組むべき課題は？
● 自分の旅を描いている間，どのような気持ちを感じましたか？　今，絵を描き終えてそれを眺めながらどのような気持ちを感じていますか？
● 近い将来のPThとしての希望，期待，恐れ，挑戦などはどのようなものですか？　今から10年後，どのようなPThになっていたいですか？

これで正式にプレイセラピーへの旅の導入部分を終えました！　旅の始まりに見えた景色と，少し世界が違って見えませんか？　プレイセラピーの基本の知識を左脳で習得し，その知識を右脳で練習体験をした皆さんは，子どもと家族との本物の治療を，脳全体を使用して行う準備ができましたね。「本物」のPTh業を存分に楽しんで下さい。

第18章　終　結　257

文献一覧

Association for Play Therapy (APT) (発行年不明). "Play therapy is" https://a4pt.site-ym. com/?PTMakesADifference (2018年7月16日取得)

Axline, V. (1947). *Play therapy*. MA: Houghton-Mifflin.

Axline, V. (1950). Entering the child's world via play experiences. *Progressive Education*, 27, 68.

Axline, V. (1964). *Dibs, in search of self*. NY: Ballantine.

Badenoch, B. (2008). *Being a brain-wise therapist: A practical guide to interpersonal neurobiology*. NY: W W Norton & Co.

Balbernie, R. (2013). The importance of secure attachment for infant mental health. *Journal of Health Visiting*, 1(4), 210-217.

Benedict, H. & Schofield, D. (2010). Play therapy for insecurely attached preschool children. In E. Schaefer (Ed.). *Play therapy for preschool children*. DC: APA, pp.47-66.

Bettelheim, B. (1987). The importance of play. The Atlantic, March, https://www.theat lantic.com/magazine/archive/1987/03/the-importance-of-play/305129/(2018年9月3日取得)

Bixler, R. (1949). Limits are therapy. *Journal of Consulting Psychology*, 13(1), 1-11.

Booth, P. & Jernberg, A. (2009). *Theraplay: Helping parents and children build better relationships through attachment based play. 3rd Edition*. CA: Jossey-Bass.

Bowlby, J. (1952). Maternal care and mental health. WHO.

Bowlby, J. (1969). Attachment and loss: Volume I Attachment. NY: Basic Books.

Bratton, S., & Ray, D. (2000). What the research shows about play therapy. *International Journal of Play Therapy*, 9(1), 47-48.

Bratton, S., Ray, D., Rhine, T., & Jones, L. (2005). The efficacy of play therapy with children: A meta-analytic review of treatment outcomes. *Professional Psychology: Research and Practice*, 36(4), 376-390.

British Association for Play Therapy (発行年不明) http://www.bapt.info/play-therapy/(2018年9月10日取得)

Bromfield, R. (2016). *Playing for real: Exploring the world of child therapy and the inner worlds of children, 2nd ed*. MA: Basil Books.

Caprara, G., Barbaranelli, C., Pastorelli, C., Bandura, A., & Zimbardo, P. (2002). Prosocial foundations of children's academic achievement. *Psychological Science*, 11(4), 302-306.

Carlson, M., & Earls, F. (1997). Psychological and neuroendocrinological sequelae of early social deprivation in institutionalized children in Romania. *Annals of the New York Academy of Science*, 807, 419-428.

Cattanach, A. (2003). *Introduction to play therapy*. London: Routledge.

Chu, A. & Lieberman, A. (2010). Clinical implications of traumatic stress from birth to age five. *Annual Review of Clinical Psychology*, 6, 469-494.

Coolahan, K., Fantuzzo, J., Mendez, J., & McDermott, P. (2000). Preschool peer interactions and readiness to learn: Relationships between classroom peer play and learning behaviors and conduct. *Journal of Educational Psychology*, 92(3), 458-465.

DeBellis, M. & Kuchibhatla, M. (2006). Cerebellar volumes in pediatric maltreatment-related posttraumatic stress disorder. *Biological Psychiatry*, **60**(7), 697-703.

Drewes, A. (2011). Integrating play therapy theories into practice. In A. Drewes, S. Bratton, & C. Schaefer (Eds.). *Integrative play therapy*. NJ: Wiley & Sons, pp.21-35.

Drewes A., Bratton, S., & Schaefer, C. (2011). *Integrative play therapy*. NJ: Wiley & Sons.

Drewes, A. & Mullen, J. (2008). *Supervision can be playful: Techniques for child and play therapist supervisors*. NJ: Jason Aronson.

Drewes, A. & Schaefer, C. (2016). *Play therapy in middle childhood*. DC: APA.

Elkind, D. (2007). *The power of play; How spontaneous imaginative activities lead to happier healthier children*. MA: De Capo Press.

Erikson, E. (1963). *Childhood and society*. NY: Norton & Norton.

Fantuzzo, J., Perry, M., & McDermott, P. (2004a). Preschool approaches to learning and their relationship to other relevant classroom competencies for low-income children. *School Psychology Quarterly*, **19**, 212-230.

Fantuzzo, J., Sekino, Y., & Cohen, H. L. (2004b). An examination of the contributions of interactive peer play to salient classroom competencies for urban head start children. *Psychology in the Schools*, **41**(3), 323-336.

Fiese, B.H. (1990). Playful relationships: A contextual analysis of mother-toddler interaction and symbolic play. *Child Development*, **61**, 1648-1656.

Freud, A. (1974). The methods of child analysis. In *The writings of Anna Freud*. London: International Universities Press. (Original work published 1927)

Freud, S. (1909). Analysis of a phobia in a five-year-old boy. *The standard edition of the Complete psychological works of Sigmund Freud, Volume X (1909): Two Case Histories* ('*Little Hans' and the 'Rat Man'*), pp.5-149.

Gallo-Lopez, L., & Schaefer, C. (2005). *Play therapy with adolescents*. MD: Jason Aronson.

Gallup, Inc. (2017). *Time to play: A study on children's free time how it is spent, prioritized and valued*. D.C.: Gallup, Inc.

Gaskill, R. & Perry, B. (2014). The neurobiological power of play: Using the neurosequential model of therapeutics to guide play in the healing process. In C. Malchiodi, & D. Crenshaw (Eds.). *Creative arts and play therapy for attachment problems*. NY: Guilford, pp.178-194.

Gil, E., & Crenshaw, D. (2015). *Termination challenges in play therapy*. NY: Guilford.

Gil E., & Drewes A. (Eds.) (2004). *Cultural issues in play therapy*. NY: Guilford.

Ginsburg, K. (2007). The importance of play in promoting healthy child development and maintaining strong parent-child bonds. *The American Academy of Pediatrics*, **119**(1), 182-191.

Gitlin-Weiner, K., Sandgrund, A., & Schaefer, C.E. (Eds.) (2000). *Play diagnosis and assessment*. NY: John Wiley & Sons.

Green, E., Crenshaw, D., & Langtiw, C. (2009). Play theme-based research with children. *The Family Journal*, **17**(4), 312-317.

Gruber, M., Gelman, B., & Ranganath, C. (2014). States of curiosity modulate hippocampus-dependent learning via the dopaminergic circuit. *Neuron*, **84**(2), 486-496.

Hillman, C., Pntifex, M., Castelli, D., Khan, N., Raine, L., et. al. (2014). Effects of the FITKids randomized controlled trial onexecutive control and brain function. *Pediatrics*, **134**(4), 1063-1071.

Hirsh-Pasek, K., & Golinkoff, R.M. (2008). Why play = learning. Encyclopedia on Early Childhood. https://www.researchgate.net/publication/237108843_why_Play_Learning

（2018年7月30日取得）

Hirsh-Pasek, K., & Golinkoff, R.（2009）. *A mandate for playful learning in preschool: Applying the scientific evidence*. NY: Oxford University Press.

Hirsh-Pasek, K., Golinkoff, R.M., & Eyer, D.（2003）. Einstein never used flash cards. Rodale.

Howes, C., & Matheson, C.（1992）. Sequences in the development of competent play with peers: Social and social pretend play. *Developmental Psychology*, **28**(5), 961-974.

Howes, C., & Smith, E.（1995）. Relations among child care quality, teacher behavior, children's play activities, emotional security, and cognitive activity in child care. *Early Childhood Research Quarterly*, **10**(4), 381-404.

Hurwitz, S.（2003）. To be successful--Let them play (For Parents Particularly). *Childhood Education*, **70**(2), 101-105.

日本プレイセラピー協会（JAPT）（2014）. 遊びを通した子どもの心の安心サポート——辛い体験後の未就学児（乳幼児）のためのマニュアル 第2版. 日本プレイセラピー協会, ユニセフジャパン.

Kaduson, H., Cangelosi, D., & Schaefer, C.（Eds.）.（1997）. *The playing cure: Individualized play therapy for specific childhood problems*. NJ: Jason Aronson.

菊池まり子（1998）. いつでも会える. 学習研究社.

Klein, M.（1932）. *The psycho-analysis of children*. London: Hogarth Press.

Knell, S.（1993）. *Cognitive behavioral play therapy*. NJ: Jason Aronson.

Kottman, T.（2003）. *Partners in play: An Adlerian approach to play therapy, 2nd edition*. VA: American Counseling Association.

Kottman, T.（2011）. *Play therapy: Basics and beyond, 2nd ed*. VA: American Counseling Association.

Landreth, G.（2002）. *Play therapy: The art of the relationship (2nd ed.)*. NY: Brunner-Routledge.

Landreth, G. & Bratton, S.（2019）. *Child Parent Relationship Therapy (CPRT): An evidence based 10-session filial therapy model, 2nd edition*. NY: Routledge.

LeBlanc, M., & Ritchie, M.（2001）. A meta-analysis of play therapy outcomes. *Counseling Psychology Quarterly*, **14**(2), 149-163.

Lieberman, A., Padron, E., Van Horn, P., & Harris, W.（2005）. Angels in the nursery: The intergenerational transmission of benevolent parental influences. *Infant Mental Health Journal*, **26**(6), 504-520.

Lin, Y., & Bratton, S.C.（2015）. A meta-analytic review of child-centered play therapy approaches. *Journal of Counseling and Development*, **93**(1), 45-58.

Miller, E., & Almon, J.（2009）. *Crisis in the kindergarten: Why children need to play in school*. MD: Alliance for Childhood.

Moustakas, C.（1997）. *Relationship play therapy*. NJ: Jason Aronson.

National Association for the Education of Young Children（2009）. Developmentally appropriate practice in early childhood programs serving children from birth through Age 8. A position statement of the National Association for the Education of Young Children. https://www.naeyc.org/sites/default/files/globally-shared/downloads/PDFs/resources/position-statements/PSDAP.pdf（2018年8月6日取得）

Nelson, C., Zeanah, C., Fox, N., Marshall, A., et. al.（2007）. Cognitive recovery in socially deprived young children: The Bucharest Early Intervention Project. *Science*, **318**(5858), 1937-2940.

Newman, L., Sivaratnam, C., & Komiti, A. (2015). Attachment and early brain development - neuroprotective interventions in infant-caregiver therapy. *Translational Developmental Psychiatry*, 3(1), 28647.

O'Connor, K., Schaefer, C., & Braverman, L. (Eds.). (2015). *Handbook of play therapy, 2nd ed.* NY: Wiley.

O'Connor, K. (2000). *The play therapy primer.* NJ: Wiley.

Office of the United Nations High Commissioner for Human Rights (1989) Convention on the rights of the child (General Assembly Resolution No.44/25). Retrieved from https://www.ohchr.org/EN/ProfessionalInterest/Pages/CRC.aspx article 31. (2018年8月20日取得)

Ohnogi, A. (2006), Play based psychological interventions with traumatized children: Work with tsunami orphaned Sri Lankan children. *International Journal of Counseling and Psychotherapy*, 4, 17-36.

Ohnogi, A. (2010). Using play to support children traumatized by natural disasters: Chuetsu earthquake series in Japan. In A. Kalayjian, & D. Eugene (Eds.). *Mass trauma and emotional healing around the world: Rituals and practices for resilience and meaning-making: Natural disasters.* CA: Praeger, pp.37-54.

Ohnogi, A. (2013a). Creating a psychologically safe and accepting space through limit setting in play therapy. *International Journal of Counseling and Psychotherapy*, 10-11 combined, 75-80.

Ohnogi, A. (2013b). Creating safe space in play therapy with children. In H. Kotani, & F. Bonds-White (Eds.). *Creating safe space through individual and group psychotherapy.* Tokyo: Institute of Psychoanalytic Systems Psychotherapy Press, pp.41-61.

Ohnogi, A. (2017). Play-based interventions for children traumatized by natural and human-made disasters. In A. Drewes, & C. Schaefer (Eds.). *Childhood anxieties, fears, and phobias: Use of play-based interventions and techniques.* NY: Guilford.

Ohnogi, A., & Drewes, A. (2016). Play therapy to help school-aged children deal with natural and human-made disasters. In A. Drewes, & C. Schaefer (Eds.). *Play therapy in middle childhood.* DC: APA, pp.33-52.

Piaget, J. (1962). *Play, dreams and imitation in childhood.* NY: W.W. Norton.

Pellegrini, A., Blatchford, P., Kato, K., & Baines, E. (2004). A short-term longitudinal study of children's playground games in primary school: Implications for adjustment to school and social adjustment in the USA and the UK. *Social Development*, 13(1), 107-123.

Pellegrini, A., & Davis, P. (1993). Relations between children's playground and classroom behaviour. *British Journal of Educational Psychology*, 63, 86-95.

Pellis, S., Pellis, V., & Bell, H. (2010). The function of play in the development of the social brain. *American Journal of Play*, 2(3), 278-296.

Perry, B. (2006). Applying principals of neruodevelpment to clinical work with maltreated and traumatized children: The neurosequential model of therapeutics. In N. Boyd-Webb (Ed.). *Working with traumatized youth in child welfare.* NY: Guilford, pp.27-52.

Perry, B. (1998). Bonding and attachment in maltreated children: Consequences of emotional neglect in childhood. https://childtrauma.org/wp-content/uploads/2013/11/Bonding_13.pdf (2018年7月23日取得)

Perry, B., & Szalavitz, M. (2006). *The boy who was raised as a dog.* NY, Basic Books.

Piaget, J. (1962). *Play, dreams and imitation in childhood.* NY: W.W. Norton.

Ray, D. (2011). *Advanced play therapy.* NY: Routlege.

Ray, D.C. (Ed.). (2016). *A Therapist's guide to child development: The extraordinarily normal years*. NY: Rougledge.

Ray, D., Armstrong, S., Balkin, R., & Jayne, K. (2015). Child-centered play therapy in the schools: Review and meta-analysis. *Psychology in the Schools*, **52**(2), 107-123.

Ray, D.C., & McCullough, R. (2015; revised 2016). Evidence-based practice statement: Play therapy (Research report). Retrieved from Association for Play Therapy website: http://www.a4pt.org/?page=EvidenceBased (2018年8月27日取得)

Reddy L., Files-Hall, T. & Schaefer, C. (Eds.). (2005). *Empirically based play interventions for children*. DC: APA.

Schaefer, C. (Ed.). (1993). *The therapeutic powers of play*. NJ: Jason Aronson.

Schaefer, C. (Ed.). (2002) *Play therapy with adults*. NY: John Wiley & Sons.

Schaefer, C. (Ed.), (2011). *Foundations of play therapy, 2nd ed*. NY: John Wiley & Sons.

Schaefer, C. (2013). *Play therapy for preschool children*. DC: APA.

Schaefer, C. & DiGeronimo, T. (2000). *Ages and stages: A parent's guide to normal childhood development*. NY: John Wiley & Sons.

Schaefer, C., & Drewes, A. (Eds.). (2013). *The therapeutic powers of play; 20 core agents of change, 2nd ed*. NJ: Jason Aronson.

Schaefer, S., & Gilbert, J. (2013). Top ten ways to reduce client drop-outs and no-shows. *Play Therapy*, **8**(3), 12-15.

Schaefer, C., & Kaduson H. (Eds.). (2006). *Contemporary play therapy: Theory, research, and practice*. NY: Guilford.

Schaefer, C., Kelly-Zion, S., McCormick, J., & Ohnogi, A. (Eds.). (2008). *Play therapy for very young children*. NY: Rowman & Littlefield Pub.

Schaefer, C., McCormick, J., & Ohnogi, A. (Eds.). (2005). *International handbook of play therapy*. NY: Rowman & Littlefield Pub.

Schore, A. (1996). The experience-dependent maturation of a regulatory system in the orbital prefrontal cortex and the origin of developmental psychopathology. *Development and Psychopathology*, **8**, 59-87.

Six, S., & Panksepp, J. (2012). ADHD and play. *Scholarpedia*, **7**(10), 30371.

Shonkoff, J. & Phillips, D. (2000). *From neurons to neighborhoods; The science of early childhood development*. DC: National Academy Press.

Stagnitti, K., & Cooper, R. (Eds.). (2009). *Play as therapy; Assessment and therapeutic interventions*. London: Jessica Kingsley Pub.

Strathearn, L., Fonagy, P., Amico, J., & Montague, P. (2009). Adult attachment predicts maternal brain and oxytocin response to infant cues. *Neuropsychopharmacology*, **34**(13), 2655-2666.

Trawick-Smith, J. (2014). *The physical play and motor development of young children: A review of literature and implications for practice*. Center for Early Childhood Education Eastern Connecticut State University.

Tsao, L.L. (2002). Review of research: How much do we know about the Importance of play in child development? *Childhood Education*, **78**(4), 230-233.

Van Fleet, R. (2005). *Filial therapy: Strengthening parent-child through play, 2nd edition*. FL: Professional Resource Press.

Venuti, P., de Falco, S., Giusti, Z., Bornstein, M. (2008). Play and emotional availability in young children with down syndrome. *Infant Mental Health Journal*, **29**(2), 133-152.

Werner, E., & Smith, R. (1992). *Overcoming the odds: High risk children from birth to adulthood*. NY: Cornell University Press.

White, R. (2012). *The power of play; A research summary on play and learning*. MN: Minnesota Children's Museum.

White, R., & Carlson, S. (2016). What would Batman do? Self-distancing improves executive function in young children. *Developmental Science*. 19(3), 419-426.

Whitebread, D., Basilio, M., Kuvalja, M., & Verma, M. (2012). *The importance of play: A report on the value of children's play with a series of policy recommendations*. Toy Industries of Europe.

Winnicott, D. (1971). *Playing & reality*. London: Tavistock Pub.

Yasenik, L. & Gardner, K. (2012). *Play therapy dimensions model: A decision-making guide for integrative play therapists*. London: Jessica Kingsley.

山崎晃資 編 (1995). プレイ・セラピィ. 金剛出版.

あとがき

　長いプロセスを経て本書は完成しました。

　溯ること2002年，Charles Schaefer 先生が主宰する世界各国のプレイセラピストの勉強会に招待され，先生からプレイセラピー界に積極的に貢献するよう促されたのが事の始まりです。それがきっかけとなり，日本在住プレイセラピストがプレイセラピーをしっかり学べるよう，日本プレイセラピー協会（JAPT）を湯野貴子先生と共同で創設しました。同じ時期，恩師である小谷英文先生に国際基督教大学大学院でプレイセラピーの客員講師として招かれました。JAPT でのワークショップや大学院での授業を通して，日本でプレイセラピーを学ぶための日本語の文献が不足していることを痛感しました。

　2005年には，環太平洋津波災害支援のため，米国プレイセラピー協会の派遣要員に選ばれ，スリランカで行われた，遊びを使用した被災者サポートプロジェクトに加わりました。その後，さまざまな国での招聘講演や，専門書，学会誌への寄稿を通じ，そこでの経験を伝えてきました。こうした活動により，勉強会に参加するたびに，世界各国のプレイセラピーの第一人者らに日本語でプレイセラピー本を書くよう促され，励まされました。多くの著名なプレイセラピストに背中を押してもらい，さらに Schaefer 先生とプレイセラピーの本を 2 冊共同編集する機会をいただいたことがきっかけとなり，2010年の秋に本書の執筆を始めたのです。

　ところが2011年に東日本大震災が起こり，JAPT は，遊びを使用した被災者支援活動を日本ユニセフ協会と共同で始めました。そちらに専念するため，本書の執筆を一旦保留することにしました。その間も Schaefer 先生や勉強会の先生たちからは，「Akiko なら良いものが書ける」と前向きでサポーティブな励ましをいただきました。Schaefer 先生からは，日本での被災者への支援をベースにしたプレイセラピーの論文執筆を複数依頼していただき，本書の執筆を進める自信を高めることができました。

　執筆再開後には，Schaefer 先生を筆頭に，Terry Kottman 先生，Athena Drewes 先生，Lorri Yasenik 先生，Evangeline Monns 先生，Karen Stagnitti 先

生，Beth Limberg 先生，Sue Bratton 先生，弘中正美先生が，専門とされている分野の視点から内容の確認をして下さいました。

そして，今年，執筆が完了し，本書が出版されることとなりました！

長年にわたって私の面倒を見て，自信を深めて下さった Schaefer 先生，さまざまなことを教えて下さった故 Ann Cattanach 先生，本を書き続けるよう励まして下さった先生方，内容チェックをして下さった先生方，皆様に感謝しています。

JAPT 現代表の松岡展世先生には本書全体に目を通していただき，その細やかな語彙感覚で，本書をより読みやすくわかりやすくするために貴重な提言をたくさんいただきました。彼女なくしては本書が実現できなかったと言っても過言ではありません。ありがとうございます！

私の両親である，母順子と父貞明は，安定した愛着が私の脳に定着するように育ててくれ，私の人生をいつも温かく見守って，私がすることすべてをサポートし，小さいことも大きいことも一緒に喜び，私を誇りに思ってくれ，悲しい時や辛い時もそばにいてくれました。感謝しつくせません。

家族には，常にサポーティブな姿勢で励ましてもらい，絶対的な信頼を寄せてくれたこと，ともに一喜一憂をしてくれたこと，言葉に表せられないほどありがたい気持ちでいっぱいです。

編集者の小寺美都子さんには，途中東日本や熊本の震災での被災者支援活動で多忙となり企画を一旦中断したことも理解いただき，再開そして完成まで辛抱強く励まし，長い期間にわたり付き合って下さったことに感謝しています。編集のプロフェッショナルであり，人としても温かみのある小寺さんに出会えたおかげで，本書は陽の目を見ることができました。

最後に，読者の皆さま，素敵なプレイセラピストになる素晴らしい心意気とたゆまぬ努力を，ありがとうございます！

2019年　春

大野木嗣子

著者紹介

大野木嗣子（おおのぎ　あきこ）

1988年　国際基督教大学教育学部卒業
1996年　アライアント国際大学大学院カルフォルニア・スクール・オブ・プロフェッショナル・サイコロジー，サンディエゴ校卒業
　　　　インターナショナル・スクールカウンセラー，国際基督教大学大学院プレイセラピー客員講師等を務める。
2000年　大野木サイコセラピー・カウンセリング開業
　　　　地震・津波・原発事故被災児童・大人への心理サポート，被災者支援者への専門的なサポート等も行う。
日本プレイセラピー協会共同創立者・理事
臨床心理学博士 Doctorate of Psychology Psy.D.

主な著書

Schaefer, C., Kelly-Zion, P., McCormick, J. & Ohnogi, A. (Eds.). (2008). *Play therapy with very young children*. New York: Rowman & Littlefield.

Schaefer, C., McCormick, J. & Ohnogi, A. (Eds.). (2005). *International handbook of play therapy*. New York: Rowman & Littlefield.　他多数。

はじめてのプレイセラピー
——効果的な支援のための基礎と技法

2019 年 5 月 20 日　第 1 刷発行
2021 年 4 月 15 日　第 2 刷発行

著　者	大 野 木 嗣 子
発 行 者	柴 田 敏 樹
印 刷 者	田 中 雅 博

発行所　株式会社 **誠 信 書 房**
〒 112-0012　東京都文京区大塚 3-20-6
電話 03（3946）5666
http://www.seishinshobo.co.jp/

©Akiko Ohnogi, 2019　　Printed in Japan
落丁・乱丁本はお取り替えいたします

印刷／製本：創栄図書印刷（株）
ISBN 978-4-414-41653-4 C3011

JCOPY ＜出版者著作権管理機構　委託出版物＞
本書の無断複写は著作権法上での例外を除き禁じられています。複写される場合は、そのつど事前に、出版者著作権管理機構（電話 03-5244-5088，FAX 03-5244-5089，e-mail：info@jcopy.or.jp）の許諾を得てください。

遊戯療法と箱庭療法をめぐって

弘中正美 著

遊びのもつ治癒力やイメージの治癒力など、両療法をめぐる諸問題について、子どもの心理療法に長年携わってきた著者が明らかにする。

主要目次
序　章　『遊びの治癒力』について
第Ⅰ部　遊戯療法をめぐる諸問題
　　第1章　遊戯療法の基本
　　第2章　遊びの治療的機能について /他
第Ⅱ部　箱庭療法をめぐる諸問題
　　第5章　箱庭療法
　　第6章　箱庭療法再入門 /他
第Ⅲ部　治療メカニズムについて
　　第9章　親面接をめぐる諸問題
　　第10章　前概念的レベルにおけるコミュニケーション——遊戯療法・箱庭療法などにおける治療メカニズムについて
　　第11章　イメージの心理的治癒機能
　　終　章　遊戯療法・箱庭療法の今後の可能性

A5判上製　定価(本体3000円＋税)

プレイセラピー実践の手引き
治療関係を形成する基礎的技法

M. ジョルダーノ / G. ランドレス / L. ジョーンズ 著
葛生 聡 訳

言葉ではうまく自分の気持ちや考えを表現できないクライエントを対象に、遊ぶことや様々な遊具を通して行うセラピーのコツを満載。

主要目次
1章　子ども中心プレイセラピー
2章　プレイセラピーの部屋と遊具
3章　プレイセラピー初回セッションへの準備
4章　プレイセラピー・セッションの構造化
5章　非言語的な行動の承認（トラッキング［後追い］）
6章　内容の伝え返し
7章　感情の伝え返し
8章　意思決定力と責任感を育む
9章　自尊心形成を促し自信を育む
10章　制限を設定する
11章　治療的な応答の理解、遊びの中での行動、治癒の促進、および終結 /他

B5判並製　定価(本体2800円＋税)